Adalbert Parmet

Rudolf von Langen

Salzwasser

Adalbert Parmet

Rudolf von Langen

1. Auflage | ISBN: 978-3-84605-092-7

Erscheinungsort: Frankfurt, Deutschland

Erscheinungsjahr: 2020

Salzwasser Verlag GmbH

Reprint of the original, first published in 1869.

RUDOLF VON LANGEN.

LEBEN UND GESAMMELTE GEDICHTE

DES

ERSTEN MÜNSTER'SCHEN HUMANISTEN.

RUDOLF VON LANGEN.

LEBEN UND GESAMMELTE GEDICHTE

DES

ERSTEN MÜNSTER'SCHEN HUMANISTEN.

EIN BEITRAG

ZUR

GESCHICHTE DES HUMANISMUS

IN

DEUTSCHLAND

VON

DR. ADALBERT PARMET,

Docenten der Königlichen Akademie zu Münster.

MÜNSTER,

DRUCK UND VERLAG VON FRIEDRICH REGENSBERG.

1869.

VORWORT.

In diesem Jahre sind 350 Jahre verflossen seit der Zeit, dass der erste Humanist Münster's Rudolf von Langen sein thaten- und segenreiches Leben schloss und der Nachwelt ein Andenken hinterliess, welches den folgenden Geschlechtern niemals hätte aus der Erinnerung entfallen sollen. Leider waren es die bald nach seinem Tode über Münster hereinbrechenden religiösen Wirren und Unruhen, sowie der Undank gegen grosse Männer, ein allgemeiner Fehler aller Jahrhunderte, welche in der Folgezeit mit dem Namen des Mannes auch seine Verdienste für Hebung der klassischen Studien aus dem Gedächtniss seiner Landsleute entfernten, und obgleich sein Epitaphium wie ein Warzeichen zu neuer Belebung seines Andenkens aufforderte, ihn selbst und seine Schöpfungen dem Dunkel der Vergangenheit überliessen. Nur zu Zeiten erhob sich die Stimme einzelner, für grosse Schöpfungen und für die Cultur ihres Vaterlandes begeisterter Männer, welche es versuchten, den Schutt, den die Jahrhunderte über das ehrwürdige Denkmal der Vorzeit aufgehäuft hatten, zu entfernen, und Bausteine für ein neues und würdiges Monument zu beschaffen. Dank ihren Bemühungen und ihrem Sammel- und Forschergeiste! Ohne ihren Fleiss wäre es für unsre Zeit kaum möglich, ein Gesammtbild des grossen Humanisten zu geben, weil die handschriftlichen Urkunden nur einzelne Streiflichter auf ihn werfen, und seine Schriften ohne das Regulativ historischer Nachrichten eine grosse Einbusse an ihrem Verständniss erlitten. Zudem sind

die letztern nur in sehr seltnen Exemplaren erhalten und es
gewinnt den Anschein, als habe der Vandalismus einer folgenden Epoche auch die letzte Erinnerung, welche bei den
Nachkommen aus ihnen erwachsen könnte, mit der Wurzel
vertilgen wollen.

In der neuern Zeit regt und belebt sich in Deutschland
das Interesse für die humanistischen Studien sowie für die
Träger derselben, und wenn das Italien des fünfzehnten Jahrhunderts schon früher seine Anerkennung und begeisterten
Lobredner auch unter den Deutschen gefunden hat, so mag
dieser Umstand der Charaktereigenthümlichkeit unsers Volks
zugeschrieben werden dürfen, das Fremde oftmals auf Kosten
oder mit Vernachlässigung des Eignen und Einheimischen zu
achten und zu verehren.   Ob aber die Italiener den Weih-
rauch in dem Maasse verdienen, wie er ihnen gestreut wird,
und ob, um mit Rudolf Agricola zu reden, das stolze Italien
in seinem Uebermuth die Deutschen Ungelehrte, Stumme und
Barbaren schelten durfte, das wird eine unparteiische Ge-
schichtsforschung um so eher entscheiden, als sie sich tiefer
und eingehender mit jener merkwürdigen Zeit und den grossen Männern unsrer Nation in derselben befasst.   Leider ist
jene Epoche der Geschichte vielfach der Kampfplatz des
Parteitreibens und der religiösen Erbitterung geworden, und
das Wort *Humanismus* hat dadurch einen Klang bekommen,
welcher mit seinem eignen Wesen gar nicht zusammenhängt;
allein das kann und darf den Philologen am wenigsten zurück-
halten, die Leistungen der Zeit auf diesem speciellen Gebiet
zu untersuchen und die Träger der Bildung und die Vorkämpfer einer neuen Zeit einer genauen Prüfung zu unter-
ziehen.   Wäre dieses stets „sine ira et studio" geschehen,
hätte die Forschung überall nur die Sache im Auge gehabt
und sich nicht durch Schein oder vorgefasste Meinungen
blenden lassen, längst schon wären manche veraltete Vor-
urtheile gefallen und längst hätten viele verdiente Männer die

Würdigung gefunden, welcher ihre Person und ihre Leistungen werth sind.

Es ist gewiss keine leichte Aufgabe, die Biographie eines Mannes zu schreiben, ohne dabei seinen eignen Sympathien oder Antipathien einen Ausdruck zu geben, allein es besteht ein grosser Unterschied zwischen malender Darstellung, welche bloss den Antheil an dem Gegenstand beweist, und tendenziöser Färbung, welche bestimmte Zwecke verfolgt und daher entstellt. Letzteres ist dem deutschen Humanismus vielfach widerfahren und dadurch erklärt sich ein grosser Theil der Abneigung, welche gegen ihn gehegt wurde. Eine gediegene Kritik der Quellen und Hülfsmittel wird auch hier vor jeden Ausschreitungen bewahren.

Für die gegenwärtige Arbeit über einen Mann, welcher den grössten Einfluss auf das Aufblühen wissenschaftlicher Bildung in Deutschland hatte, kam es darauf an, neben seiner Person und seinen Lebensverhältnissen, besonders auch die Anregung darzulegen, welche er seiner Zeit gegeben hatte. Es galt daher, das vorliegende Material an der Hand der gleichzeitigen Geschichte und urkundlicher Nachweise zu prüfen und für die Darstellung seines Lebens auch seine dichterischen Productionen zu verwerthen. Obschon ich anfangs nicht die Absicht hatte, die Sammlung seiner Gedichte, soweit sich dieselbe herstellen liess, zu veröffentlichen, so bestimmte mich dennoch ausser der Rücksicht auf den Verleger, welcher als jetziger Inhaber der ältesten Buchdruckerei in Münster schon lange den Plan hegte, die in diesem Verlage erschienenen Gedichte Langen's von Neuem drucken zu lassen, besonders der Umstand, dem Leser selbst einen Einblick in dieselben zu gestatten und ihm für manche Urtheile ein Regulativ an die Hand zu geben, dieses ursprüngliche Vorhaben zu ändern. Mit Recht beklagt nämlich J. Aschbach in seiner neuesten Schrift über die frühern Wanderjahre des Conrad Celtes, „dass von diesem, dem berühmtesten Verbreiter des

RUDOLF VON LANGEN.

LEBEN UND GESAMMELTE GEDICHTE

DES

ERSTEN MÜNSTER'SCHEN HUMANISTEN.

Literarische Orientirung.

Für die Darstellung des Lebens und der literarischen Thätigkeit Rudolf's von Langen stehen uns, neben einzelnen
Andeutungen in seinen eignen Schriften und gelegentlichen
Bemerkungen in den Werken seiner gleichgesinnten Freunde
und anderer Zeitgenossen, einige wenige Urkunden sowie spär-
liche Notizen in den Aufzeichnungen der geistlichen Corpora-
tionen, denen Langen angehörte, und ein paar Inschriften zu
Gebote. Diese Quellen, mögen dieselben bisher schon durch
den Druck veröffentlicht sein, oder hier nach Handschriften
zum ersten Male benutzt werden, sollen an geeigneter Stelle
ihre nähere Angabe und Beurtheilung finden.

Reicher fliessen die Nachrichten in den Darstellungen
seines Lebens, welche uns im 15. Jahrhundert ein Zeitgenosse, im 16. Jahrhundert mehre Schriftsteller, die fast
noch bis an die Zeit Langen's hinaufreichen, hinterlassen haben, und welche für die Biographien der späteren Zeit bei
grösserer oder geringerer Ausdehnung und Genauigkeit maass-
gebend geblieben sind.

Die erste Arbeit dieser Art, welche hier in Betracht
kommt, ist der *Catalogus illustrium virorum Germaniae* des
Abtes von Sponheim, Johann von Trittenheim.[1] In

---

[1] *Joannis Trithemii* Opera historica (Francof. 1601) Tom. I. fol. 168.
Johann von Trittenheim, geb. 1462, gest. 1516, besass classische Bildung
und Sprachkenntniss in hohem Maasse. Gebildet war er in Heidelberg
und Trier durch Celtes, Reuchlin u. A. Vergl. *Silbernagel* Jo. Trithemius (Landshut 1868). Der Catalogus erschien zuerst Mainz 1495. a. a.
O. S. 237.

dieser Schrift, so wie in dem *Catalogus scriptorum ecclesiasti-corum* [1]) desselben Verfassers, in welchem derselbe Bericht wörtlich bis auf zwei kleine Zusätze wiedergegeben wird, heisst es über Langen: «Rodulphus Langius Monasteriensis ecclesiæ in Westphalia Canonicus, vir in divinis scripturis studiosus et in sæcularibus literis eruditissimus, philosophus, orator et poëta clarus, ingenio subtilis, eloquio disertus. Scripsit tam metro quam prosa multa præclara opuscula, quibus se et præsentibus utilem et posteris memorabilem fecit. E quibus subiecta feruntur: ad Hermannum Langium eiusdem Ecclesiae decanum de urbe Hierosolyma lib. II; ad decanum Coloniensis Ecclesiæ carminum diversorum lib. I; de obsidione *Nusiensis* oppidi a Carolo duce Burgundiæ lib. I; de tribus Regibus carmen sapphicum; de laudibus Alberti Magni carmen, carmina multa et variae ad diversos epistolae et quædam alia nobis incognita. Audio eum adhuc vivere senem, quamquam sint qui illum vita excessisse dicant hoc anno Domini mill. CCCCXCV.» Dieser kurze Bericht, welcher sich grösstentheils auf die literarische Thätigkeit Langen's bezieht und das biographische Moment weniger berücksichtigt, ist die älteste historische Nachricht eines Zeitgenossen über ihn. Denn Bernard Wittius kennt seinen Zeitgenossen, wie das aus dessen Leben Heinrich's von Schwarzburg wörtlich übernommene Stellen beweisen [2]), recht wohl, nennt ihn in seiner *Historia Westfaliae* aber nicht mit Namen. Der gelehrte Abt von Sponheim stand dem westfälischen Kreise zu fern, als dass er eine genaue Kenntniss der Lebensumstände Langen's besitzen konnte, und es lag auch nicht in dem Plane seiner Schrift, weitläufige Biographien zu geben; jedoch kannte und benutzte er den *Fasciculus temporum* des Carthäusers Wernher Rolewink [3]); und war, wenn wir seinen eignen Worten Glauben schenken dürfen, mit den meisten Gelehrten seiner Zeit

---

[1]) A. a. O., fol. 393. bei *Hamelmann* Opp. gen. hist. p. 138.
[2]) Vgl. namentlich auch sein *Lobgedicht auf Langen*, mitgetheilt von *Nordhoff* in der Zeitschrift f. vaterl. Gesch. u. Alt. XXVI, 271.
[3]) Vergl. *Silbernagel* a. a. O. S. 170.

bekannt. In einem Briefe an die Aebtissin Richmodis von Horst [1]) bemerkt er über seinen Verkehr mit Gelehrten: «Venire me visendi gratia in Spanheim ex tota fere Germania, ex Italia et Gallia ceterisque adiacentibus regnis viri eruditi atque doctissimi in omni facultate consueverunt.»

Weitläufiger und eingehender behandelt das Leben und die Thätigkeit Langen's ein jüngerer Schriftsteller des 16. Jahrh., der Rostocker Theolog David Chytraeus [2]), welcher durch den regen Verkehr, der zwischen Westfalen und Rostock bestand, im Stande war, genauere Nachrichten über den westfälischen Humanisten einzuziehen. Sein Bericht ist desshalb von Wichtigkeit, weil er, in vielen Fällen übereinstimmend mit der Biographie Hamelmann's, die Quelle für manche der spätern Schriftsteller, die denselben Stoff behandelten, geworden ist. «Florebat Conradi episcopi tempore», so lauten seine Worte, «Monasterii schola elegantioris doctrinae et bonarum literarum ac Latinae in primis linguae purius et nitidius ad imitationem veterum, soluta et ligata orationis forma elaborandae Rodolphi Langii, viri nobilis ac doctissimi et in collegio ecclesiae senioris ac praepositi et Maecenatis literarum munifici, consilio et auctoritate instituta. Cum enim Rodolphus primis literis Daventriae praeclare excultus a patruo Hermanno, ecclesiae Cathedralis decano, in Italiam, ubi tunc Latinae et Graecae linguae studia reflorescebant, missus esset, studiose Laurentium Vallam, cuius de elegantia sermonis Latini commentarii exstant, Mapheum Vegium, qui Aeneida Virgilii addito libro complevit, Franciscum Philelphum et Theodorum Gazam audivit et in soluta et ligata oratione eleganter formanda se exercuit ac studiorum socios Mauritium comitem Spiegelbergicum, Philippi filium, et Rodolphum Agricolam Frisium habuit. Qui in patriam reversi, omnium primi in Germania puriorem latini sermonis formam usurpare et rectam dicendi et latine scri-

---

[1]) Epist. fam. *Joan. Trithem.* abb. Spanh. (Haganoae 1536) pag. 161.

[2]) *Davidis Chytraei* Chronicon Saxoniae. Lipsiae s. a. imp. Henningi Grosii pag. 89. Der eigentliche Name des Mannes war Kochhafe. Geboren 1530, starb er 1600.

bendi rationem ostendere et cohortationibus ac exemplo suo excitare cum Alexandro Hegio Daventriensis scholae studiorum rectore fidelissimo et felicissimo coeperunt, ac Hegii schola ante Monasteriensem velut seminarium fuit politiorum literarum et linguarum, quas illius alumni Erasmus Roterodamus, Joannes Murmelius, Hermannus Torrentinus, Buschius, Joannes Caesarius Juliacensis, Conradus Goclenius Paderbornensis, Jacobus Montanus Spirensis, Joannes Peringius, Gerardus Listrius, Matthaeus Frisemius et alii longe lateque in tota Germania et Belgico propagarunt. Primus autem Germaniae poëta ipsius Rodolphi Agricolae iudicio avorum aetate aliquot ante Conradum Celten annis celebris, hic Rodolphus Langius fuit, editis de excidio Hierosolymae postremo, de obsidione Novesii, de Paulo Apostolo, de Maria virgine poëmatis clarus. . . . Duxerat secum in Italiam Langius adolescentem Hermannum Buschium cognatum suum, cum ab episcopo Henrico Schwartzburgensi et collegio Monasteriensi ad PP. Sixtum IIII. legatus Romam certi negotii causa mitteretur, ubi praecipuis viris in itinere Buschium commendavit et sumptus studiorum in Italia commoranti liberaliter tribuit. Ipse etiam rebus omnibus ex episcopi et collegii sui sententia apud PP. confectis, cum quidem honorificis Sixti PP. et Laurentii Medicei literis episcopo et collegio commendaretur, maiore in precio et admiratione apud collegas fuit et causam bonarum literarum et emendationis studiorum doctrinae barbarae passim in omnibus collegiis et scholis regnantium maiore cum fructu egit; tametsi aliquot adhuc annos reluctantibus veteris barbariei patronis ac nominatim Academia Coloniensi, quae datis ad Conradum Ritbergensem episcopum, qui Henrico Schwartzburgensi successerat, et summum collegium literis usitatam tot saeculis instituendae adolescentiae et docendi rationem et libellos in scholis retineri et mutationes novas studiis et disciplinae periculosas caveri flagitabant. Etsi autem erudite et graviter consilii sui causas Rodolphus explicabat; tamen ad Italorum doctorum iudicia ipsi provocare necesse fuit, qui cum emendationem doctrinae in scholis usitatae necessariam esse et Langium recte, Lovanienses (*sic*) perperam iudicare in responsis ad episcopum

suis pronunciassent, episcopus, qui Italorum, apud quos olim
vixerat, censuram magni faciebat, facultatem aperiendae novae
bonarum literarum scholae collegio dedit, ad cuius gubernationem cum Alexandrum Hegium in dioecesi Monasteriensi
natum vocarent, ille aetatis excusatione usus, alios idoneos
scholae suae alumnos et in his Joannem Caesarium, Hermannum Torrentinum, Timannum Camenerum et aliquot praeterea
alios idoneos indicabat, ex quibus Timannum ob personae et
morum gravitatem ceteris praetulit, eique sex collegas et in
his Joannem Murmelium Ruraemondensem et Joannem Hage-
mannum adiunxit, quibus docendi ordinem et libros in schola
interpretandos et reliqua scholae exercitia ipse Langius prae-
scribebat; et suam bibliothecam plurimis optimisque libris in-
structam omnium in schola docentium usibus communem faciebat. Sic igitur paulo ante annum 1500 constituta Monasterii schola usque ad anabaptisticos furores florens ac celebris
mansit et in totam reliquam Westphaliam ac Germaniam optima studia propagavit. Hinc enim colonias elegantioris doctrinae deduxerunt Petrus Nehemius Tremoniam; Josephus
Horlenius Hervordiam, ubi inter alios Petrum Mosellanum au-
ditorem habuit; Ludolphus Heringius Hammonem; Alexander
Meppensis Osnabruggam; Ludolphus Susatum; Tilemannus
Mollerus Attenodorum. . . .» Ausser diesem längern Excurs
über Langen spricht er noch an zwei Stellen kürzer über
seine Thätigkeit als Dichter und Schützer der Wissenschaft
und über seinen Tod im Jahre 1519. [1]

Diese Angaben des Chyträus, die ausdrücklich den Zweck.
verfolgen, die Westfalen als Träger des Humanismus darzu-
stellen, stimmen zum grössten Theil mit den Angaben Hamelmann's, welcher im Jahre 1558 unter dem Rectorat des Chyträus in Rostock zum Licentiaten promovirt wurde, und es
ist nicht unwahrscheinlich, dass dieselben theilweise gleichsam
nur ein Auszug aus dessen *Rede über Rudolf von Langen*

---

[1] A. a. O. pag. 85. 92. Vgl. auch die Oratio de Westphalia bei
Goes Opuscc. varia de Westphalia (Helmst. 1668) p. 1—21.

sind. [1] Neben dieser Biographie Langen's spricht David Chyträus über seine Studien und seine Erfolge für Hebung des Humanismus bei Gelegenheit einer Leichenrede für den in Rostock verstorbenen studirenden Westfalen Henricus a Dorgelo aus dem Jahre 1591, aus welcher Hamelmann in seiner Apologie des Herzogthums Oldenburg die betreffende Stelle aushebt. [2] Beide Berichte, obgleich in Partien wörtlich übereinstimmend, ergänzen sich dadurch, dass der kürzere das Jahr 1460 als das Jahr der ersten italienischen Reise Langen's angibt. Chyträus verkehrte wahrscheinlich in Rostock vielfach mit Westfalen, welche sich dort ihrer Studien wegen auf der Universität aufhielten [3] und deren Verdiensten um Rostock sogar eine eigne Schrift gewidmet ist. [4]

Den Bericht des Chyträus wiederholt fast wörtlich der Heidelberger Rector Melchior Adamus [5] und verlässt sein

---

[1] Diese *oratio de Rudolpho Langio* verfasste *Hamelmann* im Jahre 1580; das Chronicon des Chyträus erschien aber nach 1593, und so steht der Annahme der Benutzung nichts im Wege.

[2] *Hamelmanni* Opera genealogico-historica (Lemgo 1711) pag. 1406. „Primus in Germania poëmatis elegantibus editis diu ante Celten clarus, Nobilis Monasteriensis, Rodolphus Langius fuit, qui in Italia ubi tunc latinae et graecae linguae studia reflorescere coeperant, cum Mauritio comite Spiegelbergio et Rodolpho Agricola Frisio circa annum 1460 Laurentium Vallam, Franciscum Philelphum, Theodorum Gazam studiose audivit; unde reversus in patriam ipse et Rodolphus Agricola, cum Alexandro Hegio Monasteriensi, Daventriensis scholae studiorum rectore, omnium primi in Germania puriorem latini sermonis formam usurpare et meliorem dicendi et latine scribendi rationem ostendere et cohortationibus ac exemplo suo excitare elegantiora studia coeperunt."

[3] Hamelmann nennt unter andern den Johannes Glandorpius, den Nachfolger des Tunicius an der Domschule in Münster (p. 192.) Ferner den Rotger Copius (p. 201.), Arnold Burenius (p. 168. 1422.), Heinrich Welpius (p. 168.), Johannes Bocer (p. 1431), Hermann Buschius (p. 119) und andere, welche theilweise kurz vor, theilweise mit Chyträus in Rostock waren, und über die Verhältnisse ihrer Heimat, sowie über Langen und seine Verdienste Auskunft ertheilen konnten.

[4] *Reinh.* H. *Rollius* de meritis Westfalorum in academia Rostochiensi. 1707. (vergl. A. *Heumann* bibl. hist. acad. p. 181.)

[5] *Adami* vitae Germanorum philosophorum (Francof. 1663) p. 35 f. Das Werk erschien in erster Aufl. 1615—20.

Original selbst da nicht, wo dieses einen offenbaren Fehler berichtet. [1]) Kleinere Zusätze sind aus Hamelmann entnommen. Die Jahreszahl 1480 für die zweite Reise nach Italien, welche er beifügt, mag ein Druckfehler sein.

Unstreitig dás reichhaltigste, wenn auch nicht immer das sicherste Material für eine Biographie Langen's bieten die Werke Hamelmann's [2]), welcher ausser dem Bericht Trittenheims [3]), den er wörtlich abdruckt, und ausser seiner *Rede über Rudolf von Langen* [4]) an vielen Stellen über seine Dichtungen und seine Verdienste für humanistische Studien spricht und kaum eine Gelegenheit, wo er beides preisen kann, unbenutzt vorüberlässt. Hamelmann, 1525 zu Osnabrück geboren, hatte kurz nach den Wiedertäufer-Unruhen die Schule in Münster, an der Johannes Aelius Rector war, besucht [5]), und er kannte deshalb aus eigner Anschauung die Stätte, wo Langen gewirkt, und die Schule, welche er gegründet hatte. Auch war er, wie dieses die reichen Anführungen von Stellen aus ihnen beweisen, mit den Schriften der Humanisten aus der Zeit Langen's bekannt und vertraut. Allein das Streben, sein gesammeltes Wissen vollständig zu verwerthen, ferner seine Parteistellung und Vorliebe für gewisse Persönlichkeiten, bestechen ihn in seiner Darstellung vielerorts und lassen dieselbe nicht nur nicht objectiv erscheinen, sondern geben ihr eine bestimmte Färbung. [6]) Er betrachtet die ersten Huma-

---

[1]) Lovanienses für Colonienses.

[2]) Diese erschienen zu Lebzeiten des Verfassers nur zum Theile in Einzeldrucken. Zusammen wurden sie von *Wasserbach* zum Theil aus Handschriften herausgegeben u. d. Titel: *Hamelmanni* Op. genealogico-historica. Lemgo 1711.

[3]) *Ham.* a. a. O. p. 138.

[4]) *Ham.* a. a. O. p. 261—278.

[5]) *Ham.* a. a. O. p. 170. (Aelius) vir fuit doctus, qui nobis pueris tunc paucis post solutam obsidionem annis ibidem (in schola Paulina) operam literis dantibus solebat lexicon latinum . . . promittere. Vergleiche *Cornelius* in den Geschichtsquellen d. Bisth. Münster II, S. XXX.

[6]) *Cornelius* sagt a. a. O. S. XXIX über seine Wiedertäufergeschichte: „Hamelmann ist ein historischer Sammler und besitzt weder Forschungstrieb noch Fähigkeit genug, um Begebenheiten und Zustände

nisten in Westfalen auch als die ersten Vorläufer und Boten
der Reformation, er sieht in allen ihren Bestrebungen den
bewussten Zweck, auch das alte Kirchenregiment zu stürzen,
und behandelt daher mit Vorliebe ihre Kämpfe gegen die
«Barbarei» in Schule und Kirche. Wenn wir daher gezwungen sind, seinem Sammelfleiss über die Personen seiner un-
mittelbaren Vorzeit jede Ehre angedeihen zu lassen, so können wir aber auch eben so wenig anstehen, in manche historische und vorzüglich in chronologische Angaben sowie
in bibliographische Notizen und den Pragmatismus der Darstellung Zweifel zu setzen. Ihm bleibt das grosse Verdienst,
über jene grossen Männer Westfalens, die vielfach dem Gedächtniss der Nachkommen entschwunden sind und deren
Denkmale selbst der Vergessenheit anheimfielen, die Nachrichten gesammelt und zu einem, wenn auch oft mangelhaften
und gefärbten Bilde vereinigt zu haben, und die Nachwelt,
welche die Früchte seines Fleisses geniesst, möge über seinen
Fehlern nicht die Dankbarkeit für sein Unternehmen vergessen.
Denn vielfach sind seine Angaben, welche als Irrthum galten,
dennoch, wenn sie ihres Gewandes und ihrer Zusätze ent-
kleidet werden, nicht das, was sie beim ersten Anblick
schienen.

Während Trittenheim sich hauptsächlich mit der literarischen Bedeutung Langen's beschäftigt, David Chyträus bei
seinen Verdiensten für die Schule eine kurze Darstellung seines Bildungsganges und seines Lebens liefert, behandelt Hamelmann mit reichen Belegstellen das Leben des grossen
Humanisten, seine Entwicklung und seine Schöpfungen, und
ist dadurch die Hauptquelle für die Biographie Langen's geworden. Mehr oder weniger hangen Alle, welche in litera-

in ihrem Zusammenhang aufzufassen. Er arbeitet flüchtig, reiht wohl
oder übel in loser Anordnung Notizen zusammen und überlässt das
dornenvolle Geschäft ihrer sachgemässen Verbindung der Phantasie des
Lesers... Auch fehlt es ihm so ganz an aller Kritik... In den
meisten Fällen setzt er die widersprechendsten Berichte ruhig neben
einander." Dieses Urtheil passt mehr oder weniger auf alle historischen Werke Hamelmann's.

rischen Sammelwerken über westfälische Humanisten geschrieben haben, von Hamelmann's Darstellung ab, und er
und David Chyträus sind hauptsächlich die Männer, auf deren
Urtheil sie sich berufen. Meist sind ihre Angaben dem Zweck
ihrer Schriften gemäss nur kurz, und es ist auffallend, dass,
wie es scheint, keiner von ihnen die Werke Langen's, die
sie aufführen, selbst eingesehen hat.

Mangelhaft und zum Theil unrichtig ist die nach Trittenheim's Bericht abgefasste kurze Biographie Langen's bei dem
Baseler Professor der Medicin Heinrich Pantaleon[1]) (geb.
1522 gest. 1595): «Rodolphus Langius Canonicus Monasteriensis. Rodolphus ille in sacris literis atque liberalibus studiis
magnam eruditionem habuit; erat philosophus, orator, poëta
et theologus suo tempore doctissimus, praeterea optimis moribus et vitae innocentia praeditus, ita ut nomen eius longe
lateque innotesceret. Cum is ex academiis profectus locum
quietiorem optaret, Monasteriensis ecclesiae in Vuestphale
canonicus electus fuit. Verum ibi otium detestatus animum
ad scribendum appulit; scripsit enim multa et praeclara volumina, prosa et metro, utpote libros duos de urbe Hierosolyma, de obsidione urbis Nussiae lib. I, carmen de tribus
Magis atque multa alia. Tandem veneranda canitie ornatus
ibidem vitam cum morte commutavit anno millesimo quadringentesimo nonagesimo sexto (!) Trith.»

Etwas später, um 1610, widmete der Münsterländer
Heinrich von Hövel aus Epe[2]) in seinem ungedruckt ge-
bliebenen *Speculum Westualiae* auch unserm Langen einen
kurzen Bericht: «Rudolphus Langius ibidem poeta claruit apud
Monasterienses et Cathedralis Ecclesiae ibidem Canonicus, cuius
adhuc celebrantur epigramata quaedam lepore non carentia.
Celebrantur *(sic)* item carmen heroicum ab eo conscriptum
ac duobus libris distinctum de excidio Hierosolimae. Est au-

---

[1]) *Pantaleonis* Prosopographiae heroum atque illustrium virorum
totius Germaniae. (Basel 1565) II, 462.

[2]) Speculum Westualiae veteris... authore *Henrico ab Hovel Epaeo*
Abschrift in der Bibl. des Ver. f. Gesch. u. Alt. Westf. zu Münster
(M. 108) p. 11.

tem Monasterii defunctus anno post Christum natum 1520, le-
giturque ibidem in porticu summi templi epitaphium ipsius
lapidi insculptum huius modi: Inclitus » cet.

Ferner nenne ich noch die kurze Biographie bei Gerhard
Vossius[1]): «Rodulphus Langius Westfalus, Monasteriensis
ecclesiae Canonicus, vivebat an. CIƆCCCCXCIV, ac praeter
alia ad Hermannum Langium eiusdem ecclesiae decanum duos
composuit libros de urbe Hierosolymae; item exaravit librum
de obsidione Nusiensis seu Novesionensis civitatis. Non defugit
eum referre inter temporis sui poetas Gyraldus »[2]). Die angegebene Jahreszahl 1494 macht es nicht unwahrscheinlich,
dass Vossius den Bericht Trittenheim's kannte. Dass er nur
zwei Schriften Langen's und zwar die historischen Inhalts anführt, liegt in dem Plane seines Werkes.

Ausdrücklich auf Hamelmann und Trittenheim beruft sich
für seine Darstellung Johann Albert Fabricius[3]): «Rodulphus Langius, Westfalus Canonicus Monasteriensis orator et
poëta defunctus maior octogenario A.1519, de cuius laudibus
consulenda Hermanni Hamelmanni . . . *oratio de hoc Langio*,
primo, ut ait, per Germaniam poëta et restauratore Latinae
linguae in, Westphalia. Scripsit libros duos de obsidione et
excidio urbis Hierosolymae ad patruum Hermannum Langium,
Decanum Monasteriensem. De obsidione Nusiensi sive Novesionensis oppidi a Carolo Duce Burgundiae... De tribus magis
carmen; librum carminum ad Decanum Coloniensem; epistolas
ad diversos.» Zum Schluss beruft sich Fabricius auf Trittenheim und Gyraldus.

---

[1]) *Gerardi Joannis Vossii* De historicis Latinis libri III. Editio altera. (Lugd. Batav. 1651.) lib. III. cp. 10. p. 640.

[2]) *Lilii Gyraldi Ferrariensis* Operum tomus secundus. (Lugd. Bat.
1696.) De poetis suorum temporum dialogus II. p. 559 A. „Est et non
contemnendi nominis Rodulphus Langius in Germania; cuius plura le-
guntur carmina.“ Der apostolische Protonotar Gyraldus, geb. 1479,
starb 1552.

[3]) *Jo. Alberti Fabricii* Lipsiensis Bibliotheca Latina mediae et infi-
mae aetatis cum supplemento Christiani Schoettgenii. Editio prima
Italica. (Patavii 1754.) IV. 242. Erschien zuerst zu Hamburg 1679.

Eine fast wörtliche Uebersetzung der betreffenden Stellen des Chyträus bildet die kurze Charakteristik und Biographie Langen's bei Bayle [1]).

Alle diese und andere skizzenhafte Darstellungen enthalten nur, theils mehr, theils weniger genau, die Hauptzüge aus dem Leben und der literarischen Thätigkeit Langen's, ohne ein Gesammtbild der Person und ihrer Erfolge vor uns zu entrollen. Ein solches Bild zu entwerfen hatte auch Hamelmann nicht versucht, und seine Rede, obgleich voll des überfliessenden Lobes, lässt uns an vielen Stellen dennoch unbefriedigt. Ebenso bleiben die Neuern, welche diesen Gegenstand zum Vorwurf ihrer Bearbeitung gemacht haben, zum Theil bei dem Entwurf einer Skizze stehen, oder aber sie beachten vielfach die Momente der äussern Geschichte, welche für manche dunkle Partieen im Leben Langen's Licht zu verbreiten im Stande wären, zu wenig, und begnügen sich einfach mit Aufzählung der aus den Quellengeschichtsschreibern entlehnten Thatsachen.

Die Werke lexicalischer oder literarhistorischer Natur können selbstverständlich das Bild eines einzelnen Mannes nur in den allgemeinsten Zügen entwerfen, weil dasselbe dem Zwecke, den dergleichen Werke verfolgen, nur in dieser Form entspricht, und so haben dann auch Jöcher [2]), Driver [3]), Meiners [4]), Heeren [5]), Erhard [6]), Karl von Raumer [7]), G. Voigt [8]), Grässe [9]) und Andere, welche auf dem-

---

[1]) *Bayle* Dict. hist. et crit. V. édition (Amsterd. 1740.) III, 52.

[2]) *Jöcher* Allgemeines Gelehrten-Lexikon (Leipz. 1750) II, 2257.

[3]) *Driver* Bibliotheca Monast. (Mon. 1799) p. 84 ff.

[4]) *Meiners* Lebensbeschreibungen berühmter Männer aus den Zeiten der Wiederherstellung der Wissenschaften (Zürich 1795.) II, 323.

[5]) *Heeren* Gesch. des Studiums der klassischen Lit. (Götting. 1801.)

[6]) *Erhard* Geschichte des Wiederaufblühens wissenschaftlicher Bildung vornehmlich in Deutschland. (Magdeb. 1827—1832.) I, 345—355.

[7]) *Raumer* Geschichte der Pädagogik. 3. Aufl. (Stuttg. 1859.) I, 92 ff.

[8]) *Voigt* Die Wiederherstellung des klassischen Alterthums. (Berlin 1859.)

[9]) *Grässe* Lehrbuch einer allgemeinen Literärgeschichte aller bekannten Völker der Welt II, 3, 864 f.

selben Gebiete arbeiteten, in ihren Darstellungen nur kurze
Entwürfe oder Resultate allgemeiner Natur mitgetheilt.

Weil jedoch das Hauptverdienst Langen's in der zeitge-
mässen Reform der Schule begründet ist, und die höhern
Lehranstalten Münster's ihm ihren Aufschwung verdanken, so
mussten Werke, welche die Unterrichtsentwicklung in Westfalen zum Gegenstand haben, ganz besonders diese seine
schöpferische Thätigkeit eingehend behandeln. Darum verdanken wir sehr schätzenswerthe Beiträge in dieser Beziehung
den Schriften von König [1]) und von Krabbe [2]).

Das Verhältniss der Münsterschen Humanisten zur Reformation insbesondere verfolgt Cornelius [3]), und ihm lag
daher eine weitere Ausführung über die Thätigheit Langen's, welche er in kurzen und schönen Zügen entwirft,
gegenüber der der übrigen Münsterschen Humanisten ferner.
Ebenso beschränkt sich Rassmann [4]), weil er biographische
und literarische Notizen über die Münsterschen Humanisten
überhaupt geben will, für seine Darstellung Langen's auf die
Resultate, welche vorlagen, ohne jedoch eine gewisse Vorliebe für Langen den übrigen gegenüber zu verläugnen. Dasselbe gilt von Güthling [5]), der unter den ersten westfälischen
Humanisten Langen's Verdiensten alle Anerkennung und war-
mes Lob spendet.

Unter den Monographien über Langen ist wohl die älteste
die von dem Helmstädter Professor H. von der Hardt [6])
aus Melle bei Osnabrück, die ich trotz aller Mühe nicht

---

[1]) *König* Geschichtliche Nachrichten über das Gymnasium zu Münster in Westf. Münster 1821.

[2]) *Krabbe* Geschichtliche Nachrichten über die höhern Lehranstalten in Münster. Münster 1852.

[3]) *Cornelius* Die münsterschen Humanisten und ihr Verhältniss zur
Reformation. Münster 1851.

[4]) *Rassmann* Biographische und literarische Nachrichten von Münsterischen Schulmännern aus dem 15. und 16. Jahrhundert. (Jahres-
bericht der Realschule zu Münster. (Münster 1862.) S. 4—11.

[5]) *Güthling* Die ersten westfälischen Humanisten. (Festschrift zur
Einweihung des Gymnasiums in Liegnitz (Liegnitz 1867.) S. 9—24.

[6]) *Von der Hardt* Memoria secular. Rudolphi Langii. Helmst. 1719.

auftreiben konnte. Ob sie keine Rücksicht verdient, wage ich nicht zu entscheiden, wenngleich es fast den Anschein gewinnt, da ich sie unter allen Werken, welche über Langen handeln, nur bei G r ä s s e ¹) genannt finde. Selbst R a t h - l e f ' s²) so vollständige Aufzählung der Schriften von der Hardt's kennt sie nicht.

Auch der Aufsatz von N i e s e r t: « *Rudolfs von Lange*[n], *Domherrn zu Münster und Probsten im alten Dom, literarische Verdienste* »³) gibt wie Erhard⁴) richtig bemerkt, einige unwesentliche Erweiterungen abgerechnet, in der Hauptsache nur das von Hamelmann Berichtete wieder, und hat bei weitem nicht die Gediegenheit, vorzüglich in Anführung der Schriften Langen's, wie die Aufsätze desselben Verfassers über Buschius und Murmellius⁵).

Dagegen entwickelt der Aufsatz von Erhard: « *Erinnerungen an Rudolf von Langen und seine Zeitgenossen* »⁶) ein treffliches Gemälde «eines der ausgezeichnetsten Männer seiner Zeit» und «seines in hohem Grade vollendeten und wohlthätigen Lebens», und enthält in den Anmerkungen und Belegen manches Actenstück, welches ein neues Licht auf die Geschichte und Chronologie in dem Leben Langen's wirft.

---

¹) *Grässe* a. a. O. II, 3, 865.

²) Geschichte jetzt lebender Gelehrten (Zelle 1740.) I, 139 ff.

³) Magazin der Geographie, Geschichte, Statistik, überhaupt der nähern Kunde Westfalens gewidmet (Dortmund 1816.) I, 152—194.

⁴) Zeitschrift für vaterl. Gesch. u. Alterthumskunde I, 51.

⁵) *Niesert* Hermann von dem Busche (*Grote's* Jahrbuch f. Westfalen u. den Niederrhein [Coesfeld 1818] II, 238 ff.). *Niesert* Ueber die literarischen Verdienste Hermanns von dem Busche (daselbst II, 301 ff.) *Niesert* Joann Murmellius literarische Verdienste (*Tross* Westphalia, Zeitschrift für Geschichte und Alterthumskunde Westfalens und Rheinlands. Zweiter Jahrgang. Hamm 1825. 8. 20 f. 62 f. 85 f.). Von Langen kennt Niesert nur die Hierosolyma, das Heldengedicht über die Belagerung von Neuss, Gedichte auf den h. Paulus, die h. Jungfrau und einzelne Epigramme; wie es scheint aus Anführungen Hamelmann's Später besass er in seiner grossen Bibliothek viele Werke Langen's und der gleichzeitigen Münsterschen Humanisten, die zum Theil auf die Paulinische Bibliothek, zum Theil in Privatbesitz übergegangen sind.

⁶) Zeitschrift für vat. Geschichte u. Alt. I, 26—78.

«Mit Wärme und innerer Betheiligung», um mir die
von Cornelius [1]) über sie gebrauchten Worte anzueignen, ist
die *Rede über Rudolf von Langen* von W i n i e w s k i [2]) geschrieben, welche in einer trefflichen Sprache mit glücklicher
Zusammenstellung den grossen Humanisten als Gelehrten, als
Schriftsteller und als Menschen darstellt. Die Abhandlung hat
das Verdienst, dass in ihr, was ein zweiter Aufsatz desselben
Verfassers weiter begründet [5]), zuerst der Nachweis geliefert
wird, dass die g e d r u c k t e *Hierosolyma* Langen's, die von
Hamelmann ein Epos genannt wird, in Prosa geschrieben ist.
Ueberdies hat der Verfasser für seine Charakterisirung Langen's
dessen Gedichte mitbenutzt, ein Factor, dessen Mangel Erhard [4]) lebhaft beklagt, und der die Schilderung viel wahrer
und lebensfrischer macht.

Für den Standpunkt, welchen diese neue Bearbeitung den
Quellen und spätern Abhandlungen gegenüber einnimmt, sei
hier vorläufig bemerkt, dass ich die Angaben der Quellen-
schriftsteller, welche zum Theil auch in die spätern Bearbei-
tungen übergegangen sind, bisweilen in Zweifel ziehen und
ändern zu müssen geglaubt habe, ebenso wie ich an andern
Stellen Verdächtigungen, welche vorzüglich Hamelmann in
Betreff der Genauigkeit seiner Angaben erfahren hat, zurück-
weisen und seine Glaubwürdigkeit darthuen musste. Für
die Eintheilung liegen die Momente im Leben Langen's selbst:
Langen's Jugend bis zu seiner ersten Reise nach Italien,
1438—1466; Langen's erste Reise nach Italien, 1466—1470;
Langen nach seiner Rückkehr aus Italien bis 1498; Langen's
letzte Lebensjahre und seine Reform der Münster'schen
Schulen, 1498—1519. Diesen Abschnitten werden sich eine
nähere Darstellung der schriftstellerischen Thätigkeit Langen's
und eine Würdigung Langen's als Menschen, Priester und Gelehrten anschliessen.

---

[1]) *Cornelius* Die Münsterischen Humanisten. S. 5. Anm. 1.
[2]) *Winiewski* Oratio de Rudolpho Langio. Index lect. Acad. Mon.
18⁴⁹/₅₀ p. 3—22.
[3]) *Winiewski* Index lect. Acad. Monast. 18⁶⁸/₆₉. p. 4—18.
[4]) *Erhard* Erinnerungen S. 51.

II.

Langen's Jugend bis zu seiner ersten Reise nach Italien. 1438—1466.

Rudolf von Langen[1]) stammte aus einer alten Familie des Münsterlandes[2]) und wurde zu Everswinkel[3]), einem
drei Stunden von Münster entfernten Dorfe, geboren. Sein
Vater hiess Herbord von Langen, der Name seiner Mutter ist
unbekannt. Das Jahr seiner Geburt findet sich bei Hamelmann nicht erwähnt, und dadurch erklären sich die abweichenden Angaben, welche zwischen den Jahren 1438 bis 1440
schwanken.[4]) Um dasselbe mit einer annähernden Genauigkeit bestimmen zu können, ist eine Nachricht Hamelmann's[5])

---

[1]) In seinen Schriften nennt sich Langen der Sitte der Zeit gemäss
Rhodolphus Langius, während er den Namen seines Oheims, des Dom-
dechanten Hermann von Langen, bald *Hermannus de Langen*, bald
H. de Langhen schreibt.

[2]) Näheres über dieselbe s. im Excurs I.

[3]) Das Dorf Everswinkel wird als Geburtsort Langen's ausdrücklich
von *Hamelm.* a. a. O. p. 258 genannt, und die Familie scheint dort bis
zum Anfang des siebzehnten Jahrhunderts, wo ihre Besitzungen in
andre Hände kamen, sesshaft gewesen zu sein. Deshalb irren *Raumer*
a. a. O. I, 92, und *Erhard* (Gesch. Münster's S. 272), wenn sie als Geburtsort Münster angeben.

[4]) *Niesert* (R. v. L. Verdienste, a. a. O. S. 156), *Winiewski* (Oratio
p. 4) und *Cornelius* (Münst. Humanisten S. 5) versetzen das Geburtsjahr
um 1440; *Raumer* (a. a. O. I, 92) in das Jahr 1439; *Erhard* (Gesch.
Münster's S. 272; Erinnerungen a. a. O. S. 27) und *Russmann* (a. a. O.
S. 4) in das Jahr 1438.

[5]) *Hamelm.* p. 1429: „Langius iam emeritus et decrepitus senex su-
perato aetatis anno octogesimo ... Monasterii vitam in terris suam
clausit."

über die Todeszeit Langen's mit andern Nachrichten über sein Ende zu verbinden. Er starb nach Hamelmann, über achtzig Jahr alt, als abgelebter Greis im Jahr 1519. [1]) Wenn, wie es den Anschein hat, Langen das achtzigste Jahr nur um den kurzen Zeitraum Eines Jahres überlebte, so fällt das Jahr seiner Geburt in 1438.

Ueber seine erste Erziehung wissen wir nichts, und es ist daher auch nicht auszumachen, ob er die Anfangsgründe des Wissens im elterlichen Hause, oder, wie sein Verwandter Hermann von dem Busche, auf der benachbarten Schule in Warendorf erlernte, oder gleich den ersten Unterricht unter den Augen seines Oheims des Domscholasters, späteren Domdechanten Hermann von Langen in Münster empfing. [2]) Die Verehrung jedoch, welche Langen stets gegen seinen Oheim bewahrte, und welcher er zu verschiedenen Malen in seinen Schriften Ausdruck gibt, macht es wahrscheinlich, dass der ganze Gang seiner Bildung durch diesen bestimmt worden ist, und dass auch der Oheim es war, welcher den ersten Keim legte und entwickelte. Es scheint daher, dass Rudolf schon als Knabe nach Münster in das Haus seines Oheims kam und dort unter dessen persönlicher Leitung die ersten Elemente des Wissens lernte. Der Oheim entdeckte in dem Knaben schon bald die Neigung für wissenschaftliche Studien und das Talent derselben nachzukommen, und ohne Zweifel bewog er den Vater, dem Drange desselben nachzugeben und ihn zu seiner weitern Ausbildung nach Deventer zu senden. Obschon auch in Münster eine Domschule bestand [3]),

---

[1]) *Hamelm* p. 278. *Chytraei* Chron. Sax. pag. 92. *L. Moreri* Grand dict. histor. III, 306. *Bayle* Dict. hist. et crit. III, 52. *Adami* vit. Germ. phil. p. 37. Auf seinem Epitaphium im Kreuzgang des Doms ist allerdings als Todesjahr Langen's das Jahr 1520 angegeben; allein, wie *Erhard* (Erinnerungen S. 71) aus Urkunden der Probstei am alten Dome beweist, beruht diese Angabe auf einer Verwechselung der Zeitrechnung. Sie mag vielfach die Veranlassung gewesen sein, das Geburtsjahr um ein Jahr voranzurücken.

[2]) Näheres über Herm. v. Langen vergl. Excurs II.

[3]) *Krubbe* a. a. O. S. 66 f.

und daneben seit Beginn des fünfzehnten Jahrhunderts durch
Heinrich von Ahaus ein Fraterhaus errichtet war [1]), so zog
der Domdechant Hermann von Langen für die Ausbildnng
seines Neffeu dennoch die Niederlande vor, wo besonders in
Deventer [2]) durch die Brüder des gemeinschaftlichen Lebens
der Unterricht der Jugend sowie literarische Bildung einen
für die damalige Zeit hohen Aufschwung genommen hatten.
Ihm genügte wahrscheinlich der Unterricht an der Domschule
nicht für die Fortentwicklung des jungen Rudolf, und die
Fraterherrn im Hause *ad fontem salientem* scheinen mehr das
Abschreiben und Einbinden von Büchern als den Unterricht
der Jugend betrieben zu haben. [3]) Es unterliegt wohl kaum
einem Zweifel, obgleich bestimmte Nachrichten darüber fehlen, dass die Fraterherrn es waren, deren Obhut und Unter-
weisung der junge Langen empfohlen wurde; jedoch gehen
die Ansichten über den Ort und die Zeit des Aufenthaltes
während seiner Studien in den Niederlanden, sowie über die

[1]) *Delprat* Verhandeling over de Broederschap van G. Grote en
over den invloed der fraterhuizen (II. Druk, Arnhem 1856) p. 187 f.
Gedächtnissbuch des Fraterhauses zu Münster, mitgetheilt durch *Erhard*
in der Zeitschr. f. vaterl. G. u. A. VI, 89 ff. Excerpt aus der Chronik
des Kl. Frenswegen bei *Tücking* Gesch. der Herrsch. u. der Stadt Ahaus
(Zeitschr. f. vaterl. G. u. A. XXVIII, 43).

[2]) Ueber die Schule in Deventer vergl. *Delprat* S. 40 f. Die Lehrgegenstände in den Schulen der Fraterherrn bezogen sich zum Theil
auf die h. Schrift und die Werke der Kirchenväter; aber auch die Lectüre der Profanschriftsteller war nicht ausgeschlossen, und wenn sich
ihre Zahl auf eine geringe beschränkte, so lag der Grund wohl grösstentheils in der Schwierigkeit des Abschreibens und dem daraus er-
wachsenden Mangel an Exemplaren. Als im Gebrauch werden genannt
Seneca, Vergil, Cicero, Sallust, Properz, Terenz und Plato, und erst
später trat eine Erweiterung dieses Studienkreises ein. Vergl. *Raumer*
a. a. O. I, 78, und über Lehrgegenstände und Methode *Delprat* a. a.
O. p. 258.

[3]) In der Zahl der Münster'schen Fraterherrn findet sich als Lehrer
nur *Friedrich Morman*, auf dessen Tod Langen ein Epigramm dichtete
(unten Nr. XXVI), erwähnt. Dieser hatte den jüngern Bruder Rudolf
Agricola's, Heinrich, des Unterrichts wegen zu sich genommen. Vergl.
den Brief Agricola's an Hegius bei *Erhard* Erinnerungen S. 52.

Lehrer, welche ihn unterrichteten, sehr auseinander und be-
dürfen einer eingehenderen Würdigung.

Nach Hamelmann [1]) wurde Rudolf von Langen nach D.e-
venter geschickt. In dieser Stadt bestand eine Capitelschule,
welche unter Leitung der Brüder vom gemeinschaftlichen Leben einen bedeutenden Namen zu Anfang des fünfzehnten
Jahrhunderts gewonnen hatte und später unter der Oberleitung des Alexander Hegius ein solches Ansehen genoss, dass
sie eine Zeitlang den Mittelpunkt der wissenschaftlichen Bildung für das ganze nördliche Deutschland abgab. [2]) Die Angabe Hamelmann's wird von den Meisten, welche über Rudolf von Langen oder über die Humanisten des fünfzehnten
Jahrhunderts geschrieben haben, als sicher und verbürgt an-
genommen, und ihnen gilt allgemein Deventer als der Platz,
wo Langen den ersten Keim für seine klassische Bildung
legte. [3])   Durch eine gelegentliche Bemerkung Hamelmann's [4]),
Thomas von Kempen, der ehrwürdige Verfasser der vier Bücher
von der Nachfolge Christi, sei Rector der Schule von Deventer gewesen, und unter ihm habe Langen seine Studien betrieben, kamen Heeren, Erhard und Andere [5]) zu dem Schluss,

---

[1]) *Hamelm.* p. 261. *Adami* p. 35, nach *Chytraei* Chron. Saxon. pag. 89.
Bayle III, 52.

[2]) *Delprat* a. a. O. p. 65 f. und „Bildungsgang eines deutschen Gelehrten am Ausgang des 15. Jahrhunderts" (Butzbach) bei *Otto Jahn*
Aus der Alterthumswissenschaft (Bonn 1868) S. 416 f.

[3]) Vergl. *Niesert* a. a. O. S. 152. *Winiewski* Oratio p. 5. *Rassmann*
S. 4. *Raumer* a. a. O. I, 92. *Cornelius* Humanisten S. 5. *König* a. a. O.
S. 114 f.

[4]) *Hamelmann* p. 321. . . . „cum Thomas de Kempis . . . suscepisset
curam scholae Daventriensis, ecce in ea erant discipuli Rudolphus Agricola, Mauritius comes Spiegelbergicus, Rodolphus Langius, Antonius
Liber cet "

[5]) *Heeren* a. a. O. II, 147. *Erhard* Erinnerungen S. 27. 52. Auch
Dillenburger Gesch. des Gymn. zu Emmerich (1846) S. 5 vertritt dieselbe Ansicht, wie seine Polemik gegen Delprat beweist. „Als Lehrer
Langen's wird von Hamelmann, so bemerkt *Erhard* a. a. O. S. 52, ausdrücklich Thomas von Kempis genannt, nur begeht Hamelmann den
Irrthum, Deventer als den Ort zu nennen, wo jener seine Bildung
empfing." Vergl. *Grässe* II, 3, 865. Indirect spricht auch *Otto Jahn*

nicht Deventer, wo Thomas von Kempen niemals gelehrt habe,
sondern Zwoll sei die Stadt gewesen, in welcher Langen
während seines Aufenthaltes in den Niederlanden den Unterricht der Fraterherrn genossen habe, und Hamelmann irre
in der Angabe des Ortes. Gegen diese Ansicht, welche allerdings, wenn Hamelmann's Angabe über Thomas von Kempen
richtig ist, den Schein der Wahrheit für sich hätte, zeigte
König [1]) aus den ältesten Biographien des Thomas von Kempen, dass dieser niemals Lehrer gewesen sei und also auch
in Zwoll nicht habe Langen unterrichten können. Nach ihm
bewies Delprat [2]), dass Thomas von Kempen die Fraterhäuser
in Zwoll nicht besuchte, sondern im Kloster auf dem Agneten-
berge bei Zwoll seine Zeit für das Abschreiben von Büchern
und die Abfassung von Erbauungsschriften verwendete. [3]) In
Rücksicht auf das Alter steht der Angabe, Thomas von Kempen sei Lehrer Langen's gewesen, nichts im Wege, denn er
starb, zwei und neunzig Jahre alt, erst 1471; allein da nirgendwo jener Lehrthätigkeit Erwähnung geschieht, im Gegentheil geradezu behauptet wird, er habe den klassischen Wis-

---

a. a. O. S. 416 dasselbe aus, wenn er den Alexander Hegius einen
„Schüler von Thomas a Kempis" nennt, Langen aber zu den jüngern
„Mitschülern und Freunden" des Ersteren zählt. Gegen beide Ansichten, Deventer oder Zwoll sei der Ort gewesen, wohin der junge Langen
geschickt sei, nimmt *Güthling* Die ersten Westfälischen Humanisten
S. 10 für die Bildungsstätte Langen's die Schule der Benedictinerabtei
zu Adeward in Anspruch.

[1]) *König* a. a. O. S. 119.

[2]) *Delprat* a. a. O. p. 97 . . . „nergens blykt dat Thomas te Zwolle
in een der Fraterhuizen heeft verkeerd. Hy kwam op dertienjarigen
ouderdom te Deventer, woonde aldaar in eëne cel met Arnold van
Schoonhoven, genoot het onderrigt der Broeders en begaf zich in 1399
naar het sint Agneten Klooster buiten Zwolle. Hier deed hy Klooster-
gelofte. Hier sleet hy zyn tyd met het afschryven van boeken en het
opstellen van godsdienstige traktaten, die . . . nimmer lust voor de
oude letterkunde konden inboezemen." Vergl. *Mooren* Nachrichten
über Thomas a Kempis (Crefeld 1855) S. 145.

[3]) Näheres über diese zweifache Thätigkeit des Thomas gibt *Mooren*
a. a. O. S. 163 ff.

senschaften fern gestanden [1]), so irren diejenigen, welche auf
Hamelmann's Auctorität hin Langen von ihm unterrichtet wissen wollen und den Ort seiner Studienjahre nach Zwoll verlegen. Auffallend bleibt es jedenfalls, dass, wenn Langen
den Thomas von Kempen als Lehrer gehabt hätte, derselbe
später von ihm gar nicht mehr erwähnt wird, ein Umstand,
der bei der Frömmigkeit und dankbaren Gesinnung seines
Schülers keinen Erklärungsgrund für sich finden liesse, als
nur den, dass derselbe gar nicht mit Thomas in directe Verbindung getreten sei. Die Angabe Hamelmann's jedoch, Langen sei in Deventer unterrichtet worden, aus dem Grunde,
weil er irrthümlich als Lehrer den Thomas von Kempen angeführt hat, in Zweifel ziehen zu wollen, dazu liegt gar kein
Grund vor, da sich schon seit 1441 das Fraterhaus daselbst
ganz besonders hob, und eine grosse Anzahl Schüler an
sich zog. [2])

Hat Thomas von Kempen demnach auf den Unterricht
Rudolf's von Langen keinen fördernden Einfluss geübt, so entsteht die Frage, welche L e h r e r derselbe in der Schule von
Deventer gehabt habe. Die Schule in Deventer war eine
sogenannte Capitelschule, welche unter dem Capitel der Kanoniker stand und deren Vorsteher demselben durch einen
Eid verpflichtet war. [3]) Dieser hatten die Fraterherrn bis
zum Jahre 1427, in welchem sie aus Deventer nach Zütphen
flüchten mussten, bereitwilligst ihre Hülfe zugewandt [4]) und
es scheint auch, dass sie nach ihrer Rückkehr sich mit der
gleichen Bereitwilligkeit dem Unterrichte an derselben von
Neuem unterzogen. [5]) Allein wenn auch einzelne bedeutende

---

[1]) *Mooren* a. a. O. S. 145. „Auf dem Gebiete der sogenannten klassischen Literatur war Thomas ein Fremdling; ebenso wenig verräth er
Kenntniss von der Profangeschichte."

[2]) *Delprat* p. 66 . . . „de Broeders (van Deventer) vonden sich, ten
jare 1441, in staat tot den opbouw van een geheel nieuw huis, ge-
schikt voor 70 Kostgangers. . ."

[3]) *Molhuysen* Alex. Hegius, deutsch bearb. von *Tross* in der Zeitschr.
f. vaterl. Gesch. u. Alt. XXI, 340.

[4]) *Delprat* p. 60.

[5]) *Delprat* p. 67: „Het blykt niet, dat de Broeders by hunne terug-

Fraterherrn in Deventer genannt werden, welche für das Bestehen und Gedeihen der Genossenschaft alles aufboten,[1] so sind wir trotzdem nicht im Stande, den Nachweis zu lie- fern, dass sie sich an dem Unterricht Langen's betheiligten. Jedenfalls beruhen verschiedene Angaben bei Delprat[2], nach denen *Alexander Hegius* der Lehrer Langen's in Deventer ge- wesen wäre, ganz abgesehen von dem ausdrücklichen Zeug- niss Hamelmann's[3], wonach Hegius und Langen daselbst Mit- schüler waren, auf einem Anachronismus. Denn Alexander Hegius trat nach genauer chronologischer Berechnung das

---

komst de kapittelschool hebben teruggevonden, wier leerlingen vroeger hunne milde hulp hadden genoten." Es kann dabei bestehen, dass die Schule der Fraterherrn in Deventer zeitweilig Mangel an Schülern hatte, allein die Hülfe, welche dieselben Hegius angedeihen liessen, beweist, dass sie „fortwährend auch in der Zeit ihres sinkenden Glanzes noch Anziehungskraft genug besassen, um sich einen Kreis von Schülern zu sammeln, und dass sie ihre Aufgabe nicht aus den Augen liessen." Des- halb ist die Ansicht *Güthling's*, zu der Zeit, wo Langen sie hätte be- suchen müssen, sei keine Schule in Deventer gewesen, wofür er sich irrthümlich auf *Cornelius* (Humanisten S. 5), der das gerade Gegentheil behauptet, beruft, und Langen habe daher in der Schule der Benedi- ctinerabtei in Adeward seine Studien betrieben (S. 10) durch Nichts ge- rechtfertigt; im Gegentheil würde Goswin von Halen, der den zeitwei- ligen Aufenthalt Langen's in Adewar erzählt (vgl. Raumer I, 77), gewiss nicht verfehlt haben, einen so wichtigen Umstand, dass er dort seine Bildung genossen habe, mit anzuführen.

[1] *Delprat* p. 66 f. *Dumbar* Anal. I, 114. 141. 143. 162.

[2] *Delprat* p. 98: „Rudolf Lange werd door Alexander Hegius en door dezen alleen tot blakende zucht voer klassieke geleerdheid opgevoerd . . . p. 191: „Lange een Leerling uit de Deventersche school van Hegius . . . Eerst opgenomen onder de Kweekelingen van het klooster Adewerd in Groningerland ontving hy later onderrigt van Rudolf Agricola en voorts van Alexander Hegius syn landgenoot." Gegen diese Ansicht Delprat's, welche auch *Driver* Bibl. Mon. p. 85 und *Berswordt* Adeliges Stammbuch (Dortm. 1742) S. 441 theilen, trat schon *Niesert* a. a. O. S. 168 auf und berief sich auf Chyträus, der Ha- melmann's Angaben bestätigt.

[3] *Hamelm.* p. 263. 321; „in ea (schola Daventriensi) erant discipuli Rodolphus Agricola, Mauritius comes Spigelbergicus, Rodolphus Langius, Antonius Liber Susatensis, Ludovicus Dringenbergius, Alexander Hegius et similes."

Vorsteheramt der Schule zu Deventer im Jahre 1468 oder
Anfangs 1469 an, und wirkte in dieser Stellung ungefähr dreissig
Jahre. [1]) Langen war aber schon im Jahre 1458 von Deventer zurückgekehrt, denn in diesem Jahre wurde er Baccalaureus und 1460 Magister in Erfurt. [2]) Sollte jedoch Alexander Hegius wirklich Lehrer Langen's gewesen sein, so ist
diese Annahme nur dann gerechtfertigt, wenn wir mit Delprat
und Dillenburger [8]) die Ansicht theilen, dass Hegius, ehe er
nach Deventer kam, den Schulen zu Wesel und Emmerich
vorgestanden· und in einer von diesen beiden Städten den
Unterricht Langen's geleitet habe. Allein abgesehen von der
Zuverlässigkeit der Quelle für den Aufenthalt des Alexander
Hegius in einer der beiden Städte, wissen wir von einem
Aufenthalt Langen's in einer von ihnen gar nichts, und zugleich lässt das Alter des Hegius, wenn es auch einige Jahre
mehr betrug, als das von Langen, kaum zu, dass der Eine
Lehrer, der Andre Schüler hätte sein können. Es hat daher
die Angabe Hamelmann's [4]), Hegius sei (älterer) Mitschüler
Langen's gewesen, die grössere Wahrscheinlichkeit für sich.

Ebenso wenig, als wir die Lehrer Langen's in Deventer
mit Namen kennen, sind wir im Stande, die Zeit seiner Abreise, so wie die Dauer seines Aufenthalts daselbst mit
Gewissheit zu bestimmen, sondern wir können nur Vermu-
thungen in Betreff beider aufstellen.

---

[1]) *Raumer* a. a. O. I, 88. *Tross* a. a. O. S. 341. Hiezu stimmt auch
die Angabe *Delprat's* p. 73, Hegius sei im Jahre 1498 nach drei und
dreissigjähriger Thätigkeit an der Schule zu Deventer gestorben.

[2]) *Erhard* Erinnerungen S. 53.

[8]) *Delprat* p. 73. 352. *Dillenburger* a. a. O. S. 14. Das Zeugniss,
worauf sie sich berufen, ist eine Stelle in *Boutzbach's* handschriftlich
auf der Bonner Universitätsbibliothek vorhandenem Auctarium in librum
Joh. Trithemii de script. eccles.: „Alexander cognomento Hegius, na-
tione Teutonicus, patria Westphalus, Gymnasiarcha apud Wesaliam deinde in Embrica et iam pridem Daventriae.“ Dieser Mönch Boutzbach,
Prior zu Laach, war einer der letzten Schüler des Hegius; vergl. *We-
geler* das Kloster Laach (Bonn 1854) S. 101 u. *Otto Jahn* a. a. O. Für
seine Angabe ist bei andern Schriftstellern keine Bestätigung zu finden,
und sie steht ganz vereinzelt da.

[4]) *Hamelm.* p. 321.

Langen war im Alter von zwanzig Jahren 1458 Baccalaureus in Erfurt, nachdem er seine Studien in Deventer beendet hatte. In demselben Jahre herrschte in Deventer die Pest, welche schon früher vom Jahre 1442 bis 1450 dort gewüthet hatte, mit erneuerter Gewalt, so dass ganze Familien von ihr hingerafft wurden. [1]) Sind wir aber zu der Annahme berechtigt, dass der Oheim, der Domdechant Hermann von Langen, den jungen Rudolf nicht nach Deventer sandte, so lange dort die Seuche anhielt, so reiste dieser demnach später als 1450 dorthin ab und kehrte vor 1458 nach Münster zurück. Denn vor seiner Abreise nach Erfurt 1458 war Langen wenigstens eine kurze Zeit wieder in Münster, wo er durch Vermittlung seines Oheims ein Kanonikat am Dom erhielt. [2]) Die grösste Wahrscheinlichkeit gewinnt die Ansicht, wonach Langen in oder kurz nach dem Jahre 1456 von Deventer nach Münster zurückkehrte. Sein Oheim, der Domdechant Hermann von Langen, war nämlich in dem langjährigen Streite zwischen Walram von Mörs und Erich von Hoya die meiste Zeit hindurch von Münster abwesend, [3]) und kehrte erst nach dem Tode Walram's 1456 in die Stadt zurück. [4]) Aber schon am 9. April 1457 war Johann von Baiern vom Pabst zum Bischof ernannt, wurde jedoch erst am elften November desselben Jahres inthronisirt. [5]) Wenn nun auch der Dechant und das Domcapitel sich bis zum December 1457

---

[1]) *Delprat* p. 65.

[2]) *Hamelm.* p. 262. Vergl. unten S. 25.

[3]) Vergl. Geschichtsquellen des Bisth. Münst. I, 232. *Erhard* Gesch. Münst. S. 238 f.

[4]) Geschichtsq. des Bisth. Münst. I, 239: „Vigilia St. Thomae apostoli (20. Dec. 1457) venerabiles domini decanus et canonici eccles. Monast. pro conservatione libertatis rerum et iurium ecclesiae degentium ipsam civitatem et ecclesiam cum gaudio et gloria reintraverunt." Vergl. S. 315 f.

[5]) Geschichtsq. des Bisth. Münst. I, 237 f. Das Domkapitel hatte nach dem Tode Walram's in Ahaus den Conrad von Diepholz zum Bischof gewählt, inzwischen jedoch Pabst Calixt, Johann von Baiern ernannt, und es bestand in Folge dessen Spannung zwischen Capitel und Bischof.

von der Stadt fernhielten, so scheinen doch zwischen ihnen
und dem neuerwählten Bischofe Johann Verhandlungen gepflogen zu sein, die ihren Eintritt erleichterten.

Nehmen wir dazu die Nachricht des Chronisten Arnd Bevergern [1]), dass im September des Jahres 1456 der Herzog
Philipp von Burgund Deventer belagerte, so gewinnt die Ansicht, Rudolf von Langen habe diese Belagerung nicht ausgehalten, sondern sei derselben ausgewichen und nach Ahaus [2])
zu seinem Onkel geeilt und mit diesem dann später nach
Münster zurückgekehrt, noch mehr an Wahrscheinlichkeit.
War Langen bei seiner Abreise nach Deventer ungefähr dreizehn Jahre alt und verblieb er dort fast sechs Jahre, so stand
er bei seiner Rückkehr nach Münster im Jahre 1457 in einem
Alter von neunzehn Jahren, eine Zeit, welche durch die
Analogie der Studienzeit seines Anverwandten Hermann Buschius eine Bestätigung findet. [3])

Dieser nämlich, nach Hamelmann im Jahre 1468 geboren,
ging, nachdem er die Schule des Hegius in Deventer besucht
hatte und von dort nach Heidelberg zu Rudolf Agricola geschickt war, im Alter von achtzehn Jahren im Jahre 1486
nach Italien.

Als Mitschüler Langen's während seines Aufenthaltes
in Deventer werden genannt: Rudolf Agricola, Moriz Graf von
Spiegelberg, Anton Liber von Soest, Ludwig Dringenberg,
Alex. Hegius und andere Männer, deren Namen für die Wie-

---

[1]) Vergl. Geschichtsq. des Bisth. Münst. I, 283. „Item ym iaer
sesz und vyfftich voer sunt Michaell (29. Sept. 1456) do lach hertogh
Philippus van Burgonyen voer Deventer unde dede der stadt van Deventer grothen schaden myt bussen to scheyten in ere stadt."

[2]) Der Oheim Langen's war damals in Ahaus. Vergl. Geschichtsq.
I, 234, 274.·

[3]) Die Zeit der Studien Langen's in Deventer nach 1450 bis 1456
ist nicht zu gering angesetzt, wenn wir bedenken, in wie kurzer Zeit
viele der damaligen Gelehrten ihre Studien betrieben. So konnte z. B.
Erasmus von Rotterdam nach einem zweijährigen Aufenthalt in Deventer den Horaz und Terenz auswendig und verstand alle Theile der
scholastischen Philosophie. Vergl. *Adolf Müller* Leben des Erasmus v.
Rotterdam (Hamb. 1828) S. 93 f.

derherstellung der Wissenschaft in Deutschland von der grössten Bedeutung sind, und welche auch noch in der spätern Zeit durch Bande der Freundschaft und durch die Gleichheit der Bestrebungen verbunden blieben. [1]) Der bedeutendste unter ihnen war *Alexander Hegius*, welcher, ehe die Domschule in Münster unter Timan Camener ihre Blüte erreichte, die Schule zu Deventer dreissig Jahre hindurch bis zu seinem Tode (1498) auf der Höhe der Wissenschaft erhielt. [2])

Nach Langen's Rückkehr von Deventer 1457 staunte der Oheim Hermann von Langen über die Fortschritte, welche sein Neffe während seines Aufenthaltes daselbst gemacht hatte und verschaffte ihm ein K a n o n i k a t a m D o m e z u M ü n - s t e r. [3]) Mit dieser Würde übernahm Langen zugleich die Pflicht eine Universität zu besuchen und er beeilte sich derselben um so bereitwilliger nachzukommen, als seine Neigung und seine Wünsche mit ihr vollständig übereinstimmten. [4]) Was ihn jedoch bewog, unter den bis dahin bestehenden acht deutschen Universitäten nicht Cöln, wohin sich die Westfalen vielfach zu wenden pflegten, sondern E r f u r t zu wählen, das wissen wir nicht, es sei denn, dass die Blüte dieser Universität, an welcher seit ihrer Gründung 1392 auch Westfalen als Lehrer thätig waren, [5]) sowie seine Neigung zu bestimmten Studien den Schluss erlauben, er habe die Universität Erfurt aus diesen Gründen Cöln vorgezogen. Zur Zeit nämlich,

---

[1]) *Hamelm.* p. 321. Vergleiche über Rudolf Agricola, der schon 1485 in Heidelberg starb, *Raumer* a. a. O. I, 79. Moriz von Spiegelberg war Probst in Emmerich und wirkte bis zu seinem Tode 1483 für die Schule daselbst; vergl. *Dillenburger* Gesch. des Gymn. zu Emmerich S. 4 f. Anton Liber von Soest hatte verschiedene Schicksale und starb wahrscheinlich in Alcmar vor 1514; vergl. *Dillenburger* a. a. O. S. 11 f. Ueber die Thätigkeit Dringenberg's vergl. Hamelmann p. 1425.

[2]) Vergl. *Molhuysen* a. a. O. S. 340.

[3]) *Hamelm.* p. 262. „Decanus procurat, ut fiat quoque canonicus in cathedrali ecclesia Monasteriensi."

[4]) *Krabbe* a. a. O. S. 72; *Erhard* Erinnerungen S. 30.

[5]) Vergl. *Evelt* Mittheil. über einige gelehrte Westfalen vornemlich aus der ersten Hälfte des 15. Jahrh. in der Zeitschrift für vaterl. G. u. A. XXI. (1861) S. 234.

als Langen nach Erfurt ging, war dort, wie dieses die Univer-
sitäts-Matrikel nachweist, ein gewisser Petrus Luderus als
Professor der Poesie eingeschrieben. Hatte Langen damals
schon eine besondere Vorliebe für die Poesie, wie sie ihn
und die Humanisten seiner Zeit später kennzeichnet, so wäre
es erklärlich, dass er schon dieses Einen Mannes wegen, der
als «der erste akademische Lehrer der Dichtkunst nicht nur
in Erfurt, sondern auf einer deutschen Universität überhaupt
genannt wird », die Universität Erfurt jeder andern deutschen
vorzog. [1]) Ueber den Gang seiner Studien in Erfurt, sowie
über die Gegenstände, denen er seine besondere Aufmerksamkeit und Theilnahme zuwendete, ist uns gar keine Nachricht überliefert, und wir würden über die Zeit seines Aufenthalts daselbst vollständig im Dunkeln sein, wenn nicht die
Erfurter Universitäts-Nachrichten einige sehr werthvolle Notizen enthielten. [2]) Es heisst in ihnen nämlich, dass Rudolf

---

[1]) *Erhard* Erinnerungen S. 53. Unter dem Rectorat des M. Rudol-
fus de Sutwold im Jahre 1460 ist Petrus Luderus als poësin publice
professus unentgeltlich in die Matrikel eingetragen. Ob derselbe mit
Pet. Ludner in *Haenel* cat. libr. manusc. . . . p. 535 identisch ist, wie
Erhard vermuthet, ist unsicher. Vergl. *Kampschulte* die Univ. Erfurt
S. 32. n. 2.

[2]) Das Verdienst, diese Notizen über Langen's Studien in Erfurt
entdeckt zu haben, gebührt *Erhard*, welcher sich (Erinnerungen S. 53)
folgendermassen darüber ausspricht: „In der Matrikel der philosophi-
schen Facultät . . . ist in dem Verzeichniss der Baccalaureen bei dem
ersten Examen, welches im Jahre 1458 in der Fasten unter dem Deca-
nat des M. Henrikus Jungel aus Nidda gehalten wurde, Rodolphus Langen de Monasterio (wobei eine spätere Hand bemerkt hat: nobilis) eingeschrieben und hat unter 84 Candidaten die oberste Stelle. In dem
Verzeichniss der Magister . . . steht bei dem Jahre 1460 unter dem
Decanate des M. Henricus de Bunen unter 17 Promovirten ebenfalls
oben an Magister Rodolphus de Langen, wobei von einer spätern Hand
bemerkt ist: Monasteriensis canonicus et poëta laureatus. Der Zusatz
poeta laureatus scheint mehr auf dem spätern Ruf Langen's als auf einer wirklichen Krönung zu beruhen." Eine handschriftliche Materialien-
sammlung zur westfälischen Gelehrtengeschichte, die aus dem Anfang
des vorigen Jahrhunderts stammen mag und jetzt der Bibliothek des
Vereins für Gesch. und Alt. Westf. zu Münster (M. 6) angehört, hat
S. 187 noch die genauere Angabe: „Langius ante Conradum Celten

von Langen im Jahre 1458 Baccalaureus und im Jahre 1460 Magister der Philosophie geworden sei; eine Nachricht, aus welcher wir zugleich einen Schluss auf die Länge seines Aufenthalts in Erfurt machen dürfen. Ging er nämlich gegen Ende 1457 oder Anfangs 1458 von Münster nach Erfurt und verblieb dort bis Ende 1460 oder Anfang 1461, so betrug die Dauer seines Aufenthalts ungefähr drei Jahre. Hamelmann erwähnt weder den Aufenthalt Langen's in Erfurt noch seine Graduirung daselbst an irgend einer Stelle, sondern er knüpft an seine Rückkehr von Deventer sogleich seine Reise nach Italien. [1] Es scheint daher, als sei ihm beides unbekannt gewesen, weil er sonst gewiss nicht verfehlt haben würde, ein Ereigniss wie die Erlangung der Magisterwürde im Leben Langen's anzuführen.

Ob Langen, wie Erhard [2] es vermuthet, selbst als Lehrer in Erfurt aufgetreten sei, das muss bei dem Mangel genauerer Nachrichten dahingestellt bleiben, jedoch erscheint es nicht wahrscheinlich, weil wir ihn schon bald wieder in Münster sehen. Auch spricht dagegen die ganze spätere Richtung seiner Studien, die nicht so sehr eigne Lehrthätigkeit bezweckte, als vielmehr darin bestand, Liebe zu den Wissenschaften anzuregen und durch Rath und Unterstützung lebendig und wach zu erhalten. Er selbst bekleidete in späterer Zeit auch an der von ihm selbst in's Leben gerufenen Schule in Münster niemals eine Lehrerstelle, wohl aber lesen wir an zahlreichen Stellen bei Hamelmann [3], dass gleichzeitige Humanisten in

---

fuit laureatus poëta, coronatus a Friderico imperatore, ut habet 1. Februar. *Vincent. Sturmius* in calendario suo impress. Francf. 1587."

[1] *Hamelm.* p. 262. Auch *Niesert* a. a. O. S. 159 verbindet die Reise nach Italien mit der Rückkehr von Deventer.

[2] *Erhard* Erinnerungen S. 31. Seiner Stellung als Kanonikus wegen konnte er freilich in Erfurt verbleiben, weil diese Universität schon durch Pabst Bonifacius VIII. im Jahre 1390 das Privilegium genoss, wonach alle Geistlichen, welche sich daselbst als Lehrer oder Schüler aufhielten, mit Ausnahme derer, welche in Collegial- oder Cathedralkirchen die höchste Würde bekleideten, der vollständige Genuss ihrer Präbenden auf zehn Jahre zugesichert war.

[3] *Hamelm.* p. 277 u. 98.

ihrer schriftstellerischen und Unterrichtsthätigkeit von seinem
Urtheil und seiner Hülfe abhängig waren, und dass sogar ein
Rudolf Agricola ihm Arbeiten zur Begutachtung vorlegte. Daher liegt die Vermuthung nahe, dass er auch in Erfurt sich
nur seiner Studien halber aufgehalten habe und selbst nicht
lehrend thätig gewesen sei.

Von Erfurt kehrte Langen nach Münster zurück und hier
scheint der Plan, sich in den classischen Studien an der Quelle
selbst zu vervollständigen, bei ihm zur Reife gekommen zu
sein. Nach Hamelmann's Bericht [1]) scheint es, als ob der Ge-
danke zu dieser Reise nach Italien schon in Deventer und
zwar durch Thomas von Kempen angeregt sei, welcher, als
die Kunde von dem Aufleben der antiken Wissenschaften auch
bis in die Niederlande gedrungen war, den Grafen Moriz von
Spiegelberg und Rudolf von Langen bestimmte, dorthin zu
gehen. [2])

Allein wenn wir bedenken, dass Thomas von Kempen
auf dem Gebiete der klassischen Literatur ein Fremdling
war, [8]) und in der Beschaulichkeit seines gottseligen Lebens
sich weniger um die Ereignisse auf einem ihm fernliegenden
Gebiete bekümmerte, so dürfen wir gewiss in Bezug auf diese
Nachricht Hamelmann's dieselben Bedenken hegen, welche
wir früher über seine Angabe, Thomas von Kempen sei Lehrer Langen's gewesen, ausgesprochen haben. Diese Bedenken
sind um so gegründeter, als Hamelmann die Reise nach Italien
unmittelbar an den Aufenthalt Langen's in Deventer, und den
Einfluss des Thomas von Kempen auf ihn an seine Eigen-
schaft als Lehrer anknüpft. Ueberdies lässt es sich nicht verkennen, dass Hamelmann in seinen Lobreden, welche er dem
Humanismus hält, und in seiner Darstellung, wie derselbe
dem Lichte des Glaubens und der Wissenschaft vorarbeitete,

---

[1]) *Hamelm.* p. 321.

[2]) Durch Hamelmann lässt sich *Erhard* Erinnerungen S. 31 bestimmen, die Reise nach Italien als ein Werk seines Jugendlehrers Thomas
von Kempen anzusehen.

[8]) *Mooren* a. a. O. S. 145. Oben S. 20, Anm. 1.

stillschweigend auch stets die Männer mithineinzuziehen bemüht ist, von welchem er wünscht, dass auch sie schon das
Bedürfniss einer Reformation fühlten. Bei ihm sind Humanismus und Reformation zwei sehr nahe verwandte Begriffe, der
eine baute dem andern nur vor, und beide bedingen sich gegenseitig. Ihm sind daher auch alle die Männer, welche sich
mit Interesse der Wissenschaften annahmen, von vornherein
auch solche, welche mit dem Abthuen des Barbarenthums in
der Sprache sich auch ihres Glaubens und ihres Gehorsams
entledigten. Kann es daher Wunder nehmen, wenn er, wie
Grote und Wessel, so auch den Mann mit als Vorkämpfer
einer freien Zeit aufführt, von welchem er gewiss am sehnlichsten wünschen mochte, dass derselbe seine Unzufrieden-
heit auf wissenschaftlichem und kirchlichem Gebiete laut ausgesprochen hätte? Wie er Langen kurz vor seinem Tode die
Worte in den Mund legt, jetzt tritt die Zeit ein, wo es Licht
in Kirche und Schule wird, ebenso sucht er bei Thomas von
Kempen, dem nichts ferner lag, als profane Wissenschaft,
durch das ausgesprochene Bedürfniss der Wiedererweckung
der Wissenschaft auch Alles, was nach seinen Begriffen damit
zusammenhängt, unterzulegen.

Viel wahrscheinlicher klingt es, was er an andern Stellen
sagt,[1] der Oheim Langen's, der Domdechant Hermann von
Langen, habe diesen nach Italien gesandt. Derselbe hatte
auf die frühere Bildung des jungen Rudolf den grössten Einfluss ausgeübt, er hatte ihn nach Deventer geschickt, und er
war es jedenfalls auch, der das Talent und die Lieblings-
neigung desselben am besten kannte, und als Mann, der
selbst Interesse für Wissenschaft besass, mit allen Kräften be-
günstigte. Dabei kann bestehen, und es ist sogar sehr wahrscheinlich, dass Langen in Erfurt durch Anhörung des Petrus
Luderus für seinen Plan, Italien selbst zu sehen, bedeutenden
Vorschub empfing, da dieser wohl der erste war, der aus
Italien kommend zu einer Zeit, wo in Deutschland kaum
Kunde war von der Bewegung, die jenseits der Alpen die

---

[1] *Hamelm.* p. 262. 1426. *Chytraei* Chr. Sax. p. 89.

Gemüter ergriffen hatte, die erste Verbreitung der humanistischen Richtung anbahnte. [1])

Von den acht deutschen Universitäten war keine im Stande,
den Wissensdurst Langen's zu befriedigen, und wenn auch die
Vorwürfe und Schmähungen, womit man besonders Köln zu
überhäufen pflegt, beweisen, dass man von gewissen Seiten
dennoch ihre Bedeutung fürchtete, so darf man doch wohl ohne
der Ehre irgend einer von ihnen zu nahe zu treten, die Behauptung aufstellen, dass sie Unterricht in den Classikern zu
ertheilen nicht im Stande waren, weil ihnen das Material
fehlte.   Dagegen blühte das Studium der Antike in Italien;
dort hatte man Handschriften der alten Classiker in Bibliotheken zusammengehäuft; dort waren Gelehrte, welche dieselben erklärten und vor einer grossen Schaar von Schülern
ihre Schönheit entwickelten; dorthin waren seit dem Fall
Constantinopel's 1453 auch die Griechischen Gelehrten gezogen und hatten die Schätze des alten Hellenenlandes dem
staunenden Abendland vorgelegt.   Die Kunde dieses neu erwachten Lebens war sicherlich auch schon nach dem Westen
Deutschlands gelangt, und hatte dort gewiss bei Vielen, denen die althergebrachte scholastische Methode, die Sclavin
der Dialektik, missfallen mochte, eine Sehnsucht wach gerufen, die Quellen selbst zu sehen und aus ihnen die antike
Welt kennen zu lernen.   Sind auch alle die Angriffe, welcher
der spätere Humanismus der scholastischen Methode zu machen beliebt, keineswegs alle gerechtfertigt, sondern manche
von ihnen einer Gereiztheit und Streitsucht beizulegen, so
darf man dennoch eines von derselben mit Recht behaupten,
dass sie, weit entfernt, die Schätze, die sie besass, zu Tage zu
fördern und in Umlauf zu setzen, dieselben mit Schutt be-
deckte oder gar völlig begrub.   Die Einleitungen über den
äussern und innern, den entfernten, entfernteren und entfern-
testen Zweck eines Buches, welche den Zugang zu dem
Schriftsteller nur erschwerten; die Erörterungen über Worte
und Redensarten, welche den Sinn und die Bedeutung der-

---

[1]) *Kampschulte* a. a. O. S. 30 f.

selben nicht erschlossen; das Dunkel dialektischer Spitzfindig-
keiten und metaphysischer Formeln rief endlich in Italien,
welches sich stets gegen den Einfluss des Scholasticismus ge-
wehrt und die classischen Studien am eifrigsten gepflegt hatte,
eine Reaction hervor, welche schon bald im offnen Kampf
mit der alten Methode ihre Kraft zeigte. Ob dieselbe ihre Nach-
klänge, wenn auch erst nur schwache, in Deutschland schon
gefunden hatte. das ist mit Sicherheit nicht zu bestimmen.
Jedoch ist es nicht unwahrscheinlich, dass die Reise, welche
Langen nach Italien unternahm, wohl eine der ersten ist,
welche von deutschen Jünglingen ausdrücklich in wissenschaftlicher Absicht unternommen wurde. [1]) In Langen, welcher in
sich den wärmsten Trieb und das eifrigste Streben für Wissenschaft vereinte, musste der neue Aufschwung der antiken
Literatur unter berühmten Lehrern den sehnlichsten Wunsch
erwecken, Italien zu sehen und dort von den grossen Meistern
zu lernen.

---

[1]) *Erhard* Erinnerungen S. 31.

III.

Langen's erste Reise nach Italien.
1466 — 1470.

Wie über die Zeit des Aufenthalts in Deventer, so gehen auch über Langen's **R e i s e n a c h I t a l i e n** die Ansichten sehr auseinander. Während nämlich Einige, wie schon bemerkt, dieselbe kurz nach seinem Abgang von Deventer versetzen, schieben Andere dieselbe in eine spätere Periode seines Lebens hinaus. Die Erstern stützen sich dabei auf die Angabe Hamelmann's [1]), Langen sei in Italien gewesen, als Nicolaus V. den päbstlichen Stuhl inne hatte. Da jedoch dieser Pabst von 1447 bis 1455 regierte, so konnte Langen nicht bis zum Jahre 1457 in Deventer verbleiben, sondern musste wenigstens im Sterbejahr Nicolaus' V. 1455 in Rom eintreffen. Deshalb vermuthet Dillenburger [2]), der Aufenthalt Langen's in Italien falle in die Jahre 1455 bis 1458; und Langen habe den Rath seines Lehrers Thomas von Kempen, bald nachdem er dessen Schule zu Zwoll verlassen, befolgt und sich erst nach seiner Rückkehr aus Italien die academischen Würden in Erfurt erworben. Der Grund, weshalb Dillenburger die Reise nach Italien so sehr früh ansetzt, ist unverkennbar der, nachzuweisen, dass Moriz von Spiegelberg, Alexander Hegius, Antonius Liber,

---

[1]) *Hamelm.* p. 262. „Ibi (in Italia) noster Rodolphus audivit Laurentium Vallam . . . quando ageret pontificium Romae Nicolaus quintus, magnus doctorum fautor." vergl. *Chytraei* Chron. Sax. 89.

[2]) *Dillenburger* a. a. O. S. 6 f. Auch *König* S. 115 scheint die Ansicht zu theilen, als sei Langen noch zu Lebzeiten des Pabstes Nicolaus in Italien eingetroffen. *Delprat* p. 98 gibt zwar keine genauere Zeit an; verbindet jedoch die Reise nach Italien unmittelbar mit dem Abgang von Deventer: „Terstond na het verlaten van zyne (Hegius) schol bezocht hy Italië."

Rudolf von Langen nicht zu gleicher Zeit Schüler des Thomas von Kempen gewesen seien, sondern, wie sie an Alter verschieden waren, so auch nach einander die Schule in Zwoll besuchten. Allein die Ungleichheit des Alters beider Freunde bleibt auch bei der Annahme, sie hätten 1455 die gemeinschaftliche Reise unternommen, vollständig dieselbe, indem dann Langen ungefähr 17, Spiegelberg dagegen 36 Jahre zählte. Ueberdies beruht die ganze Ansicht auf der Annahme, Langen habe seine Reise auf Betrieb des Thomas von Kempen unternommen, welche, wie gesagt, auch nicht einen Schein von Wahrscheinlichkeit für sich hat. Wie sehr aber Hamelmann in der Chronologie Fehler zu machen geneigt ist, beweist am besten der Umstand, dass er unter den Lehrern Langen's in Italien auch solche anführt, welche zur Zeit seines Aufenthaltes daselbst gar nicht mehr lebten, z. B. den Leonhard Aretinus. Auch adoptirt er an einer andern Stelle [1] die Ansicht des Chyträus, wonach Langen um 1460 in Italien war, welche mit seiner früher ausgesprochenen gar nicht in Einklang zu bringen ist. Deshalb hat es gar kein Bedenken — zumal da sich die Chronologie im Leben Langen's viel besser herstellen lässt, wenn die Reise nach Italien später als der Aufenthalt in Erfurt, welcher eigentlich nach der Reise ganz zwecklos erscheint, gesetzt wird — bei Hamelmann in der Angabe des Namens des Pabstes einen Fehler zu vermuthen. Der Pabst Nicolaus V. hatte sich durch seine Vorliebe für classische Studien einen Namen erworben, und deshalb verband ihn Hamelmann mit den Gelehrten, die er als Lehrer Langen's aufzählt. — Die Meisten versetzen die italienische Reise in eine spätere Lebensperiode Langen's, und unter diesen möchte wohl David Chyträus [2] die niedrigste Ausgangsgrenze angeben, wenn er Langen um das Jahr 1460 in Italien sein lässt. Dieselbe theilen alle die Biographen, wie Erhard, Heeren u. A., welche als Zeit der Reise die Jahre von 1460 bis 1470 bestimmen. Vor 1460, in welchem Jahre

---

[1] *Hamelm.* p. 1406.
[2] *Chyträus* bei Hamelm. p. 1406.

Langen Magister ,in Erfurt wurde, kann die Zeit der Abreise
nicht fallen, allein auch die nächstfolgenden Jahre scheinen
für die Annahme keinen Haltpunkt zu bieten. Denn nach der
Rückkehr von Erfurt, welche in oder kurz nach 1460 gewesen zu sein scheint, nahm Langen ohne Zweifel seinen Aufenthalt in Münster, da er den Anforderungen des Capitels in
Bezug der Studien auf einer Universität genügt hatte. Zu
dieser Annahme berechtigt insbesondere der Umstand, dass
Langen im Jahre 1462 zum Probst des Collegiatstiftes am sogenannten alten Dom ernannt wurde [1), und auf diesen Grund
hin behauptet deshalb auch Krabbe [2]), er sei erst nach 1462
zu seiner Ausbildung nach Italien gereist, ohne jedoch genauer den Zeitpunkt zu bestimmen. Wie die erhaltene Eidesformel beweist, war Langen 1462 in Münster gegenwärtig
und wurde nicht in seiner Abwesenheit gewählt. Der Zeitraum von 1460 bis 1462 aber scheint zu gering, um in diese
Jahre die Reise nach Italien zu verlegen und die Wahl zum
Probst nach seiner Rückkehr zu setzen. Dagegen spricht besonders der Umstand, dass Langen's Wissensdurst mit einem
so kurzen Aufenthalt sich schwerlich würde befriedigt gefunden haben [3]); sowie der, dass das Capitel des alten Domes
gewiss nicht den jungen Kanonikus zum Probst gewählt haben
würde, wenn es nicht durch Augenschein von seinen trefflichen Eigenschaften überzeugt gewesen wäre. Dazu hätte

---

[1) Von den auf diese Wahl bezüglichen Urkunden findet sich die
Eidesformel als die einzige, welche gerettet ist, bei *Erhard* Erinnerungen S. 54. Dieselbe schliesst; „Datum anno Dom. millesimo quadringentesimo sexagesimo secundo feria tertia post decollationem s. Johannis Baptistae." (31 August.)

[2]) *Krabbe* a. a. O. S. 68.

[3]) Die meisten Humanisten, die Italien besuchten, verweilten dort
eine längere Zeit; so z. B. Rud. Agricola v. 1476 bis 1481; (vergl. *Raumer*
a. a. O. S. 79.) Hermann Buschius fünf Jahre, (vergl. *Liessem* de H. Buschii vita et scriptis (Bonnae 1866) p. 13.) Der einzige, der zu verschiedenen Malen auf kürzere Zeit in Italien war, ist Joh. Reuchlin,
dessen Reisen jedoch meistentheils einen geschäftlichen Charakter hatten. vergl. *Raumer* a. a. O. S. 116 f.

dasselbe jedoch gar keine Gelegenheit gehabt, wenn Langen von Erfurt sogleich nach Rom abgereist wäre.

Aber auch nicht gleich nach dem Jahre 1462 scheint der Zeitpunkt für die italienische Reise versetzt werden zu dürfen. Aus einer Handschrift nämlich, welche die Victorstracht in Xanten zum Gegenstand hat, und entweder in das Jahr des Festes selbst 1464 fällt oder kurz darnach geschrieben ist, findet sich die gelegentliche Bemerkung, dass Rudolf von Langen um die angegebene Zeit am Hofe des Herzogs Johann von Cleve verweilt habe.[1] Die Veranlassung, welche ihn dorthin führte, ist nicht weiter bekannt, aber aus der Art und Weise, wie seiner gedacht wird, geht hervor, dass er zu jener Zeit einen hohen Ruf und grosses Ansehen genoss. Das Lob, welches dem jugendlichen Langen gespendet wird, kann jedoch nicht von seiner öffentlichen literarischen Thätig-

---

[1] Das Manuscript, auf Pergament mit gothischen Lettern und farbigen Initialen geschrieben, betitelt: *Arnoldus Heymericus*, decanus Xanthensis, de solemnitate deportationis St. Victoris, befindet sich in der Bibliothek des Vereins für Geschichte und Alterthumskunde Westfalens in Münster. In der Einleitung verbreitet sich Arnold Heymericus über das Lob des regierenden Herzog's von Cleve, glaubt aber, dass nicht allein er nicht, sondern überhaupt nur Wenige im Stande seien, dasselbe würdig zu preisen. Dann fährt er fort: „Ex quis paucissimis unum in tuo ducali Palatio illum delitescere constat omnibus Rodolphum de Langen, virum supra aetatem omnium multo clarissimum; cui tanta vis scribendi, tanta ubertas tantaque copia orationis est atque dicendi maiestas, ut quidquid ex omnibus velit, praestare ei facile sit, cuique, dux humanissime, ceteri quique praestantissimi viri otium suum maiorem in modum invidere non cessant. . .“ Ausserdem wird Langen noch zweimal in der Einleitung und einmal im Verlauf der Abhandlung und zwar an letzterer Stelle mit den Worten erwähnt: „Illum tamen perquam acutissimo ingenio Rodolphum de Langen omnibus praeferendum puto.“ Arnoldus Heymericus (Heymricius) war Dechant in Xanten und Domherr zu St. Lebuin in Deventer. Vergl. *Dumbar* Analecta (Daventriae 1719) I, dedicat. p. 9. Er schrieb 1476 eine „epistola ad Ludolphum decanum Traiectensem, continens conflictum inter patientiam et fortunam Roperti archiepiscopi Coloniensis, cum historia Davidis episcopi Traiectensis“, in derselben dialogisirenden Weise, in welcher auch die translatio S. Victoris verfasst ist. gedr. b. *Dumbar* a. a. O. I, p. 349—440.

keit berrühren, denn er hatte noch nichts verfasst, auch erstreckt es sich nicht auf die Erfolge, die er in der Reform der Schule erzielte, da sich diese erst aus dem Jahre 1498 herschreiben, sondern es ist ohne Zweifel der Ausdruck der tiefsten Verwunderung darüber, dass sich Langen in seinem sechs oder sieben und zwanzigsten Jahre einen so grossen Schatz von Kenntnissen gesammelt hatte und mit den bedeutendsten Männern jener Zeit in Verbindung stand. Vielleicht kam er durch seinen ältern Freund Moriz von Spiegelberg, der Probst zu Emmerich und Kanonikus in Cöln war, oder durch Verwandte, da seine Familie auch am Niederrhein begütert war, an den Hof des Herzogs, und der Umstand, dass derselbe Moriz mit Langen die Reise nach Italien machte, lässt die Vermuthung zu, dass der Aufenthalt in Cleve in den Beginn der Reise nach Italien fällt. Daher irren wir gewiss nicht, wenn wir diese Reise bald nach dem Jahre 1464 beginnen lassen und den Aufenthalt nicht weit über 1470 hin ausdehnen [1] Auch werfen die kirchlichen und politischen Zustände des Bisthums Münster in jenen Tagen auf die Zeit der Reise nach Italien einige Streiflichter. Im Jahre 1464 war der Bischof Johannes von Baiern zum Erzbischof von Magdeburg ernannt, blieb jedoch noch bis zum Februar 1466 in Münster. [2] Als sein Nachfolger wurde nach dem Zeugniss des Chronisten [3] der Bischof Heinrich von Schwarzburg am 20. Juni 1466 vom Pabst bestätigt, wobei jedoch ausdrücklich bemerkt wird, dass im Anfang des Jahres 1466 nach Rom geschickt sei, um die Confirmation desselben zu erlangen. [4]

---

[1] Wenn *Grässe* ll, 3. S. 865 glaubt, Langen habe seine italienische Reise erst nach 1470 angetreten, so steht er mit dieser Ansicht, welche die grössten chronologischen Schwierigkeiten bietet, ganz vereinzelt da.

[2] Chronik *Arnd Bevergern's* in den Geschichtsq. des Bisth. Münster I, 286. 321.

[3] Vergl. Geschichtsq. I, 287.

[4] A. a. O. „Item im iaer unses heren, do men schreeff MCCCCLXVI, do woert geschicket nae Rome nae der confirmacien tho werven aen den hellighen vader, den pawest voer dussen frommen heren Henrico van Swaszennborch tho wesenn eyn bischop over dat stichte vann Munster. . .“

Den Zeitraum von anderthalb Jahren, welcher zwischen der
Ernennung des Bischofs Johann von Baiern zum Erzbischof
von Magdeburg und der Wahl Heinrich's von Schwarzburg
lag, konnte das Domkapitel, und an seiner Spitze der thätige
Oheim Rudolfs, der Domdechant Hermann von Langen, dazu
verwenden, um sich nach einem Manne umzusehen, welcher
nach den stürmischen Zeiten unter Walram von Mörs und
Erich von Hoya mit fester Hand die Zügel der Regierung
führen konnte. Dass die Wahl auf den Administrator des Bisthums Bremen fiel, mochte seinen Grund in langjährigen Zwi-
sten mit Friesland und den Grafen von Oldenburg, in welchen
Münster und Bremen gleiches Interesse hatten, und dazu noch
in dem Umstand haben, dass Heinrich von Schwarzburg mit
den Herzögen von Cleve, welche in den vorhergehenden
Streitigkeiten eine grosse Rolle spielten, sowie mit den Herzögen von Burgund nahe verwandt war. Seine Mutter war
nämlich eine Herzogin von Cleve. [1]- Es scheint demnach bei
der Wahl ein politisches Interesse vorgewaltet zu haben, und
es ist nicht unwahrscheinlich, dass dabei der Domdechant
Hermann von Langen auf das Kapitel, wie auch bei der Wahl
Walrams von Moers, einen grossen Einfluss ausübte. Wenn
wir aber nach dem Bericht des Heymericus kurz nach 1464
Rudolf von Langen am Hofe des Herzogs Johann von Cleve
finden, so liegt die Vermuthung nahe, dass derselbe sich entweder im Auftrag seines Oheims, des Domdechanten, wegen
Angelegenheiten der Wahl Heinrich's daselbst aufhielt, oder
aber, dass er seinen Oheim, wenn dieser die Unterhandlungen
persönlich leitete, dorthin begleitet habe. Nach der Wahl
Heinrich's sandte das Domkapitel im Anfang des Jahres 1466
Abgesandte nach Rom, um die Bestätigung des Pabstes einzuholen; und im Verein mit diesen wird wahrscheinlich Rudolf von Langen und sein älterer Freund Moriz von Spiegelberg die Reise dahin unternommen haben. [2]

---

[1] Vergl. Chron. *Arnd Bevergern's* in den Geschichtsq. I, 287 und
Rudolf v. Langen daselbst I, 241.

[2] Die erste Reise Langen's nach Italien fiele demnach gerade zwanzig Jahre früher, als die zweite im Jahre 1486. Vielleicht erinnerte sich

Ueber das Jahr 1470 dürfen wir jedoch die Dauer der
italienischen Studien kaum ausdehnen. Denn obgleich der
Bericht Hamelmann's [1]), nach welchem die Schrift Langen's
« *Urbis Hierosolymae . . . . excidium* » im Jahre 1471 in Mainz
in Druck erschienen sein soll, insofern auf einem Irrthum beruht, als eine ge d r u c k t e Hierosolyma in P r o s a erst im
Jahre 1476 vollendet wurde [2]), so bestand das Epos Hierosolyma
als Manuscript doch schon vor dieser Zeit, weil die Umarbeitung
des Gedichts in Prosa, sowie die Vervollständigung desselben
zu einem grössern historischen Werke immerhin einige Zeit in
Anspruch nahm.   Das Gedicht Hierosolyma nämlich wurde,
wie später weitläufiger auseinandergesetzt wird [3]), von Langen
zurückgezogen, als der Buchdrucker Ulrich, wahrscheinlich
Ulrich Zell, den Druck verweigerte, in Prosa umgearbeitet
und vermehrt, und im Jahre 1476 edirt.   Dabei ist die Frage
zu bedenken, ob Langen sogleich an diese Umarbeitung ging,
als der Drucker das Epos zurückwies, ob nicht eine längere
Zeit zwischen beiden Arbeiten lag, ob nicht sonst Hindernisse
eintraten, welche die Arbeit verzögerten.   Alles dieses macht
es wahrscheinlich, dass die Hierosolyma als Epos im Manuscript schon gegen Anfang der Jahre 1470 bestand.   Dazu
kommt, dass Langen selbst die prosaische Umarbeitung der
Hierosolyma ein nicht völlig reifes und durchgefeiltes Werk
nennt [4]).   Er hatte also nicht die Feile anlegen können, welche
die Bearbeitung erforderte, und für diesen Mangel findet sich

----

Heinrich von Schwarzburg der Verdienste Langen's, als dieser auf der
ersten Reise die Gesandten Münster's begleitete, und wählte ihn deshalb auch für die zweite. Jedenfalls fällt die erste italienische Reise
nach dem Tode des Nicolaus von Cusa, der seit 1460 in Rom war und
1464 (65) daselbst starb. Denn es wäre gewiss berichtet, wenn er diesen hochverdienten Mann lebend getroffen und mit ihm verkehrt hätte.
v. Reumont Gesch. der Stadt Rom. III, 530.

    [1]) *Hamelm.* p. 110.
    [2]) *Winiewski* Ind. lect. Ac. M. 18⁶⁸/₆₉ p. 6. *Panzer* Ann. typ. VI. p. 378.
    [3]) Im Abschnitt VI.
    [4]) In der Dedication seiner Gedichte an den Domdechanten von
Cöln, Stephan von Baiern, geschrieben 1486, nennt er die Hierosolyma
eine rapta ab impressoribus licet non satis matura.

vielleicht eine Erklärung in dem Umstand, dass Langen, wie Hamelmann [1] berichtet, bei der Entsetzung der durch Carl von Burgund belagerten Stadt Neuss im Lager des Bischofs Heinrich von Schwarzburg war. Nehmen wir Alles zusammen, die Zeit, welche die Rückreise von Italien und die Umarbeitung des Gedichts Hierosolyma in Anspruch nahm, ferner die längere Verzögerung durch zeitweilige Abwesenheit von Münster, so irren wir gewiss nicht, wenn wir die **Rückkehr aus Italien kurz nach 1470** setzen.

Langen unternahm die Reise nach Italien mit seinem Mitschüler aus der Studienzeit in Deventer, dem Grafen Moriz von Spiegelberg [2]), und beide Freunde hörten in Italien die Männer, welche damals die Höhe der classischen Studien bezeichneten, den Laurentius Valla, Franz Philelphus, Maphäus Vegius, Leonard Aretinus, Nicolaus Valla, Georg von Trapezunt und Theodor Gaza [3]). Wie ungenau Hamelmann in dieser Angabe der Lehrer Langen's verfährt, das beweist allein schon der Umstand, dass er den Leonardus Aretinus, der 1444 starb, mit unter der Zahl derselben aufführt [4]). Auch bei der Annahme, der Name Leonard sei für Carlo verschrieben, bleibt der Fehler bestehen, denn Carlo Aretino starb 1453 in Florenz. Von den bei Hamelmann angeführten Lehrern konnte Langen der Zeit nach hören, den Franziscus Philelphus (starb 1481), Georg von Trapezunt (st. 1484) und Theodor Gaza (st. 1478); ausserdem noch manche Andere, die nicht mit angeführt sind, z. B. Marsilius Ficinus, Christophorus Landinus u. A.

---

[1]) *Hamelm.* p. 110: „Nam obsidionem Novesii oppidi, quae facta est a Burgundo Carolo . . . anno 1474, ut Langius praesens aspexit et vidit, ita etiam lepidissimo carmine descripsit ....“

[2]) *Hamelm.* p. 262, 322, 414. Wenn *Niesert* a. a. O S. 159 unter den Mitschülern Langen's in Italien auch den Rudolf Agricola erwähnt, so beruht diese Angabe auf einem Irrthum des *Chyträus* (Chron. Saxon. p. 89), indem Agricola erst im Jahre 1476 nach Ferrara ging und in Italien bis zum Jahre 1481 verblieb. vergl. *Raumer* I, 79.

[3]) *Hamelm.* p. 262, 322, 1426. Vergl. *Chytr.* a. a. O. pag. 89.

[4]) *Hamelm.* a. a. O. *Raumer* a. a. O. I, 43.

Durch den Pabst Nicolaus V., den hohen Gönner classischer Studien und den Gründer der Vaticanischen Bibliothek, in welche er aus seiner eignen Bibliothek vier und fünfzig Bände Classiker schenkte[1]), war Rom gleichsam der Mittelpunkt aller literarischen Bestrebungen geworden, und es ist deshalb nicht unwahrscheinlich, dass auch Langen die längste Zeit seines Aufenthaltes in Italien gerade in Rom verbrachte, woran ihn ausser seinem wissenschaftlichen Drang auch besonders seine tiefe Religiösität fesseln musste. Hatte er nebenbei vielleicht noch die Mission, mit der Gesandtschaft von Münster in Rom wegen der Wahl Heinrich's von Schwarzburg zu unterhandeln, so bildete gewiss Rom das nächste Ziel seiner Reise. Es ist aber auch wahrscheinlich, dass er andere Städte Italiens, Mailand, Florenz, Bologna, besucht und sich in ihnen zeitweilig aufgehalten habe. Wenigstens konnte er den Franziscus Philelphus damals in Rom nicht hören, wohin ihn Sixtus IV. erst 1474 berief[2]). Auch spricht für den Aufenthalt Langen's in andern italienischen Städten der Umstand, dass er auf seiner zweiten Reise nach Italien im Jahre 1486 den Lorenzo von Medici in Florenz besuchte und von diesem mit Empfehlungsschreiben entlassen wurde[3]).

In Italien war es, wo Langen mit seinem Freund und Mitschüler sich ganz auf das Studium der lateinischen Literatur und Sprache verlegte, und die Zahl der Classiker, welche er las, beweist zur Genüge, mit welchem Eifer und mit welcher Hingebung er sich einer Aufgabe unterzog, welche er für sich als Lebensaufgabe erkannt und erwählt hatte[4]).

---

[1]) *Reumont* a. a. O. III, 332.
[2]) *Raumer* a. a. O. I, 39.
[3]) *Hamelm.* p. 265.
[4]) *Hamelm.* p. 262: „... praeceptorum suorum opera ad lectionem Plauti, Terentii, Ciceronis, Caesaris, Livii, Salustii, Justini, Taciti, Senecae, Gellii, Quintiliani, Plinii, Tertulliani, Cypriani, Lactantii, Hieronymi et Augustini; item ad poëmata Ennii, Statii, Lucretii, Vergilii, Horatii, Ovidii, Lucani, Catulli, Tibulli, Propertii, Claudiani, Persii, Juvenalis, Prudentii, Sedulii, Juvenci, Prosperi, Paulini, Arati (Aratoris?), Fortunati et Boëtii etc. invitatur et pertrahitur." Die Reihe der Schriftsteller ist eine ziemlich ansehnliche, in welcher jedoch

Hamelmann nennt in dem Verzeichnisse der Schriftsteller, mit welchen sich Langen in Italien beschäftigte, keine Griechen, und es könnte daher den Anschein gewinnen, als habe derselbe die griechische Literatur vollständig vernachlässigt. Freilich hatte das Studium des Griechischen dem Latein gegenüber in Italien den gleichen Aufschwung noch nicht genommen; aber Männer wie Bessarion, Georg von Trapezunt, Marsilius Ficinus, Franz Philelphus, Laskaris u. A., welche Langen zum Theil hörte, hatten die Liebe auch zu diesem Zweige der antiken Literatur wachgerufen, und es unterliegt daher kaum einem Zweifel, dass auch Langen dort mit ihm bekannt wurde [1]). Wenn man sich gegen diese Ansicht auf ein Epigramm Langen's auf den Magister Arnold von Hildesheim berufen wollte [2]), welcher, weil er mit dem Griechischen vertraut war, Langen in verächtlicher Weise behandelt hatte: so beweist das nur, dass Langen sich nicht in dem Maasse, wie mit dem Latein, auch mit dem Griechischen beschäftigte und selbst fühlte, dass er darin gegen Andere zurückstand. Für seine Kenntniss spricht vielmehr unter Anderem das Vorkommen griechischer Schriftsteller, als Homer, Hesiod, Thukydides, Herodot, Herodian, Euripides, Plato, Aristoteles in seiner Bibliothek [3]), sowie der Umstand, dass, als Johannes Cäsarius aus Jülich um 1504 Vorlesungen über griechische Sprache und Literatur an der Domschule in Münster hielt, und ihn Timann, Murmellius, Hagemannus, Peringius, Tunicius und andre Lehrer hörten, Langen nicht mit unter der Zahl der Zuhörer genannt wird, was gewiss geschehen wäre, wenn seine Kenntniss des Griechischen sich erst von jener Zeit hergeschrieben hätte [4]). Aus der Angabe Hamelmann's [5]),

---

neben den antiken die Kirchenväter der ersten Jahrhunderte mit vertreten sind.

[1]) Ueber griechische Studien in Italien vergl. *Reumont* a. a. O. III, 298. Bessarion starb erst 1472 in Rom; a. a. O. III, 316.

[2]) Carm. XXXXIII.

[3]) *Hamelm.* p. 287.

[4]) *Hamelm.* p. 268.

[5]) *Hamelm.* p. 264, 288.

das Epos Hierosolyma beruhe in seiner Ausführung auf Josephus und Hegesippus dürfen wir sogar den Schluss machen,
dass Langen schon in Italien mit dem Griechischen bekannt
war, eine Annahme, welche durch die Benutzung Griechischer Quellen in der prosaischen Umarbeitung derselben bestätigt wird.

Neben seinen Studien verfehlte er nicht, sich durch Abschriften der Classiker eine Bibliothek zu erwerben; und die
Titel der Werke, welche Hamelmann [1]) als der Bibliothek
Langen's angehörig anführt, beweisen, dass dieselbe für die
damalige Zeit nicht nur eine sehr reichhaltige, sondern auch
eine auserlesene war. Wir finden in ihr die meisten lateinischen Dichter neben den besseren lateinischen Historikern,
griechische Dichter, Philosophen, Geschichtsschreiber und
Grammatiker, und auch manche Commentatoren und haben
in dem von Hamelmann mitgetheilten Verzeichniss gleichsam
den ganzen Katalog der Langen'schen Bibliothek. Langen
geizte übrigens mit dem Besitz dieser reichhaltigen Bibliothek,
die er in der Folge stets durch neue Ankäufe zu completiren

---

[1]) *Hamelm.* p. 286. Von dem jungen Hermann Buschius sagt Hamelm.:
„Legerat in aedibus Langii omnia grammaticorum commentaria ...
et comoedias et tragoedias tum Latinas tum Graecas ... et deinde quidquid Plautus, Terentius, Ennius, Seneca, Statius, Virgilius, Horatius,
Lucanus, Persius, Juvenalis, Martialis, Ovidius, Catullus, Tibullus,
Propertius, Ausonius, Prudentius, Claudianus, Severinus, Boëtius, Pros-
per, Sedulius, Paulinus et alii veteres poëtae scripserunt et habuerunt,
legit et examinavit. ... In bibliotheca Langii, qui ex Italia tunc se-
lectissimos quosque libros habebat translatos, evolvit Caesaris, Sallustii,
Livii, Justini, Orosii, Taciti, Valeriique Maximi historica scripta: Graecae linguae maximam cognitionem habuit, ideo apud Langium per-
currit Homeri, Hesiodi, Thucydidis, Herodoti, Herodiani, Euripidis,
Aristotelis, Platonis et aliorum philosophorum opera, Ciceronis, Plinii,
Auli Gellii, Quintiliani et aliorum scripta purissima faciebat sibi fami-
liarissima. Quidquid habebant veteres et recentiores grammatici, Pri-
scianus, Varro, Diomedes, Caper, Phocas, Tortellius, Servius, Nonius
Marcellus, Festus Pompejus, Donatus, Macrobius, Pomponius Laetus,
Nicolaus Perottus, Petrus Marsus, Ambrosius Calepinus, Antonius Ne-
brissensis, Sulpitius Verulanus, Antonius Mancinellus, Aldus Manutius,
Joannes Despauterius et similes ... quasi devoraverat Buschius.“

suchte, gar nicht, sondern dieselbe stand später für wissenschaftliche · Arbeiten einem jeden offen; und er sandte, um
den Sinn für humanistische Studien zu heben, gute und cor-
recte Exemplare aus ihr an seine Freunde [1]).

Das Studium und das Ansammeln von Büchern bildete
in Italien die Beschäftigung des jungen Münsterschen Gelehrten.
Ihn fesselte dort der hohe Aufschwung, den die classische
Bildung unter dem Schutze der Päbste und durch die Unterstützung edler Fürsten gewonnen hatte. sowie die Gelegenheit,
die grössten Männer der Zeit kennen zu lernen und, von ihnen
begeistert und in das Verständniss der Antike eingeführt, mit
regem Eifer dem Studium obliegen zu können. Seinem edlen
und frommen Sinn blieb es dabei stets fern, sich an den
Schmähungen und dem Sittenverderbniss, welches manche italienische Philologen der Zeit im höchsten Maasse auszeichnete [2]),
auch nur einmal zu vergnügen. Die Richtung der Italiener,
deren Vorlesungen der junge Langen zum Theil hörte, schildert sehr treffend Kampschulte [3]) mit den Worten: « Wir er-
staunen darüber, wie ein gelehrter Kampf gegen die eben
nicht gefahrlose sprachliche Barbarei der Scholastik den Ge-
mütern eine so allgemeine Erregung mittheilen, ja einige Zeit
den Inhalt des gesammten geistigen Lebens bilden konnte.
Der Humanismus war nicht von dem Zauber umgeben, durch
den ein neu auftauchendes religiöses Prinzip wirkt, noch er-
freute er sich jener Volksthümlichkeit, die nationalen Bewe-
gungen Bedeutung und Erfolg verleiht, aber was ihm durch
sein innerstes Wesen versagt war, ersetzte ihm der Geist
jener Zeit, die, eben mit dem Alten zerfallen, freudig und
zuvorkommend jeder Neuerung sich zuwandte. . . . Indem
sich so der Humanismus, wenn auch nur auf Einem Gebiete
als Emancipationsversuch von den bestehenden Autoritäten

---

[1]) Leider ist Langen's reichhaltige Bibliothek später ein Opfer der
Vertilgungswuth der Wiedertäufer geworden und nur weniges mag in
der nachgelassenen Bibliothek des Hermann Buschius gerettet sein.
Vergl. *Driver* Bibl. Mon. p. 86.

[2]) *Friedrich* Joh. Wessel (Regensb. 1862) S. 62 ff.

[3]) *Kampschulte* Die Univers. Erfurt I, 27 ff.

darstellte, wurde er die Losung der Unzufriedenen und Miss-
vergnügten überhaupt. Wissenschaftliche, kirchliche, sogar
politische Neuerungsbestrebungen wurden unter die Aegide
der Pallas gestellt; die oppositionellen Richtungen der Zeit
fanden einstweilen in dem Humanismus ihren Mittel- und
Sammelpunkt. So konnte es geschehen, dass der Geist des
Alterthums, als er nach mehr als tausendjährigem Schlummer
wieder erstand, sich mit überraschender Schnelligkeit eine
neue ausgedehnte Herrschaft gründete. Wie immer, war es
auch damals die jüngere Generation, welche sich zunächst
und vorzugsweise von der Neuerung fortreissen liess. Sich
abwendend von den starren Formen der herkömmlichen Schul-
gelehrsamkeit eilte von allen Seiten die rührige Jugend zu
den Fahnen der neuen Alten, um «im Dienst der Pallas» an
der Ausbreitung des neuen Reiches Theil zu nehmen. Ueber-
müthig setzen viele ihren Stolz in die Niedertretung der her-
gebrachten Formen und führen im Gegensatz zu der Gemes-
senheit und Regelhaftigkeit des Universitätslebens ein unruhiges
Wanderleben. Wie die fahrenden Helden der griechischen
Sage durchziehen wandernde «Poeten» nahe und ferne Gegenden, erscheinen an den Universitäten, um dort den Kampf
mit ihren Widersachern, den Sophisten, aufzunehmen. . . . . .
Das niedere Volk, so wenig Sinn und Empfänglichkeit es auch
für den Gegenstand ihrer Verehrung hatte, so sonderbar ihm
auch ihre latinisirten und graecisirten Namen vorkommen
mochten, sah gleichwohl in ihnen als Vertretern der Opposition seine Verbündeten und vergass darüber die Abweichungen von der Basis des nationalen und volksthümlichen Lebens,
die sie sich erlaubten. Und höchst bedenklich waren mitunter jene Abweichungen. Mag das auch übertrieben sein,
was von der heidnischen Welt- und Lebensanschauung mancher Humanisten berichtet wird; nicht zu leugnen ist, dass
wenigstens bei Einzelnen der Enthusiasmus für die Alten einen
trübenden Einfluss auf das christliche Bewusstsein ausübte.
Indess ist es mehr der italienische Humanismus, der uns in
solchem Lichte erscheint, diesseit der Alpen kam es seltener
zu derartigen Verirrungen.»

Das gerade Gegentheil von diesem Bilde bietet das stille und anspruchslose Leben Langen's in Italien. Er diente der humanistischen Richtung mit dem ganzen Feuer der Jugend, allein er stimmte hier sowenig, wie später in der Heimat, in den Ton der leidenschaftlichen Bekämpfung des alten Systemes mit ein; die Rauflust so mancher spätern fahrenden Humanisten war seinem friedliebenden und ruhigen Gemüte vollständig fremd, und sein Herz war zu religiös, als dass es gegen christliche Doctrin jemals hätte Opposition machen können. Er sah in den schönen Formen des classischen Alterthums nur das schmuckreiche Gewand, in welchem die christlichen Ideen einen höhern Glanz und grössere Bedeutung erlangen würden, und wohl wusste er schon als Jüngling, wie auch später als Mann, den Kern von der Schaale zu unterscheiden. Hatte er damals schon den Plan der Restauration der Wissenschaften in der Heimat gefasst, so war es die Liebe zum engeren Vaterlande, die ihn trieb, die Schätze Italiens seinen Landsleuten zu öffnen und nicht mit Feuer und Schwert, sondern auf dem Wege der Ueberzeugung den Boden für dieselben zu ebnen. Ihn begeisterte das, was Agricola in einem Briefe an Langen mit dem festesten Vertrauen auf ihn ausspricht: „Ich hege die sicherste Hoffnung, sagt er, dass wir dem stolzen Italien seinen alten Ruhm der Wohlredenheit entwinden und uns von der Schmach befreien werden, dass sie uns in ihrem Uebermuth, Barbaren, Ungelehrte, Stumme und gar noch ärger schelten. Ich hoffe, unser Deutschland werde solche Bildung und Gelehrsamkeit erlangen, dass Latium selbst nicht lateinischer sein könne". [1]

Wissen wir über den längern Aufenthalt Langen's in Italien auch nichts als die Namen einiger seiner Lehrer, so ist dennoch das gewiss, dass sein Streben die ganze Zeit hindurch

---

[1] *Hamelm.* p. 269: . . . Summam in spem adducor, fore aliquando, ut priscam insolenti Italiae et propemodum occupatam bene dicendi gloriam extorqueamus, vindicemusque nos, et ab ignominia, qua nos barbaros indoctosque et elingues et si quid est incultius esse iactitant, exolvamus, futuramque tam doctam et literatam Germaniam nostram, ut non latinius sit vel ipsum Latium.

darauf gerichtet war, sich in den Besitz der Kenntnisse des Landes, durch deren Genuss dieses fast trunken und besinnungslos geworden war, zu setzen, um diese Blüte unter einen andern Himmel zu verpflanzen und durch sie eine andere geistvollere und schönere Bildung in seinem Vaterlande anzubahnen. Und wie ihm dieses gelungen ist, das zeigte der Erfolg und hätten nicht Zeiten der Finsterniss und Barbarei die junge Aussaat in seiner Vaterstadt schon bald, nachdem sie aufgegangen, wieder zerstört: das Wort Agricola's würde schon in Münster seine Bestätigung gefunden haben.

Nach einem Aufenthalt von beiläufig vier Jahren, gegen Anfang der Jahre 1470, kehrten die beiden Freunde Rudolf von Langen und Moriz von Spiegelberg, entflammt von dem heiligsten Eifer für die Verbreitung der Wissenschaften und mit reichem Material für die Ausführung ihrer Pläne versehen, nach Deutschland zurück; und während Spiegelberg in Emmerich zu wirken begann, [1]) fand Langen in Münster ein grosses Feld für seine reformatorische Thätigkeit in Sachen der Schule. Ueber den Rückweg wissen wir ebenso wenig, als über die Hinreise; ob derselbe von Rom ausging, oder ob die beiden Freunde zuletzt in Florenz oder Bologna weilten, und welche Reiseroute sie wählten, darüber geschieht nirgend Erwähnung. Dürfen wir aus dem zweiten Gedicht der Sammlung von 1486, welches sich auf eine Reise eines Freundes Langen's, Listhigus, nach Rom bezieht, einen Schluss machen, so war der Weg nach Italien vom westlichen Deutschland aus, längs des Rheines über die Alpen durch Oberitalien nach Rom, und diesen mochte auch Langen für seine Reise gebraucht haben.

In Münster jedoch sollte der Plan, den Langen hegte, erst im Jahre 1498 zur Ausführung kommen, und die Gründe hievon lagen in mancherlei Hindernissen, welche sowohl in dem Widerspruch, den der Humanismus von bestimmten Seiten zu erfahren hatte, als in besondern Verhältnissen der Diözese Münster ihren Grund hatten. Die Domschule daselbst blieb ihrer ursprünglichen Bestimmung zugewendet, den Geist-

---

[1]) *Dillenburger* a. a. O. S. 4.

lichen die für ihren Stand nothwendige Bildung zu geben; jedoch hatte dieselbe durch das Emporblühn der Universitäten bedeutend an Wichtigkeit verloren, und alle diejenigen, welche Neigung und Talent für die höhern Wissenschaften in sich verspürten, zogen von selbst die Universitätsstudien anderen vor. Das Domkapitel von Münster selbst verordnete im Jahr 1303, um eine, wie es heisst, bisher beobachtete löbliche Gewohnheit nicht in Abgang kommen zu lassen, dass künftig kein Kanonikus emancipirt werden solle, welcher nicht mindestens ein Jahr lang zu Paris oder Bologna oder an einem andern Ort in der Lombardei oder Frankreich dem Universitätsstudium obgelegen habe. Später wurde die Verpflichtung auf zwei Jahre ausgedehnt. [1] Doch unterliegt es kaum einem Zweifel, dass ausser den sogenannten clerici scholares, die in dem Domkloster wohnten [2], auch noch andere Knaben und Jünglinge die Domschule besuchten. Freilich bildeten die clerici scholares den Kern der Anstalt, sie gehörten der Domkirche vorzüglich an und wirkten zur Verherrlichung des Gottesdienstes durch Lesung und Gesang mit, welches letztere den Hauptgegenstand ihrer Vorbildung ausmachte. Im Anfang des fünfzehnten Jahrhunderts hatten die Kanoniker sämmtlich die gemeinsame Wohnung verlassen, und damit war auch der Unterricht, der sonst in den Händen des Domscholasters ruhte, mehr und mehr in die Hände seiner Stellvertreter gelegt worden. Wahrscheinlich waren diese Domvicare; aber von ihren Leistungen kennen wir Nichts, nur müssen dieselben nicht bedeutend gewesen sein, da sich der Humanismus über ihre nichts weniger als classischen Leistungen nicht eben lobend

---

[1] *Niesert* Urkund.-Samml. VII, 283. *Krabbe* Gesch. Nachr. S. 60 f.

[2] Die clerici scholares oder die scholares de camera ecclesiae Monasteriensis wohnten gemeinschaftlich mit den jüngern Kanonikern in dem Gebäude, in welchem auch das Refectorium der Brüder und die Schule war. Es ist dieses das Haus am Horsteberg, worin noch jetzt die Chorsänger des Domes wohnen. In der an der Ecke des Horstebergs belegenen Dom-Vicarie war die Küche; dieser gegenüber das Schlachthaus; die Bäckerei lag am Fischmarkt. Vergl. *Niesert* Urk. Buch II. 470. *Krabbe* a. a. O. S. 58. *Tibus* Gründungsgesch. der Stifter, Pfarreien, Klöster und Kapellen im Bereich des alten Bisth. Münster I, 82 (Münster 1867).

ausspricht. Eine Reform der Schule, den Bedürfnissen der Zeit entsprechend, war Sache der Nothwendigkeit geworden; und dennoch sollte dieselbe erst nach einer Reihe von Jahren, nach der Rückkehr Langen's von seiner zweiten Reise nach Italien in's Leben treten. Seit dem Jahre 1466 war Heinrich von Schwarzburg Bischof von Münster, ein Mann, der, obgleich er sich der innern Angelegenheiten seiner Diösese, der Reformation der Klöster mit regem Eifer annahm [1]), und wie Langen [2]) selbst von ihm sagt, dabei von jeder Selbstüberhe bung und dem leisesten Hauche von Stolz entfernt war, dennoch durch viele Fehden und seinen kriegerischen Geist abgehalten wurde, dem durch frühere Streitigkeiten zerrissenen Münsterland seine ganze Aufmerksamkeit zu widmen.

Ferner scheint es, als ob Heinrich von Schwarzburg mit dem alten System nicht so vollständig gebrochen hatte, dass eine Aenderung des Lehrplans sogleich hätte in's Leben treten können. Wie das Kapitel damals dachte, davon wissen wir nichts; doch scheint es, als wäre Langen bei ihm nicht auf zähen Widerstand gestossen, sei es, dass es darin seiner eigenen Ueberzeugung folgte, oder durch Langen's und seines Oheims Urtheil bestimmt war. Durch alles dieses wurde Rudolf von Langen bewogen, noch nicht mit seinen Plänen öffentlich hervorzutreten, sondern sich von dem vielbewegten politischen Leben in die Stille seiner Bibliothek zurückzuziehen und ihre Schätze für sich und einige Freunde zu verwerthen [5]). Vom 8. Juli 1480 schreibt er einen Brief an Conrad Polmann mit der Unterschrift „aus meinem neuen Hause", und es scheint daher, dass er nach seiner Rückkehr aus Italien die Curie des Probstes umbauen liess. Dieselbe lag da, wo jetzt das Schullehrerinnen-Seminar liegt, und dort wohnte schon im Jahre 1288 der Probst vom alten Dom, Dietrich von Heringen [4]). In diesen Räumen lebte er für das Studium und die Correspondenz an Freunde, bis er mit dem Reformplan der Schule hervortreten konnte.

---

[1]) Vergl *Röchell's* Chronik in den Geschichtsq. d. B. M. lll, 222. *Schaten* Annal. Paderb. ll, 484. — [2]) *Langen's* Chron. a. a. O. I, 241. — [3]) *Hamelm.* p. 263. — [4]) *Tibus* a. a. O. S. 104. Urkunde vom 25. Juni 1288 bei *Wilmans* Westfäl. Urkundenbuch lll, 1, S. 704.

IV.

Langen nach seiner Rückkehr aus Italien bis zum Jahre 1498.

Im Bewusstsein, dass seine Pläne in Betreff der Reform des Schulwesens auf Grundlage der humanistischen · Studien nur dann von Erfolg sein könnten, wenn dieselben nicht von ihm allein, sondern von einer grössern Menge gleichgesinnter Freunde gehalten und getragen würden, begann Langen gleich nach seiner Ankunft in Münster einen regen **wissenschaftlichen Verkehr** mit Männern, welche zum Theil in Deventer seine Mitschüler gewesen waren, und welche gleiches Interesse und seine von Allen gleichmässig gerühmte Freundlichkeit in der Benutzung seiner Bücher an ihn fesselte [1]).

Unter ihnen war es ganz besonders **A l e x a n d e r H e g i u s**, welcher als Vorsteher der Schule in Deventer ausersehen schien, den grossen Einfluss, den die Schule zu Deventer auf das nördliche Deutschland ausübte, im Sinne der neuen Studienrichtung geltend machen zu können, um auf diese Weise den Sinn für classiscshe Bildung schon in der Jugend und in weitern, auch über des engern Vaterland hinausgehenden, Kreisen zu wecken und zu beleben [2]) An ihn wandte sich daher

---

[1]) Vergl. *Hamelm.* S. 286 und die unten S· 51 Anm. 1. aus ihm anzuführenden Stellen.

[2]) Ueber Hegius vergl. *Molhuysen* Alex. Hegius (Overysselsche Almanak voor Oudheid en letteren 1852. p. 37—66), deutsch bearbeitet von *Tross* in der Zeitschr. f. vaterl. Gesch. u. Alterth. XXI, 339 ff. *Delprat* a. a. O. p. 71 ff *Cornelius* Münst. Humanist. S. 16. *Dillenburger* Gesch. d. Gymn. zu Emmerich S. 14 n. 1. *Raumer* a. a. O. I, 88. Alexander Sander, (Hegius benannt von dem Dorfe Heek im Kreise Ahaus in Westfalen) Mitschüler Langen's in Deventer, übernahm im Jahre 1469

Langen zunächst und forderte ihn auf, in seiner S c h u l e zu
D e v e n t e r den Unterricht in humanistischer Weise zu ändern
und seinen Schülern Gelegenheit zu geben, sich aus den alten
Classikern selbst zu bilden. Zu diesem Ende versah er ihn
auf die freigebigste Weise mit Abschriften der alten Classiker
und scheute keine Mühe und Anstrengung, um ihm zur Ausführung seines Planes die ausreichenden Mittel zu gewähren [1]).

in schon vorgerücktem Alter die Schule in Deventer und stand ihr ungefähr dreissig Jahre bis 1498 vor. Er stand mit den hervorragendsten
Männern jener Zeit, mit Wessel, Agricola, von dem er griechisch lernte,
und Anderen, welche zum Theil seine Schüler waren, in freundschaft-
lichem Verkehr, hob die von ihm geleitete Schule zu hoher Blüte und
scheint auch zur Hebung der Buchdruckerkunst in Deventer durch
Richard Paffraet von Cöln Vieles beigetragen zu haben. Vergl. Overysselsche Almanak p 40. *Delprat* p. 79   Seine Liebe zur Wissenschaft
war vereint mit tiefem religiösen Sinn, wie das seine Gedichte (herausgegeben von Jacob Faber bei Rich. Paffraet den 29. Juli 1503), sowie
das Wort eines Briefes an Vesselus Groning: „Perniciosa literatura est,
quae cum jactura probitatis discitur", (bei *Molhuysen* a. a. O. S. 361)
beweisen.

   [1]) *Hamelm* p. 263: „eum (Hegium) instruit et hortatur, ut melius
solito erudiret juventutem (misit eidem libros politiorum auctorum in
Italia excusos) et ad optimorum auctorum invitaret Hegius auditores....
l. c p. 323   Scripserat Rodolphus Langius ad veterem condiscipulum
Alexandrum Hegium Westphalum, Daventriae scholam gubernantem, et
eum missis politioribus auctoribus et scriptoribus purioribus hortatus
erat urgendo, ut extirpata barbarie discipulos suos assuefaceret ad hu-
maniores literas addiscendas. Vergl. *Delprat* p. 191. Wenn unter den
Büchern, welche Langen an Hegius sandte, noch einzelne in Italien
gedruckte sein mochten, so waren doch gewiss die Mehrzahl noch
Manuscripte, und wir dürfen daher den Schluss machen, dass Langen
in Münster nicht unthätig blieb, sondern durch Abschreiben dafür
sorgte, dass er für seine Freunde stets mit Exemplaren versehen war.
Obgleich daher *Delprat* p. 192 mit dem Satze Recht haben mag, Langen
habe die Fraterherrn in Münster weniger für seine Zwecke verwenden
können, so ist es dennoch nicht unwahrscheinlich, dass er sie, deren
Hauptbeschäftigung in Anfertigung von Handschriften bestand (vergl.
Delprat p. 188) gerade hiezu heranzog. Das Epitaphium auf Friedrich
Mormann (carm. XXVI), welcher 1482 starb, beweist, dass er mit
den Fraterherrn Münster's *ad fontem salientem* in Verbindung stand.
Johannes Murmellius sagt in der Einleitung zu seinem Gedicht in saluta-

Bei dem hohen Ansehen, welches Langen genoss, benutzte er überdies seinen ganzen Einfluss, um Jünglinge von guten Anlagen nach Deventer zu schicken und die Blüte dieser Schule zu heben [1]).

Langen musste damals in' Münster hochgeachtet sein, wenn er von allen Seiten um Rath in Betreff der Erziehung und des Schulwesens angegangen wurde, und wenn wir auch annehmen wollen, dass ein Theil der Achtung in seiner Stel-

---

tiones angelicas ausdrücklich von diesen, an welche das Gedicht gerichtet ist:, „Sunt vestra summa beneficia, non argenti, non auri, non denique vanissimarum rerum, sed librorum commodatione apud me collocata.“ Von einer Druckerei der Fraterherrn in Münster wissen wir Nichts, da aber die Brüder in Rostock, deren Haus von Münster gestiftet und auch visitirt wurde, schon im Jahre 1476 druckten, so ist anzunehmen, dass dieselben auch ihre literarischen Schätze mit Münster austauschten, und neben den geschriebenen auch schon gedruckte Bücher in dem Hause zum Springbrunnen vorhanden waren. Vergl Jahrb. des⁻ Ver. f. Meklenb. Gesch. IV, 8 44. 228. Ausser der berühmten Bibliothek Langen's (vergl. *Hamelm.* p. 287) gab es bald in Münster grössere Bibliotheken, so die von Morlage, Kanonikus in Martini (vergl. *Murmell.* Eleg. mor. 11, 10; 111, 1) u. A.; vergl. *Cornelius* Münst. Humanist. S. 12. *Hamelm.* p 312. Von grössern Bibliotheken der benachbarten Niederlande stand die des Bischofs David von Utrecht in hohem Ansehn. Ueber sie berichtet Heymricius bei *Dumbar* I, 435: „Bibliothecam Davidis, quam aiunt omni codicum genere excellentem, me maxime poenitet non vidisse.“ Vergl. *Moll* Kerkgeschiedenis van Nederland vóór de Hervorming (Arnh. 1866) ll, 1, 229. Für den buchhändlerischen Verkehr am Ende des 15. Jahrh vergl⸗ Jahrb. d. Ver; f. Meklenb. Gesch. IV, 40 ff.

[1]) *Hamelm.* p. 263 nennt eine ganze Anzahl von Jünglingen, die durch Langen's Vermittlung nach Deventer gingen und später als Lehrer oder Schriftsteller grosses Ansehen genossen: „Sic ex urbe Monasteriensi ablegati sunt Daventriam de sententia Langii nostri Joannes Aelius senior, Bernardus Tegederus, Joannes Rotgerus; Joannes Volsius, Henricus Morlagius, Bernardus Mommius, Joannes Dobius, Joannes Hagemannus, Joannes Modersonius, Joannes Venroth, Joannes Grovius et alii, ut Ludolphus Bavincus et Antonius Tunicius. Item ex ditione Monasteriensi Timannus Camenerus Guernensis, Joannes Alexander Meppensis et multi alii. Durch diese Zuzüge aus Westfalen und den Niederlanden erreichte die Schule in Deventer unter Hegius ihren höchsten Glanzpunkt. Vergl. *Delprat.* p. 69 s.

lung und seiner Verwandtschaft mit dem Domdechanten Hermann von Langen ihren Grund haben mochte, so ist doch
unbestritten der grössere Theil derselben als eine Huldigung
seiner Gelehrsamkeit anzusehen. Er selbst setzte seine in
Italien liebgewonnenen Studien mit regen Eifer fort, und der
wissenschaftliche Verkehr mit seinen Freunden, sowie Beschäftigung mit den alten Classikern, bildeten neben Gebet
und frommen Uebungen die Tagesordnung des jungen Gelehrten [1]).

Neben Hegius war es um diese Zeit Anton Liber (Frye)
aus Soest, ein zweiter Mitschüler Langen's in Deventer, welchen dieser durch freigebige Uebersendung von Büchern und
Manuscripten für die Restauration der Wissenschaft zu gewinnen suchte [2]).

So vergingen im lebhaften Briefwechsel mit Freunden und
Mitschülern, unter literarischen Arbeiten [3]) und Studien die
ersten Jahre nach der Rückkehr aus Italien, und Langen war
von den politischen Ereignissen der Zeit vollständig unberührt
geblieben [4]), als ihn plötzlich im Jahre 1474 der Zug Karl's
des Kühnen von Burgund gegen Neuss aus der Ruhe seiner

---

[1]) Vergl. *Hamelm.* p. 263.

[2]) Vergl. *Hamelm* p. 263. 323. Ueber Anton Liber vergl. *Dillenburger* a. a. O. S. 11 ff. Anton Liber, Altersgenosse Langen's und Agricola's, führte ein sehr bewegtes Leben, indem er, nach verschiedenen
Versuchen in Emmerich, Kampen, Amsterdam eine Schule zu gründen
und, stets in seinem begeisterten Vorhaben durch allerlei Umstände ge-
hindert, endlich in Alcmar eine Stätte fand, wo er nach dem Zeugniss
Hamelmann's (p. 340) Schüler heranbildete, welche sich einen grossen
Namen in der Gelehrtenwelt erwarben. Er starb wahrsbheinlich um 1514.

[3]) Als die erste Frucht derselben ist die poetische Bearbeitung der
Hierosolyma anzusehen, zu welcher vielleicht die Vorstudien zum Theil
in Italien gemacht waren. Dieselbe erschien nicht im Druck, sondern
wurde vom Verfasser zurückgezogen und in Prosa umgearbeitet. Das
Nähere darüber unten im Abschnitte VI.

[4]) Der Zug, welchen Heinrich von Schwarzburg im Jahre 1471 gegen
den Raubgrafen Gerhard von Oldenburg nach Schloss Delmenhorst
machte, (vergl. *Corfey's* Chronik in den Geschichtsq. d. Bisth. Münst.
III, 320. *Schaten* Annal. Pad. II, 503) störte die wissenschaftlichen Arbeiten Langen's nicht.

Muse aufschreckte und in das Lager des Bischofs Heinrich von Schwarzburg führte [1]). Wie oft mag sich dort Langen aus dem Geräusch der Waffen und des Lagerlebens in die friedliche Ruhe seiner Bibliothek zurückgewünscht, wie oft während des tosenden Kampfes und des von allen Seiten ertönenden Donners sich seiner stillen Zelle erinnert haben! Der eiserne Würfel war einmal gefallen und der Bischof Heinrich von Schwarzburg war nicht der Mann, ihn in seinem Falle aufzuhalten; sondern, obgleich mütterlicher Seits mit Karl von Burgund verwandt [2]), stand er diesem dennoch als einer der ebenbürtigsten Gegner entgegen [3]). Der Krieg dauerte 11 Monat und während dieser Zeit bis zum 13. Juni 1475, als durch den päbstlichen Legaten der Waffenstillstand definitiv abgeschlossen war [4]), verblieb Langen im Heere des kriegerischen Bischofs Heinrich [5]).

---

[1]) *Hamelm.* p. 110: „Obsidionem Novesii oppidi, quae facta est a Burgundo Carolo, teste . . . Charione anno 1474, ut Langius praesens aspexit et vidit, ita etiam lepidissimo carmine descripsit.“ Wahrscheinlich folgte ein Theil des Domkapitels mit dem Dechanten Hermann von Langen dem Bischofe in's Lager.

[2]) *Schaten* l. c. II, 513: „Nihil Burgundo acerbius fuit, quam a consanguineo Episcopo hanc cladem inferri.“ Die Grossmutter Heinrich's mütterlicherseits war eine Herzogin von Burgund. vergl. *Arnd Bevergern's* Münst. Chronik in den Geschichtsq. des Bisth. M. I, 287 u. *Langen's* Chronik (die Fortsetzung der Chron. eines ungenannt. Augenzeugen über die J. 1424—1458) daselbst I, 241.

[3]) Der Kaiser hatte nach *Schaten* l. c. II, 509 als Feldherrn gegen Karl ernannt Albert von Brandenburg, Albert von Sachsen und den Bischof Heinrich von Münster. Der Letztere entschied die Schlacht, welche die Friedensunterhandlungen herbeiführte: „Tum vero ceteris cunctantibus Henricus Monasteriensis Episcopus producto in medium equitatu Westphalico primo hostium impetum fortissime sustinuit.“ Vergl. *Langen's* Chron. a. a. O. I, 242; *Schaten* II, 513; *Ennen* Gesch. der Stadt Cöln III, 546.

[4]) Vergl. *Ennen* III, 548. *Schaten* II, 514.

[5]) Der Bischof befehligte ein Heer von etwa sechzehn tausend Mann, von welchen ungefähr die Hälfte Münster'sche Truppen waren. „Henricus Episcopus ab altera Rheni ripa accessit cum lectissimo octo milium exercitu e Monasteriensi et Bremensi dioecesi contracto. Equites peditesque uno omnes indumento coloris viridis venatorum instar

Nach seiner Rückkehr verfasste Langen sein *Gedicht über die Belagerung von Neuss*, deren Augenzeuge er gewesen war. Nach Hamelmann [1]) erschien es 1476. In dieselbe Zeit fallen *zwei kleinere Gedichte* von je zwei Distichen, unter der Ueberschrift: *Ad superam, quae nunc divae Mariae apud Nussiam est portam*, und *Ad Rheni, quae nunc Sancti Quirini est portam*, welche sich auf zwei besondere Vorgänge beziehen, die der Geschichte der Belagerung von Neuss angehören [2]).

---

convestiti erant unde in castris Episcopus militari ioco Henricus viridis appellatus. Die zweite Hälfte stellten die Hansestädte Hamburg, Lübeck und Bremen. Vergl. *Schaten* ll, 513.

[1]) A. a. O. p. 264: Item anno 1476, postquam Carolus dux Burgundiae et Brabantiae obsedisset urbem Novesium vel Nussiam et eam solveret, Fridericus tertius Caesar, Maximiliani primi pater, mox Langius heroicum carmen de obsidione et solutione conscripsit et Heidelbergae evulgavit. Vergl. a. a. O. p. 110. 1430. Wie diese Angabe Hamelmann's zu modificiren sei, wird unten im Abschnitte VI. erörtert werden. In Heidelberg konnte das Buch 1476 nicht erscheinen, weil der erste nachweisbare Druck in dieser Stadt erst von 1485 datirt. Vergl. *Falkenstein* Geschichte der Buchdruckerkunst (Leipz. 1856) S. 195. Es ist ohne Zweifel dasselbe Gedicht gemeint, welches in der Sammlung der Langen'schen Gedichte vom Jahre 1486 den ersten Platz einnimmt. Näheres über dasselbe in Abschnitt VI. Die Darstellung ist historisch genau und bekundet in den Angaben über Stellung der Feinde, über Angriffe und Vertheidigung, über Ausfälle, über Arbeiten der Belagerer in Minen, über wachsende Noth in der Stadt, welche sie zwang 350 Pferde zu schlachten. (vergl. *Lacomblet* Archiv IV, 278 f.; *Ennen* a. a. O. lll, 528; *Schaten* a. a. O. lll, 511) und über Hülfe und Entsatz von Seiten der Kölner überall den Augenzeugen. vergl. *Schaten* l. c. 509 s. *Ennen* a. a. O. S. 518 ff.

[2]) *Langii* Carm. XXXII. XXXIII. Beide Epigramme beweisen ebenfalls die genaue Kenntniss Langen's mit dem Gang der Belagerung. Karl von Burgund zog mit 12 tausend Mann einen engen Gürtel um die Stadt. Er selbst lag mit dem Kern des Heeres 3000 Reitern und 1000 zu Fuss, in dem Baumgarten des Oberklosters und südlich bis zum Zollthor. An diesem stand Raymar von Broickhausen mit 700 Reitern und 300 Fussknechten. Unterhalb des Zollthores und vor dem Hammthore stand Balduin von Lannay mit 1400 Mann aus Geldern und Brabant. Die Gegend des Nieder- und Rheinthores hielten 3000 Lombarden besetzt. Auf dem Hammfelde lagen 2000 Engländer und auf der Weide 1300 Mann unter dem Herrn von Montfort. Vergl. *Ennen* lll, 518 und

Auch erschien nach seiner Rückkehr im Jahre 1476 die *prosaische Umarbeitung der Hierosolyma* in zwei Büchern, welche er seinem Onkel, dem Domdechanten Hermann von Langen, widmete [1]. Der Ort, wo dieselbe gedruckt wurde, ist unbekannt, von den deutschen Städten konnte es jedoch nur Mainz, Köln oder Strassburg sein, Münster lieferte erst 10 Jahre später den ersten Druck und Paffraet in Deventer edirte erst im Jahre 1477 sein erstes Werk [2].

Die kriegerischen Ereignisse dieses Jahres (1476) gingen an ihm vorüber, ohne ihn aus seinen Studien herauszureissen, und während Bischof Heinrich von Schwarzburg, durch die Räubereien des Grafen Gerhard von Oldenburg genöthigt, diesen mit Krieg überzog, lebte Langen zurückgezogen in Münster [3] nur den Wissenschaften und dem Unterricht des

---

dazu *Schaten* II, 509. Am 9. September 1474 führte Carl persönlich siebenmal zum Sturm gegen die Bollwerke am Rhein; er wurde mit Kraft zurückgewiesen und selbst an der Hand verwundet. Vergl. *Ennen* III, 526. Am 11. November 1474 unternahmen die Burgunder den Sturm gegen das Oberthor, der von den Belagerten abgeschlagen wurde. Vergl. *Ennen* III, 527. Zur Erinnerung an diese Siege erhielt das Oberthor den Namen Marienthor und das Rheinthor den Namen Quirinusthor.

[1] Vergl. über dieses Werk, dessen vollständiger Titel lautet: „Urbis Hierosolymae templique in ea origo et horum rursus excidium, profanatio aliaeque variae fortunae", die Zuschrift Langen's an den Domdechanten Stephan von Baiern: „ante paucos annos Hierosolymam prosa oratione contextam celebris memoriae Domino Hermanno de Langen Monasteriensi Decano et patruo meo dedicatam emissimus" und *Hiniewski* Ind. lect. ac. Mon. 1868/69 p. 5 s.

[2] *Falkenstein* a. a. O. S. 260.

[3] Die im Jahre 1471 und 1474 von Heinrich gegen Gerhard von Oldenburg geführten Kriege hatten diesen nicht abgehalten, seine Räubereien fortzusetzen und von Delmenhorst aus Reisende und Kaufleute zu überfallen. Deshalb rüstete sich Heinrich im Jahre 1476 zu einem neuen Feldzug, überfiel den Grafen und gab nur auf dessen inständige Bitten den weitern Rachekrieg auf. Vergl Fortsetzung der Chron. des *Arnd Bevergern* (Geschichtsq. des Bisth. Münster I, 289): „Dat iaer darna (1476) heft he eyne grote orloge gehat mit Gerharde den greven van Oldenborgh, und Delmenhorst hart belegert und den greven velle scadens gedaen. Thom lesten als de greve em to voete vell, heft en de bischap tho gnaden genommen." vergl. *Corfey's* Chron. a. a. O. III, 230. *Schaten* Ann. Pad. II, 516.

jungen Hermann von dem Busche, seines Verwandten, welchen er um diese Zeit zu sich in's Haus genommen hatte [1]. Die Erziehung dieses zu grossen Hoffnungen berechtigenden Knaben, dem er mit ganzer Seele zugethan war, der Verkehr mit gleichgesinnten Freunden, welchen er mit Rath und That zur Hand ging, und für die er stets ein offenes Haus hatte, der Briefwechsel mit abwesenden Mitschülern und das Studium der alten Classiker bildeten die Beschäftigung Langen's, von welcher ihn nur gewaltige äussere Einflüsse zu trennen vermochten. Dabei ruhten seine poetischen Versuche nicht, und gerade in dem Zeitraum der nächsten zehn Jahre (1476 — 1486) entstand ein grosser Theil seiner Gedichte. Eins der

---

[1] Ueber Hermann von dem Busche vergl. *Hamelm.* p. 283 s. und *Liessem* De Hermanni Buschii vita et scriptis (Bonn 1866). Hermann von dem Busche, um das Jahr 1468 in Sassenberg geboren, besuchte zuerst die Schule in Warendorf, kam aber schon bald nach Münster, wo ihn Langen in sein Haus nahm, unterrichtete und zu seiner weitern Ausbildung nach Deventer zu Hegius schickte. Von Deventer ging er zu Agricola nach Heidelberg und machte mit Rudolf von Langen 1486 die Reise nach Rom, wo er sich fünf Jahre aufhielt bis 1491. Nach Deutschland zurückgekehrt und in Köln ein Jahr hindurch Lehrer in der Artistenfacultät, (poëticae disciplinae studia in alma nostra universitate studii Coloniensis ad annum fere professus est), darauf daselbst am 8. October 1495 in der Juristenfacultät immatriculirt, (vergl. *C. Krafft's* Mittheil. aus der Matrikel der alten Cölner Universität in der Zeitschr. f. Preuss. Gesch. u. Landeskunde V, 8, 469 ff.), führte er ein unstetes Leben, besuchte, bald als Lehrer, bald als fahrender Humanist, fast alle grössern Städte Deutschlands, Hamm, Rostock, Wittenberg, Leipzig, Osnabrück, Frankfurt, Braunschweig, Hildesheim, Wesel, hielt sich eine Zeitlang in Frankreich auf, ohne irgendwo für längere Zeit zu verweilen, und kehrte endlich nach Westfalen zurück, wo er nach einer Disputation mit Rothmann in Dülmen 1534 starb. Buschius war, was Talent und Begabung angeht, einer der grössten, wenn nicht der grösste Humanist seiner Zeit, ein Mann voll Geist und Scharfsinn (vergl. *Hamelm.* p. 287), rasch in der Conception und Ausführung eines Gedankens (centum epigrammata quotidie meditor, sagt er selbst von sich, vergl. *Liessem* p. 38), aber ohne festen Charakter, voll Wankelmuth und Laune, nicht frei von einem gewissen sinnlichen Zuge und von Ueberhebung und Rache; vergl. *Liessem* p. 38 s. Seine grossen literarischen Verdienste bespricht *Niesert* in *Grote's* Hist. Jahrbuch II, 301 ff.

ältesten derselben, welches in das Jahr 1478 fällt, ist ein *Gedicht* in Distichen *auf die grosse Procession*, die am Montag nach Reliquienfest seit der Pest von 1382 und dem Brand von 1383 gehalten wurde[1]).

Langen's literarischer Verkehr mit seinen Freunden beschränkte sich jedoch nicht auf den Austausch von Büchern

---

[1]) Langen erwähnt dieses Gedicht in der Zuschrift einer Sapphischen Ode von 10 Strophen an Conrad Polman (Carm. III) vom 8. Juli 1480 mit den Worten: „Decoravi . . . ante hoc biennium meis opibus, id est qualicunque et tenui musa, celebrem hanc sanctamque pompam hexametris pentametrisque labenti epigrammate. Unter den Epigrammen (carm. XV.) findet sich mit der Aufschrift: „Hextichon lustrationis urbanae divinissimo Christi sacramento" ein aus 3 Distichon bestehendes Gedicht, welches ohne die Ueberschrift eher als eine moralische Reflexion über die Verdorbenheit der Menschen angesehen werden könnte, denn als ein Lobgedicht auf das h Sacrament, welches durch die Stadt getragen wird. Wie anders behandelt die Sapphische Ode denselben Gegenstand! Nachdem dort von der grossen Liebe Christi zur Menschheit Rede gewesen, die den Tod nicht gescheut und auch jetzt die Welt nicht verlasse, heisst es v. 11—20:

Consulit terris animae relinquens
  Nobile pignus,
Sacra, quae dextra baiulat sacerdos
  Urbe nunc toto praeeunte clero
  Seque praebente comitem senatu
  Moenia lustrans.
Ferte singultus manibusque passis
  Tendite ad coelum genibusque terram
  Frondibus festis dabitisque Jesu
  Tura benigno.

Daran schliesst sich v. 21—32 der Gegenstand der Bitten um Frieden, Erleuchtung des Geistes, um gute Ernte und Abwehr der Pest, welche alle zu der Feier in engster Beziehung stehen. Daher ist es nicht unwahrscheinlich, dass das Epigramm, von dem Langen sagt, decoravi celebrem hanc pompam, nicht mit in die Sammlung der Gedichte aufgenommen ist, und dass das Hextichon einer andern Zeit angehört. Vielleicht war jenes Epigramm an denselben Conrad Polman gerichtet, oder dieser hatte wenigstens Kenntniss von demselben erlangt, ein Beweis dafür, dass Gedichte Langen's auch vor dem Druck als Manuscript bekannt waren, ohne dass dieselben darum später nothwendig mit in die Sammlung mussten aufgenommen werden.

und Handschriften, sondern er genoss bei ihnen ein so grosses Ansehen, dass sein Urtheil für ihre eignen Arbeiten massgebend war [1]), und ihm deshalb auch alle zur Begutachtung unterbreitet wurden.

Im Jahre 1481, nachdem schon im Jahre vorher die früher [2]) erwähnte Sapphische *Ode an Conrad Polman* gedichtet war, wurde der Bischof Heinrich von Schwarzburg durch neue Raubzüge des Grafen von Oldenburg gezwungen, einen zweiten Feldzug gegen diesen zu unternehmen [3]). Er belagerte Oldenburg, als Gerhard zu Gunsten seiner beiden Söhne Adolf und Johannes abdankte, auf deren Bitten der Bischof die Belagerung aufhob. Da plötzlich trifft diesen die Kunde von dem Fall seines jüngern Bruders Heinrich vor Delmenhorst, der, durch eine Kugel verwundet, am 23. November starb [4]). Er änderte seinen Plan, belagerte trotz des Winters Delmen-

---

[1]) Selbst der grosse Agricola verschmähte es nicht, ihm seine Uebersetzung des Platonischen Axiochus zur Beurtheilung vorzulegen. Vergl. *Hamelm.* p. 98. Die spätern Humanisten arbeiten, wie sie sich selbst ausdrücken, auspicio, iudicio, auxilio Langii, (*Hamelm* p. 266) und am besten zeigt wohl das Distichon des *Murmellius* Eleg. mor. lib. II. eleg. 1.

Nunc te quaeso tua vates clarissime lima

Corrige iudicio non satis apta tuo,

in wie hohem Ansehen Langen als Gelehrter und Dichter stand. Vergl. *Murmellius* in der Dedication der Consol. des Boethius an Langen.

[2]) Oben S. 57, Anm. 1.

[3]) Vergl. *Schaten* Ann. Paderb. II, 525. *Corfey's* Chron. in den Geschichtsq. des Bisth. Münst. III, 321 und dazu I, 292. *Erhard* Gesch. Münster's S. 261 f.

[4]) Geschichtsq. des Bisth. Münst. I, 324. Anno domini MCCCCLXXXI by Sunt Clemens daghe (23. Nov.) wordt bischopes Hinrichs broder von Munster, de ein provisor was des stifftz Mensse (Mainz), vor Delmenhorst mit einem roer geschoten, und starff to Bremen und wordt aldar begraven. Vergl. *Wittius* Hist. Westf. p. 578 und Geschichtsq. I, 292. *Schaten* a. a. O. II, 525 nennt den Bruder des Bischofs Gunther, der nach einer münst. Chronik (Geschichtsq. d. Bisth. Münst. I, 289) im Jahre 1483 vor Delmenhorst gefallen wäre, und auf den nach einer irrigen Angabe *Hamelmann's* p. 286 Hermann von dem Busche ein Epitaphium verfasste. Das Epitaphium (silva) bildet in der Sammlung der Gedichte H. von dem Busche das erste des zweiten Buches und ist auf Heinrich verfasst.

horst und zwang es im Januar 1482 zur Uebergabe. Die Nachricht von dem Tode des Bruders des allverehrten Bischofes, dessen Langen auch in seiner Fortsetzung einer früheren Münsterschen Chronik Erwähnung thut [1]), berührte ihn tief und er verfasste wahrscheinlich noch im Winter des Jahres 1481 auf ihn die schöne *Grabschrift* von 20 Versen [2]), in welcher er die Verdienste des Gefallenen um die Sicherung der Wege vor den Raubanfällen des Oldenburgers und seine Verwundung vor Delmenhorst berührt und mit der frommen Bitte schliesst: „Und du, Wandrer, welcher diese Schwelle betritt, erflehe Gnade und opfere fromme Gebete für den, welcher durch sein Blut dir Sicherheit der Strassen verschafft hat".

Bald darauf, im Jahre 1482, traf ihn die neue Trauerkunde von dem Tode eines Mannes, der mit ihm in persönlichem Freundschaftsverkehr gestanden hatte und durch seine hohe wissenschaftliche Bildung, sowie durch tief religiösen Sinn und Frömmigkeit auf's innigste mit ihm verbunden war, des Fraterherrn Friedrich Mormann, auf dessen Tod er ein Gedicht in 12 Distichen verfasste [3]). Friedrich Mormann stammte nach Andeutungen des Gedichtes aus Friesland und zeichnete sich als Priester, nicht nur durch Tugend und strenges Pflichtgefühl in seinem Berufe aus, sondern hatte sich auch durch sein dichterisches Talent und durch Feinheit der Latinität Ansehn zu verschaffen gewusst. Dem Dichter wünscht daher auch Langen Blumen auf sein Grab, während der Geist frei von den Fesseln der Leiblichkeit auf dem Wege, welchen ihm die Tugend angewiesen, zum Himmel eile.

---

[1]) Geschichtsq. d. Bisth. Münster I, 242: „in cuius (Delmenhorst) dura oppugnatione fratrem strenue obnixissime pugnantem amisit."

[2]) Carm. VI.

[3]) Carm. XXVI. Das Todesjahr Mormann's ergibt sich aus dem Gedächtnissbuch des Fraterhauses zu Münster, herausgegeb. von *Erhard* in der Zeitschr. für vaterl. Gesch. u. Alt. VI, 95:

„Fridericus Morman. Obiit a. dni. MCCCCXXXII.
Vir doctissimus et primus pater Marpurgi.

Bei ihm hat vielleicht der jüngere Bruder Agrikola's Heinrich in Münster studirt. Vergl oben S. 17 Anm. 3. und *Erhard* Erinnerungen S. 52.

Wie grossen Antheil jedoch Langen trotz seiner Studien an der Entwicklung des kirchlichen Lebens seiner Vaterstadt nahm, und mit welcher Freude er jede Hebung auf diesem Gebiete begrüsste, das beweisen 2 *Epigramme auf die Reformation des Nonnenklosters zu Ueberwasser*, das eine von 3, das andere von 2 Distichen, beide aus dem Jahre 1483 [1]).

---

[1]) Carm. XXXVI. XXXVII. Die Reform, auf welche die Epigramme sich beziehen, erwähnt kurz *Arnd Bevergern*: (Geschichsq. d. Bisth. Münster I, 291) „Sonderlickes heft he dat closter tho Overwater reformeert (1483 Juni 5.) wiewoll all de nunnen daer entgegen weren. Doch so heft he den Keyser tho hulpe genommen, de sine legaten daer sande. Und se moesten den bischop gehorsam sien." Weitläufiger findet sich der Sachverhalt dargestellt in *Röchell's* Chronik a. a. O. III, 222: „Im Anfange seiner regerunge haidt ehr neben der regerunge beschlossen, dieweil die jufferen zu Ueberwasser obermals gedachten ihre furige freiheidt wedder zu erlangen und wedder gekoren hetten fur eine wurtige frauwe ein gravinne wie fur bei bischoff Johann gesacht ist, die noch nicht confirmert war, haben dieselbige auch nicht willen confirmeren, sondern haben eine abbatissam genommen aus den kloister zu S. Egidii und haben diesolbige alldar wedder ihrer allen willen gesatzs; und auch endlichen beslossen und ingewilliget, so aldaer etzliche furhanden weren, die ehres egen willens wolten sein und diesser wurtigen frauwen nich gedechten zu gehorsamen luidt der nien reformation so ihnen wordt furgestaldt, das dersolbigen freigwillich mochten ausgaen war ihnen gelustede und geliebete, und man sollthe ihnen alsdan jaerlix geben zu unterholtunge ihrer personen von den uffkumpsten des kloisters tzweintzig goldtgulden; die ober bleiben wolten und den handel noch begerten anzusehen, denen wordt gegeben ein jaerlangs bedenkent; als man den jungen erst ankommenden jufferen thuet, so ihnen alsdan solchs nicht geliebete, und under den jokke und dwange nicht konthen oder wolthen sein das die alsdan sonder ienige abbroche oder letzunge ihrer ehren mochten gaen und staen, war es ihnen gelustede und geliebte. Diesse handel stondt also etzliche jaren also das sie sich lestlich begeben haben und sich wedder beslusen laissen, wie furhin geschein war und noch geschieht und diesse leste reformatio geschach dorch diesen itzige bischof anno 1483 uf dagh Bonefacii den 5. junii. Und worden dazu von im gedwungen, das sie mosten anloben, hinferner die regulen und insetzunge S. Benedicti zu holden und verslotten zu bleiben. Solchs haidt dieser guther und frommer furste zuwege gebrach, das seinen furvetteren felete wiewol es faken von sie attentert und versocht war. Und diese reformatio wer auch wol also dorch die andechtige und fridliebende abbatissen und wurtigen frauwen, so sich fur

Schon der Vorgänger Heinrich's hatte eine Reform des Klosters Ueberwasser angestrebt, war aber nicht zu Ende gekommen, Heinrich aber griff die Sache energisch, trotz des
Widerstandes der Nonnen, an und gelangte zum Ziel.

Aus demselben tief religiösen Gemüt, welches ein Auf-
lehnen gegen die geistliche Gewalt der Bischöfe aufs tiefste
verabscheute, ging das *Gedicht auf den Erzherzog Maximilian*
in 7 Distichen hervor, welches ebenfalls, wie solches aus
den in ihm erwähnten Ereignissen folgt, in das Jahr 1483 oder
Anfang 1484 fällt [1]. In dieselbe Zeit nach 1480 fällt auch
das Gedicht an den Buchdrucker Adolf Rischius (carm. V),
worin dieser wegen eines grossen, mehre Jahre in Anspruch
nehmenden Bibelwerkes belobt wird. Ohne Zweifel ist der

---

und nach gefolget, geholten worden, wer nicht die rasende seckte und
kettzerie der wedderdoeffer alhir ingefallen." Vergl. *Schaten* Annal.
Paderb. II, 484. ′

[1]) Carm. XXXXVI. Die Veranlassung zu diesem Gedicht lag in
den Kämpfen, welche damals mit der grössten Parteiwuth in den Niederlanden geführt wurden. Vergl. *Thom. Basini* Archiepisc Caesariens.
hist. Gall. in *Ant. Matthaei* Anal. I, 580. und *Lamb. Hortensii Montfortii*
secession. civil. Ultraiectinar. lib. VII, (1642) p. 55; *Wilh. Hedae* hist.
episc. Ultraiect. (1642) p. 297. *Moll* kerkgeschiedenis van Nederland
vóór de Hervorming. II, 1; 227. *Schaten* a. a. O. II, 528: „Maximiliano
duo bella gerenda erant, unum adversus Leodicenses quos valido exercitu adortus fregit et supplices veniam petere adegit, alterum adversus
Ultraiectenses, quos sedecim milium exercitu 13 Cal. Julii agressus est,
circumvallataque urbe moenia tormentis verberare oppugnareque non
destitit, dum laceratis circum moenibus per hiantes lacunas obsessi
periculum suum inspicerent, quibus fracti victique sub finem Augusti
se Maximiliano permisere veniam praeteritorum consecuti. . . . Inde
postridie Nonas Septembres urbem victor ingressus, Davidem Episcopum sedi suae, a qua depulsus erat, et honori restituit, praeclara veterum Christianorum exempla imitatus, quibus laudibilia semper arma
fuere, quae contra rebelles cives pro Episcopis sumsere." Dieser Schluss
Schaten's erinnert lebhaft an den Anfang des Gedichts von Langen
XXXXVI, 1—4. Vergl. *Daniels* Handb. der deutsch. Reichs- und Staaten-
rechtsgeschichte II, 266. In dieselbe Zeit scheint das Epigramm (carm.
LVII) zu gehören mit der Ueberschrift: „Ad illustrissimum nobilitatis
vindicem Maximilianum ducem", welches in zwei Distichen Maximilian
als den Rächer der Unordnung (in den Niederlanden) darstellt.

hier genannte Rischius identisch mit Adolf Rusch aus Ingweiler, dem Schwiegersohn Joh. Mentell's, und, wie dieser, Drucker in Strassburg.   Dafür spricht auch, dass in dem Epigramm, welches zu dem Gedicht gefügt ist, als Aufenthaltsort des besungenen Druckers Strassburg oder die villa genannt wird, welche er sich mit hohen Mauern erbaut habe.   Und Schöpflin [1]) erwähnt, dass das Schloss Rauschenburg nahe bei Ingweiler, dem Geburtsort von Adolf Rusch, vielleicht von ihm seinen Namen erhalten, und daher das Gerücht entstanden sein möge, die Buchdruckerkunst sei dort erfunden.   Die Bibel erschien um 1450 [2]).

Langen hatte bis dahin mit seinem Plane, eine durchgreifende Umgestaltung des Unterrichts in Münster in's Werk zu setzen, noch nicht hervortreten können, war aber dafür desto eifriger bemüht, durch eigne dichterische Versuche den Geschmack für Sprache und classische Bildung zu läutern und die Gemüter für die Aufnahme der ganz in Vergessenheit gerathenen antiken Vorbilder empfänglich zu machen.   Seine Gedichte, die vielfach an eine bestimmte Gelegenheit anknüpfen, oft der Ausdruck seiner tief christlichen Gesinnung und wahrer Frömmigkeit sind, beweisen in ihrer Form die genaue Bekanntschaft mit den classischen Dichtern des Alterthums und machen ihn zu dem ersten der Dichter in Deutschland, die in gewähltem Latein schrieben [3]).   Unter diesen Gedichten befindet sich noch eines, welches chronologisch genau bestimmt ist, das *Epitaphium auf Lubbert Zedeler*, verfasst den 30. October 1485 [4]).

[1]) Vind typ. 101.

[2]) Der Titel lautet: „Biblia latina cum glossa ordinaria Walafridi Strabonis et interlineari Anselmi Laudunensis Part. IV. fol. Vergl. über das Werk und seinen muthmasslichen Drucker *v. Strampff* in Naumann's Serapeum, XIII, 135 ff.

[3]) *Hamelm.* p. 109. 278. 285. 1430. Vergl. die handschr. Notiz oben S. 26. Anm. 2. Auch *Drolshagius:* „In horas dominicas Rod. Langii explanatio" nennt Langen poeta laureatus.

[4]) Carm. VIII.   An denselben Lubbert Zedeler ist ein Epigramm (carm. XXXI) gerichtet.   Er war aus Münster gebürtig, Doctor der Rechte und Lehrer an der Universität in Rostock, und starb im Alter

Um diese Zeit hatte Langen den Mann verloren, welcher auf seinen Bildungsgang den grössten Einfluss ausgeübt hatte, und welchem er stets mit kindlicher Zuneigung zugethan war, seinen Oheim, den Domdechanten, früheren Domscholasticus Hermann von Langen [1]. Derselbe hatte fast 36 Jahre lang sein Amt in schweren und unheilvollen Zeiten des Münsterschen Bisthums mit Kraft und Umsicht verwaltet und war wie carm. LI. von ihm nachrühmt, eine herrliche Zierde und ein hehres Licht der Domkirche in Münster gewesen. Sein Todesjahr ist nicht mit Sicherheit nachzuweisen, jedoch fällt es gegen Ende des Jahres 1484 oder in 1485. Denn Wernher Rolewink nennt ihn in der Einleitung seines fasciculus temporum, welcher 1484 erschien, unter mehren andern, die er als Patrone seines Werkes namhaft aufführt [2]. Im Jahre 1486, in welchem Langen seine Gedichte edirte, ist er jedoch, wie carm. LI. und LII. beweisen, bereits gestorben [3].

Das Jahr 1486 bildet in dem Leben Langen's einen Wendepunkt. In dasselbe fällt nämlich die Herausgabe seiner Gedichte [4]) und die zweite Reise nach Rom,

---

von 39 Jahren an einer ansteckenden Krankheit. Seine Vorzüge gibt das Epitaphium von v. 3 bis 7. Wie sehr Rostock (Univers. seit 1419) durch die Westfalen besucht und gehoben wurde, das beweist *Hamelmann* p. 168. 172. 192. 201. 1431. Vergl. *H. Rollius* de meritis Westfalorum in academia Rostochiensi 1707 bei *Heumann* bibl. hist. acad. p. 181.

[1]) Der Onkel Langen's war früher wohl Scholasticus; denn 1446 erscheint neben dem Münster'schen Domprobst Didrich Droste der Scholasticus Hermann von Langen als Zeuge bei einer zu Bevergern geführten Unterhandlung von Deputirten der Burgmänner zu Vechta mit dem Bischofe von Münster. Vergl. *Lodtmann* Acta Osnabr. I, 221. Ohne Zweifel ist der hier genannte Hermann der Münster'sche Domscholaster, und hätte das sonst sehr unbrauchbare Verzeichniss der Domscholastiker bei *Wilkens* Versuch einer allgem. Gesch. d. Stadt Münster (1823) S. 66 f., welches zum Jahre 1447 Hermann von Langen als Domscholasticus anführt, in diesem Falle Zuverlässigkeit gefunden. Näheres üb. Hermann v. Langen unten Excurs II.

[2]) Vergl. auch *Hamelm.* p. 208.

[3]) Die beiden Gedichte fallen demnach in das Jahr 1485, kurz nach dem Tode Hermann's von Langen.

[4]) Das Buch ist neben den Statuta provincialia et sinodalia Dyoce-

von welcher er mit dem Entschluss der Umgestaltung der
Schulen Münsters zurückkehrte. Die Sammlung der Gedichte ist, wie dieses die Zuschrift an Rupert (Stephan) von
Baiern beweist, von Langen selbst geschehen und sie enthält,
lyrica, alternis versibus epigramata et heroica [1]).

Langen hatte die Sammlung seiner Gedichte vollendet,
als er in demselben Jahre 1486 von seinem Bischofe Heinrich
von Schwarzburg den ehrenvollen Auftrag erhielt, in Sachen
des Domkapitels nach Rom zu gehen, und dort mit dem Pabst
selbst zu unterhandeln [2]). Langen unternahm die Reise, um

---

sana Monasteriensia, welche in demselben Jahr erschienen, und auf ihrem letzten Blatt dasselbe Epigramm wie die Gedichte enthalten, die
erste zu Münster von Johannes Limburgus, den Langen wahrscheinlich
dahin zog, gedruckte Schrift. Vergl. *Niesert* Beiträge zur Buchdruckergeschichte Münsters (Coesf. 1828) S. 3 f. Irrig ist die Angabe Schaten's
a. a. O. II, 540 zum Jahre 1491: „Monasterii inclarescebat Rudolphus
Langius ex equestri Langiorum familia, canonicus cathedralis ecclesiae;
a quo postquam Roma redierat politiores literae per, Westfaliam mi-
rifice coli coepere. Multum is adamatus honoratusque ab Henrico
Episcopo hoc anno ex typis Monasteriensibus Joannis Limburgii poe-
mata sua in lucem dedit." Dieser Fehler, als seien die Gedichte 1491
erschienen, findet sich auch bei *König* Nachr. über das Gymnasium z.
Münst. S. 124 n. 10.

[1]) Die Reihenfolge scheint in den einzelnen Abtheilungen nicht die
streng chronologische zu sein, so dass wir aus der Zeitangabe einzelner
Gedichte auf die vorhergehenden und nachfolgenden keinen Schluss in
Bezug auf ihre Zeit machen dürfen. Im Ganzen umfassen die Gedichte
ungefähr einen Zeitraum von 12 Jahren: von 1474 bis 1486.

[2]) Der Bischof und das Kapitel übertrugen die Achtung, welche sie
gegen den Domdechanten Hermann von Langen gehegt, auch auf seinen
Neffen Rudolf, und es darf uns daher gar nicht wundern, dass derselbe
mit einem Auftrag nach Rom betraut wurde, zumal da man in ihm
die geeignete Persönlichkeit fand, welche durch ihre Kenntniss der
lateinischen Sprache demselben am besten nachkommen zu können
schien. Was derselbe bezweckte, ob er sich auf das Verhältniss des
Kapitels zum Bischofe, oder auf Reformen der Kirchen und Klöster, oder
auf das Verhältniss zu andern Bisthümern bezog, das wissen wir nicht;
denn *Hamelmann* S. 264, der hier einzige Quelle ist, sagt bloss: „cum
episcopus Monasteriensis . . . . et eius capitulum cathedrale haberent
Romae negotium exsequendum, illud perficiendum commendabant Rudolpho Langio." Die übrigen Chroniken schweigen über diese Zeit.

so lieber, als sie ihm Gelegenheit bot, Italien und seine Schätze wiederzusehen, alte Bekanntschaften zu erneuern und Verbindungen einzugehen, welche ihm für sein Vorhaben von Bedeutung werden konnten. Mit ihm zugleich reisete Hermann von dem Busche, der nach Agricola's Tode 1485 nach Münster zurückgekehrt war, und im Hause Rudolf's von Langen die liebevollste Aufnahme gefunden hatte.

Seinen Auftrag beim Pabst führte Langen nach dem Bericht Hamelmann's in so glänzender Weise und in einem so feinen Latein aus, dass der Bibliothekar der Vaticanischen Bibliothek, Platina, laut seine Verwunderung darüber aussprach, dass ein Westfale sich so gewählt auszudrücken verstehe [1]).

Irrig ist die Angabe *Raumer's* (a. a. O. I, 92) Langen sei im Jahre 1480 nach Italien gegangen; wahrscheinlich stammt dieselbe aus *Adami* vit. Germ. phil. p. 35.

[1]) *Hamelm.* p. 264: „qui (Langius) hoc negotium latinis verbis tanta dexteritate apud papam Sixtum quartum expedivit, ut non sine admiratione de mandato Pontificis responsum daret Platina gratissimum, et obstupesceret ad hominis Westphali vel Germani promptam et elegantem latini loquendi promptitudinem." Dieser Bericht Hamelmann's jedoch enthält, wie so oft, wenn Personen aufgezählt werden, unverkennbare Fehler. Er erwähnt p. 286, dass Buschius im Jahre 1486 nach Italien gegangen sei. Nach p. 265 begleitete er auf dieser Reise Langen, und es fiele demnach Langen's zweite Reise nach Italien in das Jahr 1486. Allein diese Nachricht Hamelmann's leidet an grossen chronologischen Schwierigkeiten. Langen soll mit Aufträgen an Pabst Sixtus IV. nach Rom gegangen und dort mit Bartholomaeus Sacchi, der sich nach seinem Geburtsort Piadena, zwischen Mantua und Cremona, Platina nannte, zusammengetroffen sein. Sixtus IV. jedoch starb 1484, und es folgte bis 1492 Innocenz VIII., und Platina starb schon im Sept. 1481. Vergl. *Reumont* III, 363. Buschius ging nach dem Tode Agricola's (1485) nach Italien (vergl. *Liessem.* l. c. p. 11) und blieb dort fünf Jahre. War er in Begleitung Langen's, und daran zu zweifeln ist kein Grund vorhanden (so verwechselt Hamelmann vielleicht die von Reuchlin 1482 vor dem Pabst Sixtus IV. gehaltene Rede (vergl. *Reumont* III, 352) und irrt in der Anführung Platina's. War Langen wirklich 1486 in Rom, so traf er dort vielleicht noch einen jungen Mann, der gleichfalls „auf dem Gang der Humanitätswissenschaft in Deutschland grossen Einfluss geübt hat. Es war Conrad Peutinger, der siebenzehnjährig nach Italien

Er benutzte dabei die Gelegenheit, mit gelehrten Italienern in Verkehr zu treten, und Hamelmann [1]) nennt ausdrücklich unter denen, mit welchen er Freundschaft schloss, den Politianus, Sabellicus, Ficinus, Picus von Mirandola, Hermolaus Barbarus und Philipp Beroaldus.

Ueber die Dauer seines Aufenthaltes in Italien wissen wir gar nichts, jedoch scheint es, als habe sich derselbe auf einige Zeit ausgedehnt, indem Langen nicht bloss seinen Auftrag besorgte, sondern auch die Gelehrten in verschiedenen italienischen Städten besuchte. Er kehrte nach Münster zurück mit Empfehlungen des Pabstes und Lorenzo's von Medici, und sein' Ansehen stieg beim Kapitel und der Bürgerschaft [2]).

---

kam, in Padua, Bologna und Rom studirte und bei seiner Heimkehr 1486 nach Augsburg einen Schatz von Kenntnissen mitnahm, die seinem ganzen Vaterland zum Nutzen gereichten." Vergl. *Reumont.* III, 351 f.

[1]) *Hamelm.* p. 265. Unter den hier erwähnten italienischen Gelehrten war Angelus Politianus seit 1480 Lehrer der griechischen und lateinischen Literatur in Florenz, und Langen musste deshalb auch längere Zeit in Florenz verweilt haben. Für diesen Aufenthalt spricht auch der Umstand, dass er von Lorenzo von Medicis Briefe und Empfehlungen nach Münster zurückbrachte.

[2]) *Hamelm.* p. 265: „Reversus ex urbe Roma, dum pro voto omnia expediverat, venit Monasterium ornatus Papae Sixti, *(lege: Innocentis)* Laurentii Medices, Florentini ducis, doctissimi Principis, testimoniis et ab eo tempore in magno habitus est pretio cum in aula Monasteriensi tum in Capitulo et urbe."

V.

Langen's letzte Lebensjahre.
Seine Reform der Münster'schen Schulen.
1498 — 1519.

Gleich nach seiner Rückkehr aus Italien nahm Langen seinen Plan der Neugestaltung des Schulwesens seiner Vaterstadt mit regem Eifer wieder auf, sollte jedoch dabei auf allerhand Hindernisse stossen, welche die Ausführung desselben noch jahrelang verzögerten [1]).

In der Zeit, welche zwischen seine Rückkehr aus Italien und dem Jahre 1498 fällt, hatte Langen eine grosse Anzahl in Deventer gebildeter Männer nach Münster zu ziehen gewusst, und ihnen theilweise Stellungen verschafft oder sie in seinem Hause, dem Asyl der Gelehrten, behalten, wo sich alsbald der regste wissenschaftliche Verkehr entwickelte. Hamelmann [2]) nennt eine grosse Anzahl wissenschaftlich ge-

---

[1]) Ein grosser Theil derselben lag in den Zeitverhältnissen, besonders in den fast ununterbrochenen Fehden und Kriegen, welche der Bischof Heinrich von Schwarzburg während seiner dreissigjährigen Regierung zu führen hatte, wobei die innern Angelegenheiten vielfach zurücktraten oder ganz unbeachtet blieben. Vergl. *Erhard* Gesch. Münst. S. 263 f.

[1]) *Hamelm.* p. 266. „Petrum Gymnicum Aquensem, insignem philosophum, Hegii et Agricolae discipulum, curabat canonicum Martinianum fieri Langius sua promotione; Bernhardus Tegederus auxilio Langii consequitur canonicatum in collegio Mauritiano, ubi etiam postea factus est scholasticus. Ita effecit, ut Joannes Modersonius in collegio Ludgeriano canonicatum impetraret, et Henricus Morlagius in collegio Martiniano praebendam obtineret, sicut etiam antea ibidem canonici et cantoris dignitatem in possessionem opera Langii acceperat Joannes Aelius, quem etiam cum Bernhardo Averdunco antea episcopo Schwartsburgico

bildeter Männer, welche damals in Münster weilten und in
Langen ihre Stütze und ihren Beistand fanden. Unter ihnen
sind manche, welche sich durch ihre literarischen Leistungen
einen Namen erworben haben und von Buschius und Murmellius sowie von Langen selbst rühmend erwähnt werden [1]),
andere haben später für die Schule gewirkt und ihre huma-

Henrico commendaverat ita, ut hic in aula consiliarium, Aelius vero
cancellarium ageret et post praesulem Schwartzburgicum adhuc duorum
episcoporum, ut Conradi Retbergici et Erici ducis Saxoniae de Lowen-
borg cancellarius esset. Langius sua auctoritate ad decani dignitatem
in collegio Ludgeriano evexit Bernardum Mommium et ut Dobius iure
consultus in maiori ecclesia fieret canonicus et Joannes Grovius con-
stitueretur pastor Jacobinus et Gerardus Gweringius vicarius maioris
fieret ecclesiae. Domi vero suae alebat et fovebat Ludolphum Hering-
gium, Ludolphum Bavincum, Petrum Nehemium Drolshagium, Theodorum Rotarium, Jacobum Montanum Spirensem, Joannem Peringium Buricensem, Josephum Horlenium. "

[1]) Vergl. über Tegeder Langii carm. XXVIII. carm. Buschii bei
Cornelius a. a. O. S. 57. v. 81. carm. Murmelii in urb. Monast. bei *Nie-*
sert Beitr. z. Gesch. d. Buchdr. S 189 und bei *Cornelius* a. a. O. S. 63.
Hamelm. p. 202. Er schrieb um 1492 ein Copiar (sog. rothes Buch) des
Collegiatstiftes St. Mauriz bei Münster, in welchem er ausser den Abschriften von 700 Urkunden auch eine reiche Sammlung andrer Nachrichten, Nekrologien, Güterverzeichnisse u. s. w. eintrug. Dasselbe
beruht gegenwärtig im Königl. Staatsarchiv zu Münster (Msc. I, 69.).
Vergl. *Erhard* Regesta hist. Westf. I, p. IX. *Wilmans* Westf. Urkundenbuch III, 1, p. IX. Ueber *Grovius*, (familiarissimus Langio, forsan amanuensis eius fuit. *Hamelm.* p. 203) der 1506 ertrank, vergl. Buschius
a. a. O. Murmellius Eleg. mor. III, 6 und in der Ausgabe des Boethius
(1514) fol. 12 a. *Drolshagius* schrieb: In horas domin. illustr. Rod.
Langii, poetae laureati ornatissimi explanatio Zwoll 1505. Vergl. *Ha-*
melm. p. 206. Vergl. über Gymnichus *Krafft* a. a. O. „1498 Junius.
Ipso die Balbinae dominus Petrus Geymmenich de Aquisgrano ad iura
iuravit et solvit." und *Hamelm.* p. 189; über Modersonius p. 205;
Morlage p. 204; Joan. Aelius p. 204; Averduncus p. 206;
Mommius p. 206; Dobius p. 206; Gueringius p. 189 266;
Heringius p. 267; Bavincus p. 205; Rotarius p. 327; Monta-
nus p. 109; Peringius p. 191 und *Krafft* a. a. O. „1498 Maius 1.
Johannes Opwederich de Buderich ad artes iuravit et solvit 4 h." Hor-
lenius p. 190. An einer andern Stelle p. 284 nennt *Hamelmann* die
meisten der eben erwähnten Männer als Mitschüler des Buschius in der
Schule des Hegius zu Deventer. Ob er sich in der Angabe, dass Dob-

nistischen Kenntnisse auf diesem Felde verwerthet. Der Kreis, welcher sich auf diese Weise um Langen bildete, muss ein sehr enger gewesen sein, und das Vertrauen zu ihm hob sich durch regen wissenschaftlichen Verkehr und Austausch der durch das Studium der Alten gewonnenen Kenntnisse.

Auch hörte Langen nicht auf, lateinische Gedichte zu schreiben, und wenn dieselben auch nicht so zahlreich erschienen, so lag der Grund besonders in seinem bewussten Streben, alle seine Kräfte für die Entwicklung der Schule zu verwenden. Durch den Umgang mit dem Observanten Theodoricus Coelde aus Münster, welchen Langen, wie dieses das Begleitschreiben des Rosarium an Petrus Ring beweist, sehr hoch verehrte, und welcher durch seine Predigten nicht weniger als durch sein ascetisches Leben die hohe Achtung, die er bei Allen genoss, auf die vollste Weise rechtfertigte, wurde Langen bewogen, im Jahre 1493 ein Gedicht auf die h. Jungfrau unter dem Titel: *Rosarium virginis beatissimae gloriosissimaeque Dei matris Mariae* zu verfassen [1]). Die Poesie in demselben ist nur ein sehr dürftiges Gewand für den tief religiösen Geist, den es athmet, und welcher in den spätern Lebensjahren des Dichters um so mehr an Geltung gewann, als Langen mit Männern wie Coelde und Wessel, die aus allen Kräften eine Besserung der Kirche und Abschaffung von Missbräuchen in derselben anstrebten, regen Verkehr und Umgang pflegte. Dieses Bedürfniss, mit Männern wie Wessel seine Gedanken über die nothwendige Aenderung so mancher Missbräuche auszutauschen, sowie der Wunsch bei ihnen für seine Plane Rath und Belehrung zu holen, mögen Langen in dieser Zeit bewogen haben, vielfach von Münster fern zu sein und seine Freunde in den Niederlanden aufzusuchen. Wenigstens schreibt Goswin van Halen, früher famulus von Wessel und am Schlusse des 15. und zu Anfang des 16. Jahrhunderts Vorsteher des Fraterhauses zu Gröningen [2]),

---

bius durch Langen ein Kanonikat am Dome erhielt, irrt, muss dahingestellt bleiben, wahrscheinlich klingt dieselbe nicht.

[1]) Näheres über das Rosarium in Abschnitt VI.
[2]) *Delprat* a. a. O. p. 140.

über das Zusammenleben ausgezeichneter Männer mit Wessel (st. 1489) im Kloster Adwert: « Ich kannte Adwert vor mehr als vierzig Jahren, damals war es weniger ein Kloster als eine Akademie. Das könnten mir, wenn sie noch lebten, Rudolf Agricola und Wessel bezeugen, auch Rudolf von Langen aus Münster und Alexander Hegius u. A., die ganze Wochen, ja ganze Monate in Adwert lebten, um zu hören und zu lernen und täglich gelehrter und besser zu werden [1].

So lebte Langen in stetem Verkehr mit vertrauten Freunden und immer bedacht auf die Realisirung seiner Plane, als ihn am 24. December 1496 die erschütternde Nachricht von dem Tode des Bischofs Heinrich von Schwarzburg für einige Zeit in seinen Studien störte und ihn in gerechter Würdigung des grossen Dahingeschiedenen, der im Dom zu Münster hinter dem Paulus-Altar beigesetzt wurde [2], die Inschrift auf sein Grab verfassen liess [3].

[1] *Ullmann* Joh. Wessel S. 387. und *Friedrich* Joh. Wessel. S. 109.

[2] Vergl. Fortsetz. d. Chron. des *Arnd Bevergern* a. a. O. I, 291, und dazu *Langen's* Chron. daselbst I, 243.

[3] Die Grabschrift lautet:

„Aenea pontificis spectans monumenta viator
    Nosce aquilas magni Caesaris arma tuli;
Viribus Harpstadium cepi, praedone fugato,
    Et Delmenhorsti moenia saeva nimis;
Senserunt Phrisiique truces mea tela, vel armis
    Edocui, vinci quod potuere meis.
Hinc morior laeto successu; quisque superbis,
    Disce mori! properat mors cita; disce mori!“

Vergl. *Schaten* Ann. Pad. II, 548. Forts. d. Chron. d. *Arnd Bevergern* a. a. O. I. 292. *Wittius* hist. Westph. p. 597. Dasselbe Epitaphium findet sich auch in einem aus dem Besitz des Domdechanten Bernard von Mallinkrodt stammenden Bande der Kindlinger'schen Handschriftensammlung im Königl. Staatsarchive zu Münster (cod. in fol. n. 8, worüber zu vergl. *Ficker* in d. Geschichtsq. d. Bisth. Münst. I. S. X f.) S. 89 unter den Collectaneen Mallinkrodt's und dazu noch ein zweites:

„Caerareas aquilas infestaque signa viator
    Suspensa ad tumulum praesulis, oro, vide!
Principis haec meruit virtus, cum Nussia dura
    Burgundi quatitur obsidione ducis,
Quae ferat in magnum (ni credat) Caesaris hostem
    Esse et in imperio disceret arma viros.
Soli Deo Gloria. “

Dreissig Jahre hindurch hatte der Bischof Heinrich mit fester Hand die Zügel der Regierung geführt und hatte diese lange Zeit hindurch Langen viele Beweise seines Vertrauens und seiner Achtung gegeben. Wohl mochte daher Rudolf von Langen dem Dahingeschiedenen ein bleibendes Denkmal setzen und den grossen Sieger von Neuss und den Rächer von Delmenhorst im Gedichte feiern, wenn derselbe auch seine Plane weniger beförderte. Schon bald nach seinem Tode jedoch sollte endlich der sehnlichste Wunsch Langen's, die Errichtung einer Schule auf humanistischer Grundlage, ihre Verwirklichung finden.

Die Domschule in Münster genügte den Anforderungen der Zeit nicht mehr. Mit dem Wiederaufleben der classischen Studien in Italien am Ende des Mittelalters war zugleich das Streben wach gerufen, die frühern in den Klöstern üblichen Lehrgegenstände zu verlassen und durch das Studium der Alten neue Gesichtskreise zu eröffnen [1]). Wenn ausser der

---

Darunter steht die Bemerkung Mallinkrodt's: „Praedicta carmina sunt de vena Rodolphi Langii." Vergl. Geschichtsq. d. Bisth. Münst. I, 243. Beide Gedichte, sowie das kleine in Adonien verfasste Gedicht Langen's auf Bischof Heinrich von Schwarzburg am Schluss der Chronik *Langen's* (vergl. Geschichtsq. d. Bisth. Münst. I. 243 u. Abschn. VI.) scheinen kurz nach dem Tode Heinrich's verfasst zu sein, also im Anfang des Jahres 1497; das erstere, um als Grabschrift zu dienen, das zweite mit Bezug auf die Ausschmückung des Grabmals. Es heisst nämlich in der Forts. d. Chron. des *Arnd Bevergern* a. a. O. I, 291: „Dat gulden Banneer *(welches er vom Kaiser erhalten)* ist boven syn graft gehangen und daerby ein tafel mit verschen." Vergl. *Schaten* a. a. O. II, 548. Hieraus erklärt sich vielleicht die Variante Aurea pontificis in der Grabschrift, statt Aenea pontificis. Vergl. Geschichtsq. d. Bisth. Münster I, 243 a. Nicht lange nachher verfasste *Langen* auch seine kurze Chronik über Heinrich von Schwarzburg. Vergl. Abschnitt VI.

[1]) Die Gestaltung der Domschule während des Mittelalters, ihre Lehrgegenstände und Erziehungsweise beschreibt eingehend *K'abbe* Geschichtliche Nachrichten S. 30—t6. Wir sehen daraus, dass die Bildung hauptsächlich eine kirchliche war und dass neben der h. Schrift, dem Kirchenrecht und der Kirchengeschichte nur wenige Profänschriftsteller im Gebrauch waren. „Es haben sich erhalten aus der Zeit bis zum 11. Jahrhundert lateinische Grammatiken in 15 althochdeutschen glossirten Handschriften von 7 verschiedenen Autoren, darunter 4 von

Domschule noch städtische Schulen bestanden, was wohl an
zunehmen ist, so mangelt es uns über ihre innere Einrich-
tung, sowie über den Unterricht an denselben an allen historischen Nachrichten; wir dürfen jedoch wohl annehmen, dass
der Unterricht vielfach der Willkühr der Lehrer überlassen
war und sich auf die nothdürftigsten Elemente beschränkte [1]).

Donat und 5 von Priscian. Lateinische Classiker: von Horaz 2, von
Juvenal 1, von Persius 2, Sallust 1, Terenz 1, Virgil 4 glossirte Handschriften. Philosophische Schriften: Alcuin's Dialectik 1, Boethius:
de consolatione philosophiae 5 Handschriften mit althochdeutschen
Glossen." Vergl. *Krabbe* a. a. O. S. 44 nach *R. v. Raumer* die Einwir-
kung des Christenthums auf die althochd. Sprache S. 117 ff., wo die
nähern Nachweise sich finden. Dazu kamen im Laufe der Zeit Schriften
mit oft wunderbaren Titeln, welche für die einzelnen Disciplinen gebraucht wurden und die auch auf den Universitäten als Leitfaden dien-
ten. „Ubique," sagt *Hamelm.* p. 321, „scholas occuparant textus Alexandri grammatici, catholicon, gemma gemmarum, Mammetractus, Pa-
pias, Holkol, Breikol, Florista, Hugutio, in grammaticis. Item in rebus logicis: Petri Hispani, Tinctoris et Versonis spinosae et barbarae
quaestiones; Item in arte oratoria, Rhetorica Lescheri de modo episto-
landi; Item epistolae Gasparini, Augustinus Datus et Franciscus Niger,
item copulatae Bursae Montis in Colonia; in Moralibus: Doctrinale
Alani Morale; in Theologia: Scotus, Biel, Bonaventura, Pomerius Disci-
pulusque; item in Jurisprudentia: Bartolus, Baldus et Panormitanus;
item in Medicina: Averroes et similes." Ueber Alexander berichtet
Murmellius in seinem Scoparius in barbariei propugnatores fol. 3 b,
aus einem Briefe an Antonius Macinellus: „Abeat iam barbarus Alexander et barbaram cum sua barbarie repetat patriam. . . . Ob ignoran-
tiam Graecarum literarum saepe lapsus est Alexander."

[1]) Beispiele solcher städtischen Schulen führt *Erhard* Erinnerungen
S. 59 an. In Dortmund wird im Jahre 1278 ein Rector scholarum
sancti Reinoldi, in Siegen im Jahre 1342 ein Schulmeister genannt,
wobei nicht an den Scholasticus eines Collegiatstifts gedacht werden
kann, weil solche in den beiden genannten Städten nicht existirten.
Eine Schule in Werl führt eine Urkunde des Jahres 1511 an. Ausserdem
werden von Langen Lehrer für Herford, Dortmund, Minden, Borken,
Ahlen, Warendorf, Osnabrück, Hamm und Soest gefordert und wir
dürfen daher annehmen, dass in diesen Orten schon Schulen bestanden.
Vergl. *Hamelm.* 268. Ueber die Leistungen solcher Schulen ist, abgesehen von dem grosssprecherischen Bericht Timann Camener's in der
Vorrede zu seinem compendium phil. nat. (vergl. *Erhard* Erinnerungen
S. 63) von Bedeutung ein Antwortschreiben der Universität Köln vom

Im Laufe des 15. Jahrhunderts war freilich durch die Frater-herrn für die Hebung des Unterrichts sehr vieles geschehen und namentlich hatte Deventer eine Reihe grosser Männer hervorgebracht, allein diese Schulen durften, wie Erhard rich-tig bemerkt [1]), nur als Privatanstalten betrachtet werden, bei welchen von dem Leben und der Fähigkeit eines einzelnen Mannes fast Alles abhing, deren Dasein und Wirksamkeit also sehr schwankend war. Ueberdies hat sich das Fraterhaus in Münster (ad fontem salientem) wie es scheint, wenig oder gar nicht mit dem Unterricht der Jugend und der wissenschaft-lichen Ausbildung derselben beschäftigt, sondern die Arbeit der Brüder theilte sich zwischen Bücherschreiben und Erziehung der Jugend zum Kirchendienst [2]). Freilich hatte schon Lan-gen's Mitschüler Anton Liber den Versuch gemacht, eine Schule nach humanistischen Principien zu gründen, er hatte aber da-bei soviel Missgeschick erfahren und so oft den Ort seiner Thätigkeit wechseln müssen, dass er eigentlich gar keinen festen Wohnsitz hatte [3]).

Das Streben Langen's ging dahin, eine Schule zu grün-den, welche planmässig die Schüler von den Anfangsgründen bis zu den höhern Wissenschaften geleiten, und welche, tüch-tigen Lehren übertragen, classische Bildung befördern sollte. Für diesen Plan hatte Langen schon einen Theil des Domka-pitels gewonnen [4]), als plötzlich die Universität Cöln, welche

---

24. Dec. 1425 auf ein Schreiben des Raths wegen Reform der Lehr-methode. Vergl. *Ennen* lll, 851.

[1]) *Erhard* a. a. O. S. 38.

[2]) *Delprat* S. 188: „Van hare (stichting by Munster) geschiedenis is weinig bekend. De vervaardiging van handschriften en de opleiding der jeugd tot de kerkdienst komen als de hooftbezigheden der Broeders voor." Vergl. *König* Gesch. Nachr. S. 112.

[3]) Moriz von Spiegelberg rief ihn nach Emmerich; indess die übri-gen Kanoniker waren andrer Ansicht als Spiegelberg, und er musste Emmerich wieder verlassen und ging nach Kampen, von wo er vertrie-ben wurde, um dasselbe Schicksal in Amsterdam von Neuem zu erfah-ren. Vergl. oben S. 52 Anm. 2. und *Dillenburger* Gesch. d. Gymn. zu Emmerich. S. 12.

[4]) *Hamel*, p. 265: „Vehementer laborabat in capitulo et plurimum

dem Humanismus gegenüber eine feindliche Stellung einnahm
und an den althergebrachten scholastischen Schriften festhielt,
den Bestrebungen Langen's in den Weg trat und so das Unternehmen hintertrieb [1]). Langen mochte wohl in der Stille

---

instabat apud patruum Hermannum Langium, Philippum de Hörde
Praepositum, Hermannum de Hörde Seniorem, Joannem Valcken Scho-
lasticum et Henricum Schagen atque plures in capitulo, ut ad reformationem studiorum et literarum evocarent ex Daventria Alexandrum
Hegium et ei gubernationem scholae cathedralis traderent." Hamelmann führt hier noch den Dechanten Hermann von Langen mit auf,
obschon derselbe schon vor einer Reihe von Jahren gestorben war.

[1]) *Hamelm.* a. a. O.: „Cum hoc meditaretur Langius, id statim
olfecerunt sophistae barbari ac monachi inepti vel professores absurdi in
Academia Coloniensi et id effecerunt, ut sub nomine totius Universita-
tis et eius sigillo scriberetur ad Praesulem Conradum de Ritberg, in
defuncti Schwartzburgici comitis Henrici locum electum, et ad capitu-
lares cathedrales, ne ex scholis usitati libri . . . , qui hactenus per tot
annos in usu apud scholas fuerant, eiicerentur." Das Ansehen der
Cölner Hochschule, welches dieselbe im 15. Jahrhundert genoss, wirkte
auch jetzt noch fort und vielfach galten ihre Gutachten wie Orakel-
sprüche. Vergl. *Bianco* die alte Universit. Cöln. Anlag. p. 236. *Kamp-*
schulte die Univers. Erfurt. I, 151. Hamelmann irrt jedoch ohne Zweifel, wenn er angibt, dieser Schritt der Cölner Akademie sei erst unter
Conrad von Rietberg geschehen. Die Klagen mögen sich auch bei ihm
wiederholt haben, allein Conrad, von dem es in der Fortsetzung der
Chronik des *Arnd Bevergern* (Geschichtsq. d. Bisth. Münst. I, 292) heisst:
„Dusse (Conradus van Retberge) hadde sich lange vorsocht tho Rome
und was ein domherr tho Cölne in welscher und latinscher sprake wall
erfahren," war dem Bestreben Langen's gar nicht abhold, während es
den Anschein hat, als ob sein Vorgänger Heinrich von Schwarzburg
mehr der alten Richtung zugethan war. Es ist daher viel glaublicher,
dass der Protest der Kölner Hochschule an diesen gerichtet war, und
gerade der Umstand, dass kurz nach seinem Tode Langen mit seinem
Projecte durchdrang, beweisst, dass das Hemmniss grösstentheils in
der Person des verstorbenen Bischofs lag, welcher mit dem Scholasticismus noch nicht gebrochen hatte. Auch nennt Hamelmann als Domscholastikus Johannes Valcken, während Timann Camener in der Vorrede seines compendium naturalis philosophiae im Jahre 1500 den Wennemar von der Horst als solchen bezeichnet. Vergl. unten S. 76,
Anm. 3. W. v. d. Horst starb 1501, 3. April; Joh. Valke 1510, 28. Juli
(Drittes Necrolog. des Domkapitels im Staatsarchiv zu Münster M. S.

noch für die Vollendung seines Werkes zu wirken fortfahren, äusserlich begab er sich desselben, um sein Vorhaben nach dem am 24. December 1496 erfolgten Tode des Bischofs Heinrich mit frischer Kraft wieder aufzunehmen. Conrad von Rietberg, der Nachfolger Heinrichs, selbst in Italien gebildet, war den Plänen Langen's mehr zugethan, und als auf Langen's Wunsch die Entscheidung in die Hände der Italiener gelegt wurde, diese aber zu seinen Gunsten ausfiel, da liess er dem Domkapitel vollständig freie Hand, und so trat denn im Jahre 1498 die neue Schuleinrichtung in's Leben [1]. Das Capitel war, wie es scheint, ganz auf der Seite Langen's, und der damalige Domscholastikus Wennemar von der Horst ging auf die Wünsche Langen's bei Besetzung der Lehrerstellen mit Bereitwilligkeit ein. Als Rector der neu zu gründenden Anstalt wünschte Langen seinen frühern Mitschüler Alexander Hegius von Deventer nach Münster zu ziehen, und er hatte sich deshalb brieflich an ihn gewandt; allein Hegius lehnte den Antrag ab und entschuldigte sich bei seinem Freunde durch sein hohes Alter und seine theologischen Stu-

---

I, 10, p. 51. 142), und Hamelmann irrt daher ebenfalls in der Angabe des Scholasters. Langen's Klage über Cöln (Carm. LVIII) ist wahrscheinlich aus jener Zeit.

[1] *Hamelm.* p. 265. „Tandem ad Italicos scriptores provocavit; isti in responsione pro Langio pronunciant et insulsos istos Colonienses professores damnant; ita tandem cum Italice doctus esset et Italorum censuram iudicio Langii convenire cognosceret Episcopus, permisit capitulo Cathedrali, ut facerent in ea re pro arbitrio. Vergl. *Corfey's* Chron. in den Geschichtsq. d. Bisth. Münster III, 322: „Anno 1498 haben die Schulen zu Münster erstlich recht angefangen zu floriren, indehm Rudolphus Langen thumherr und der freien Künsten rechter Mecenas dieselbe wieder angerichtet so bis zu Zeiten der Wiedertheuffer im Stande geblieben. Von hier als einem seminario seint die studia ferner und weiter ausgebreitet durch Petrum Nehm nach Dortmund, durch Josephum Horlen nach Hervord, Ludolphum Hering nach Hamm, Alexandrum von Meppen nach Osnabruck, Ludolffum nacher Soist und Hillmannum Muller (wohl der Lehrer des Rivius zu Attendorn), nach Attendorn. "

dien ¹). Er empfahl ihm jedoch mehre seiner in Deventer gebildeten Schüler ²), unter denen besonders Johann Caesarius und Timann Camener als die hervorragendsten eine Zeitlang die Wahl schwanken liessen, bis dieselbe auf Timann Camener fiel, weil derselbe durch seine Persönlichkeit, durch Würde und Erfahrung für die Stelle eines Rectors am geeignetsten schien ³). Ob Langen den Camener persönlich kannte und die Eigenschaften an ihm entdeckte, welche einen guten Schulmann verriethen, oder ob Camener in der Schule des Hegius Beweise seiner Tüchtigkeit abgelegt und sein Lehrer auf ihn aufmerksam gemacht hatte, das wissen wir nicht; jedenfalls ist es ein schönes Zeugniss für Langen, dass er nicht

---

¹) *Hamel.* p. 265: „Obtinet, (Langius) ut Hegius ad aperiendam scholam voceter, sed is se propter aetatem et quod assumpta iam presbyteri dignitate et gradu se rebus sacris consecrasset, excusat. Wäre Hegius dem Wunsche Langen's nachgekommen, so hätte er doch nur eine kurze Zeit der Schule als Rector vorstehen können, da er schon am 27. December desselben Jahres 1498 starb.

²) *Hamelm.* p. 266: „Suo loco suadet (Hegius) vel Timannum Camenerum, hominem personatum, vel Torrentinum, vel Volsium, vel Joannem Caesarium aut Ludolphum Heringium vel Petrum Nehemium esse vocandum.“ Die hier genannten Männer nehmen eine bedeutende Stelle unter den westfälischen Humanisten ein. Vergl. über Timann Camener *Hamelm.* p. 194, über Torrentinus p. 177, über Volsius p. 192, über Johannes Caesarius p. 264. 268, über Ludolf Heringius p. 284. 337, über Petrus Nehemius p. 268. 328 Wenn die Nachricht *Hamelmann's* p. 266 auf Wahrheit beruht, so waren Ludolf Heringius und Petrus Nehemius bereits damals in Münster: „Domi sua alebat et fovebat Ludolphum Heringium, Petrum Nehemium . . .“

³) *Hamelm.* p. 266. „Cum vero fieret deliberatio in capitulo, quis ex iis, quos suo loco proposuerat Hegius, assumendus esset ad gubernacula scholae, ibi etsi doctrina alios praestantiores censeret, tamen propter personam et gravitatem suam reliquis praetulit Timannum Camenerum et is illico gubernator scholae ordinatur.“ Die Berufung Timann Camener's datirt vom Jahre 1500, wie er dieses selbst in der Vorrede seines compendium naturalis philosophiae mit den Worten angibt: „Anno millesimo quingentesimo Monasterii Westphaliae apud divi Pauli claram illam iuventam ut bonis artibus atque moribus instruerem, a clarissimo viro Do. Wenemaro Horsteo, Metropol. Scholastico dignissimo, sum acceptus.“

gerade den gelehrtesten, sondern den Mann vorschlug, welcher durch seine Persönlichkeit auch auf die Moralität der Schüler einwirkte. Nicht die Wissenschaft allein, und das scheint auch in der Berufung Camener's ausdrücklich ausgesprochen zu sein (ut bonis artibus atque moribus instruerem), sondern auch Bildung des Herzens und Gewöhnung an religiöses und moralisches Leben, das war das Ziel, welches Langen für die Jugend erstrebte, und welches ihn bewog, einen Mann an ihre Spitze zu stellen, der diese Anforderungen zu erfüllen im Stande war [1]).

Die neu eingerichtete Domschule wurde in sechs Classen eingetheilt, von welchen jede ihren eignen Lehrer erhielt. Wie auf die Wahl Timann Camener's, so übte auch auf die Anstellung der übrigen fünf Lehrer Langen den grössten Einfluss aus, und so sah er denn 1500 die Schöpfung in's Leben treten, für die er stets gestrebt und jahrelang Hindernisse und Widersprüche jeder Art bereitwillig ertragen hatte. Ausser Timann Camener, welcher neben der Oberleitung der ganzen

---

[1]) Was den Namen angeht, so findet sich neben Camener und Cemener noch die Form Kemner. *v. Hövel* Specul. Westf. p. 28. 36 kennt einen Juristen Henr. Kemner; einen Pastor von Wüllen Joan. Kemner und einen Albert Kemner in Bentheim. Vergl. *König* a. a. O. S. 130 f. Timann Camener stammte aus Werne, einem Städtchen Westfalens, machte seine Studien in Deventer und trat 1500 als Rector der Domschule in Münster ein, an welcher Anstalt er 30 Jahre sehr segensreich wirkte. Im Jahre 1530 wurde er Pfarrer an der Lambertikirche in Münster, schrieb ein Gedicht gegen die neue Lehre Luther's (*Hamelm.* p. 1191), nahm an der Disputation gegen Rothmann Theil, verliess bei den Unruhen in Münster die Stadt, und starb 1535, in dem Jahre, als die Wiedertäufer aus derselben vertrieben wurden. Ueber sein Leben, seinen Streit mit Murmellius und seine Schriften vergl. *Hamelmann* p. 194 s. 1190 s., *Rassmann* Nachr. von Münst. Schulmän. S. 11 f., *Niesert* in *Tross'* Westfalia II, 30 (1825). Auf seinen Charakter wirft die Thatsache ein schlechtes Licht, dass er in der Vorrede zu seinem Compendium naturalis philosophiae von seinen Verdiensten um die Domschule in Münster mit grosser Ruhmredigkeit spricht, ohne die grossen Verdienste des zwei Jahre vor dem Druck dieser Schrift verstorbenen Langen auch nur mit einem Worte zu erwähnen. Vergl. *Erhard* Erinner. S. 46 f. *Krabbe* a. a. O. S. 83 f.

Schule den Unterricht in der ersten Classe besorgte, war der
Conrector Bernhard Guering [1]) der zweiten, Johann Hagemann [2]) der dritten, Johann Pering [3]) der vierten, Ludwig
Bavink [4]) der fünften und Anton Tunicius [5]) der sechsten Classe
als Lehrer vorgestellt. Die Unterrichtsgegenstände waren für
die verschiedenen Classen geordnet und sie bestanden in lateinischer und seit Johannes Caesarius 1504 in griechischer
Sprachlehre [6]), Philosophie, Poetik, Rhetorik, Dialektik und

---

[1]) Ueber Bernh. Guering vergl. *Hamelm.* p. 189. 267; *Rassmann* a.
a. O. S. 12: Er stammte aus Münster und wurde später Vicar am Dom.
Wenn *Hamelm.* p. 266 einen Gerhard Guering und p. 267 einen Bernh.
Guering als Domvikar anführt, so scheint der Name Gerhard ein Irr-
thum zu sein und an beiden Stellen derselbe Bernhard Guering gemeint.
Irrthümlich nennt *Adamus* l. c. p. 36 neben Timann noch 6 Lehrer.

[2]) Johann Hagemann (vergl. *Hamelm.* p. 189. 269. 1428; *Rassmann*
a. a. O. S 12), ebenfalls aus Münster, hatte, als Johannes Caesarius,
der um 1504 von Köln vertrieben nach Münster zu Langen kam, später
nach Köln zurückgerufen wurde, den Unterricht im Griechischen. Später wurde er Bibliothekar der Vatikanischen Bibliothek in Rom.

[3]) Johann Pering (vergl. *Hamelm.* p. 191. 1426.; *Rassmann* S. 13)
stammte aus Büderich am Rhein, war eine Zeitlang Lehrer in Münster
und zu drei verschiedenen Zeiten in Wesel.

[4]) Ueber Ludwig Bavink vergl. *Rassmann* S. 13 f. Die Nachrichten
über ihn sind sehr dürftig.

[5]) Ueber Anton Tunicius vergl. *Hamelm.* p. 171; *Rassm.* S. 14. Er
lebte noch 1544, „in summo templo Monasteriensi tunc opimus vicarius
existens," und ist wahrscheinlich derselbe mit dem 1532 als magister
fabricae verstorbenen Tunicius (Obengenanntes Nekrologium p. 109).
Tunicius schrieb ausser den von *Rassmann* a. a. O. S. 14 genannten
Schriften ein Einleitungsgedicht: ad puerum bonarum artium studiosum in *Joan. Murmellii* libellus optatissimus, cui titulus pappa 1517
(vergl. *Niesert* in *Tross* Westphalia II, 37); ferner ein hexastichon
de Joanne Reuchlin, abgedruckt auf dem letzten Blatt in Joannis
Reuchlin Phorcensis L. L. iuris doctoris Scenica Progymnasmata. Mün-
ster 1509 Borneman (vergl. *Niesert* Beitr. z. Gesch. der Buchdruck.
S. 12), und ein elegisches Gedicht unter dem Titel Antonii Tunnicei
Monast. carm. elegiac. s. l. e. a. ad Paulum Elers (Exempl. auf d. Paul.
Bibl. in Münster). Fast alle diese Männer, welche in der Schule des
Hegius in Deventer gebildet waren, erwähnt *Murmellius* an verschie-
denen Stellen seiner Elegiae morales. Vergl. II, 5. III, 1. II, 11.

[6]) Was das Griechische angeht, so ist schon früher (S. 41) gelegent-

(an den Sonn- und Feiertagen) Religionsunterricht. Wir besitzen ein nach Stunden geordneten Schulplan aus dem Jahre

---

lich bemerkt, dass, wenn Langen seine Aufmerksamkeit auch besonders
auf das Latein geworfen, die griechische Sprache ihm nicht unbekannt
sein konnte, wie dieses schon die Studien zur *Hierosolyma* beweisen.
Im Ganzen war freilich in Deutschland die Kenntniss des Griechischen
zurückgeblieben, jedoch verstand Rudolf Agricola dasselbe (Opp. ll, 185)
und von ihm lernte es Hegius in Deventer. Johannes *Murmellius* didasc.
lib. 2. Cp. 9. u. 21. nennt Hegius „hominem cum graece tum latine
inprimis eruditum." Ein sehr seltnes Buch: Coniugationes verborum
Graecae, Daventriae noviter extremo labore collectae et impressae, angeführt von *Hain* (Repert. bibliogr. I, 2, 180. Nro. 5621) hält *Hallam*
(Introduction tho the Litterature of Europe ch. lll. 865) für von Hegius
im Jahre 1480 verfasst. Beruht diese Angabe auf Wahrheit, so lehrte
Hegius vor Beginn der Schule in Münster 1498 schon 18 Jahre die griechische Sprache in Deventer, und seine Schüler hatten demnach Gelegenheit, wenigstens die Formenlehre, wenn auch der Unterricht nicht
über dieselbe hinausging, zu lernen, wie ja auch Erasmus diese Sprache
verstand. Dass unter Langen's Bekannten wenigstens einige schon vor
1486 griechische Studien machten, beweist das vor diesem Jahre verfasste Epigramm Carm. XXXXIII. In Münster begann der Unterricht
des Griechischen jedoch erst um 1504 mit Johannes Caesarius, der unter
dem Rectorat Timann Camener's Vorlesungen über griechische Sprache
unter grosser Betheiligung von Lehrern und Schülern hielt. „Ibi graece
profitentem Caesarium audiverunt Rector Timannus, Murmellius, Hagemannus, Peringius, Tunicius et multi alii cum infinita discipulorum
multitudine", *Hamelm.* p. 268. Hagemann übernahm nach dem Abgang
des Caesarius nach Cöln den Unterricht des Griechischen an der Domschule und Johannes Havickhorst aus Münster verfasste zur Zeit Hamelmann's griechische Epigramme und Noten zu Lucian's Dialogen, vergl.
Hamelm. p. 193. Der Pastor an der Lambertikirche, Vorgänger Timann
Camener's, Henr. Vering aus Paderborn, wird gerühmt als beider alten
Sprachen kundig. Vergl. *Hamelm.* p. 206. *Cornelius* a. a. O. S. 12. Und
in die Grammatica Manuelis Chrysolorae Graeca, welche im Jahre 1512
in Λευκοτόκια gedruckt wurde, und von welcher das Handexemplar des
Joh. Cincinnus sich auf der Paul. Bibl. in Münster befindet, schreibt
dieser mit seiner Hand am Schlusse: „Completa et exarata est haec
interlinearis ad verbum interpretatio ad hanc grammaticam graecam
per me Johannem Cincinnum Lippiensem Anno salutis 1516 in ieiunio."
Am Schluss folgen von seiner Hand auf 2 Seiten: „pulchrae et breves
tabulae de articulorum et nominum declinationibus." Der älteste griechische Druck in Deutschland ist die in Erfurt 1501 von Nicolaus Mar-

1551, als Hermann von Kerssenbrock nach dem Rectorat
Elen's (1528—1548) dasselbe übernahm [1]).

Jetzt machte sich jedoch ein dringendes Bedürfniss geltend, welches um so schwerer in die Wagschale fiel, als die
Humanisten gegen die althergebrachten Bücher eiferten [2]), —

---

schalk edirte Schrift Prisciani Caesariensis grammaticorum facile principis περι συνταξεως. 4°. Am Schluss des Werkes steht: „Habes en can-
dide lector Prisciani duo de constructione volumina; Graecis literis, id,
quod in Germania nunquam antea contigit.“ Vergl. *Panzer* Annal. typ.
VI, 493.

[1]) Dieser Schulplan, Ratio studiorum scholae Monasteriensis (gedruckt auf einem einzelnen Folioblatte, wiederabgedruckt bei *Driver*
Bibl. Monast. 165—172, ohne Kerssenbrock's Vorrede deutsch bei *König,*
Gesch. Nachrichten S. 147 ff. und bei *Krabbe* a. a. O. S. 73—76) darf,
da Kerssenbrock vor und nach der Wiedertäuferzeit Schüler der Domschule in Münster war, und die Schule unter dem Rectorat Elen's nur
eine kurze Unterbrechung während der Wiedertäufer-Unruhen fand,
im Wesentlichen als unverändert angesehen werden, und wir dürfen
annehmen, dass derselbe mit einzelnen Modificationen auch zur Zeit
Langen's schon bestand. An dem Entwurf desselben hat er ohne Zweifel
Antheil genommen, und dieser Lectionsplan scheint für die ganze Zeit,
in welcher die Humanisten die Schule in Münster leiteten, massgebend
gewesen zu sein. Vergl. *Hamelm.* p. 1428 und dazu die in den Opuscula
duo *Murmellii* Daventr. 1514 gedruckten scholasticorum officia in lite-
ratorio ludo a Murmellio Alcmariae insigni Hollandiae oppido discipulis
praescripta. (wiederabgedruckt bei *Erhard* Erinnerungen S. 67 f.) Es
ist interessant, mit diesem Schulplan andere Schulordnungen aus anliegenden Zeiten zu vergleichen. Der Schulplan von Schulpforte vom
Jahre 1593 (*Corssen* Alterth. u. Kunstdenkm. z. Pforte S. 171 ff.) weist
3 Klassen und 5 Schulstunden (6, 8, 12, 1, 2) nach. In der I. Klasse
wird Dialektik und Rhetorik getrieben und daneben gelesen Isokrates,
Demosthenes, Homer o. Hesiod, Cicero (offic. oration.), Salust, Florus,
Vergil, Horat. (od. select.) Daneben Syntax, prosodia Graeca, Hebraea
grammat. und sphaerae epitome. In der II. Klasse werden gebraucht
Luc. Lossii erotemata dialect. et rhetor., Isokrates, Pythagorae vel
Phocylidis carm., Nicol. Clenardi gram. graec., Cicero (epist. fam. et orat.),
Ovid (elog. elect.), Prudentius Sedul., psalmi Buchanani. Auch wurde
Arithmetik und Musik gelehrt. In der III. Klasse wird gelesen Cicero
(c. Verr. u. epist.), Aesopi fab. Ausserdem wird grammat. et synt.
Lat., prosodia nach Fabricius, musica, arithmetica, calligraphia gelehrt.

[2]) Vergl. oben S. 71 Anm. 2. und *Murmellius* tabulae in artis componendorum versuum rudimenta (Cöln 1566) fol. 15 b.: „Proinde non

das Bedürfniss, Bücher zu besitzen, welche dem neu einge-
führten Schulplan entsprachen und nach den Grundsätzen,
welche die neue Richtung vertrat, ausgearbeitet waren. Die
Buchdruckerkunst hatte seit ihrem Entstehen in Deutschland
und den Niederlanden so sehr an Boden gewonnen, dass
fast jede der angesehenern Städte ihre Pressen besass. In Münster hatte seit 1486 Johannes Limburgus den Druck übernommen, und es folgten 1509 Laurentius Bornemann, 1512 Os de
Breda, und endlich 1516 Tzwyvel. Es war daher die Gelegenheit geboten, Handbücher für die Schule durch den Druck
vervielfältigen zu können [1]. Ausserdem bestanden in Mainz,
Köln, Strassburg, Deventer, Zwoll und andern Städten, ansehnliche Druckereien, welche sich im Anfang des 16. Jahrhunderts eines bedeutenden Rufes erfreuten [2].

Bei dieser Gelegenheit, als es galt den Schülern Hülfsmittel ihrer Studien an die Hand zu geben, zeigte sich die
ganze Thätigkeit Langen's, der, ohne jemals direct in die Angelegenheiten der Schule einzugreifen, seine Wissenschaft und
seinen gebildeten Geschmack dazu verwandte, um durch sei-

---

satis prudenter agunt plerique, qui sciolis et semidoctis litteratoribus
filiolos suos tradunt imbuendos, apud quos inepti versus Alexandri
Galli, Faceti et Alani et alia pleraque, quae barbariem olent, infelici-
bus discipulis praeleguntur." Vergl. *Tunnicius* Einleitungsgedicht zu
Murmellius Pappa (1517).

[1] Vergl. *Niesert* Beiträge zur Buchdruckergeschichte Münster's
(Coesf. 1828). Limburgus druckte 1486 die Gedichte Langen's und die
statuta provincialia; *Niesert* a. a. O. S. 3. 5. Bis zum Todesjahr Langen's 1519 sind ausser den bei Limburgus gedruckten Büchern dreissig
in Münster erschienene Schriften nachgewiesen, darunter neun von
Murmellius, drei von Timann Kamener, zwei von Montanus und Horlenius und ausserdem von Hagemann, Guering, Peringius und Buschius.
Vergl. *Niesert* a a. O. S. 7—25. *Cornelius* Münst. Human. S. 12 f.

[2] Vergl. *Falkenstein* Gesch der Buchdruckerkunst (Leipz. 1856).
S. 141. 152. 166. 260. 261; über Köln insbesondere *Ennen* Gesch. d.
Stadt Köln III, 1034—43. Die Münster'schen Humanisten liessen nicht
Alles in Münster drucken, sondern viele ihrer Bücher erschienen in
andern Officinen.

nen Einfluss von den einzelnen Lehrern Bücher zu erlangen, die dem tiefgefühlten Bedürfniss Abhülfe thun konnten [1]).

---

[1]) Vergl. *Hamelm.* p. 1428. Schon oben S. 67 ff. wurde auf den grossen Einfluss hingewiesen, den Langen auf die schriftstellerischen Leistungen seiner Zeit ausübte, und wie eine grosse Anzahl literarischer Arbeiten auspicio, iudicio, auxilio, praescripto Langii entstanden sei. Nicht nur die poetischen Versuche seiner Freunde wurden vielfach seiner Censur unterbreitet (vergl. *Murmellius* Eleg. mor. II, 1. IV, 1; *Hamelm.* p. 172 u. ö.); sondern auch bei dem Entwurf der Schulbücher, sowie bei den wissenschaftlichen Arbeiten derselben wurde er um sein Urtheil befragt; und ein grosser Theil seines Briefwechsels bezieht sich geradezu auf Erklärungen oder Aenderungen alter Texte, die er auf vielseitige Anfragen mittheilte. In Bezug auf die neu zu verfassenden Schulbücher bemerkt *Hamelm.* p. 266: „In nova schola coepit Gweringius ex tribus satirarum principibus auspicio Langii nostri selectiora et utiliora carmina ut Horatio, Juvenali et Persio colligere et explicare, quae postea cum eius scholiis a. D. 1500 prodierunt; eodem tempore auxilio Langii profitetur Adulariam (Aululariam) Plauti Joannes Hagemannus et postea ea scholia, quibus eam comoediam explicuit, quoque emisit in lucem. Joannes Peringius selectiores sententias et phrases ex Laurentii Vallae scriptis collegit de iudicio Langii et suis auditoribus proposuit, sicut etiam illa postea edita sunt ab eodem; Antonius Tunicius quoque versus proverbales collegit ex praescripto Langii" cet. Diese Schriften waren Hamelmann, der um die Mitte des 16. Jahrh. in Münster studirte, gewiss aus eigner Anschauung bekannt. Er sagt p. 331: „Aelius iunior mihi anno 1538 praeceptor." Die Bücher, die er anführt, sind: Joannis Hagemanni commentarius in Adulariam *(sic)* Plauti (Mon. 1500); Bernh. Gueringii selectiora et utiliora carmina ex Horat. Juven. et Pers. (Mon. 1514) und Schriften von Pering und Tunicius, die ohne Jahr erschienen. Vergl. *Rassmann* a. a. O. S. 11—14. *Niesert* a. a. O. S. 8—25. Bis auf die Zeit von Langen's Tod waren Commentare und Ausgaben geschaffen von Plautus Aulularia, Cicero's Briefen, Prudentius, Cyprian, Plinius Briefen, Caesar, Horaz, Juvenal, Persius, Seneca's Hercules furens, Vergil Aen. II; ausserdem waren grammatische und rhetorische Schriften erschienen, und an der Herausgabe der 5 Bücher des Severinus Boëthius, über welchen Langen 2 Briefe an Murmellius schrieb (gedruckt bei *Murmellius* Epist. mor. und daraus bei *Erhard* Erinnerungen S. 60 ff.; auch bei *Hamelm.* p. 276), hatte Langen einen regen Antheil genommen, wie solches eine Stelle bei *Hamelmann* p. 171 beweist: „Commentarios in libros quinque Severini Boëtii de consolatione philosophiae partim Joannis Murmellii partim Rodolphi Agricolae (hic erratur quia Rodolphi Langii sunt) excudit Coloniae Cervicornus." Das Nähere über diese Stelle und ihr Verständniss

Die Art, wie der Unterricht in den Schulen vorgenommen wurde, und wie der Lehrer seine Schüler zum Studium und zur selbstständigen Arbeit anhielt, kennen wir im Einzelnen freilich nicht, jedoch wurden neben grammatischer Erklärung, Synonymik, metrischen Regeln bei Gedichten, mythologischen und historischen Beziehungen, Parallelstellen bei andern Schriftstellern gesucht, ein Gebrauch der bei den spätern Philologen des 17. Jahrhunderts fast zum Unwesen ausartete [1]).

vergl. unten Abschnitt VI. In dem Lectionscatalog aus dem Jahre 1551 bei *Krabbe* a. a. O. S. 73 f finden wir als Bücher in der Domschule angeführt: Aristoteles Politik, Xenophon Oeconomica, Cleonardi Griechische Grammatik, Isokrates, Erasmi copia verborum, Despauterii Grammatica, Cicero de officiis, Caesarii epitome logices, Erasmi syntaxis, Donatus, Homeri Ilias, Latomi loci Rudolphi, Ciceronis epistulae, Terentii Heautontimorumenos, Lucani bellum Pharsalicum, Ciceronis orationes, Aesopi fabulae, Virgilii Aeneis, Ovidii tristia, Murmellii tabulae u. a. m.

[1]) Als Beweis möge hier der Commentar des *Murmellius* zu den zwei ersten Versen von Cyprian's Gedicht de ligno salutiferae crucis eine Stelle finden. Der Commentar ist abgedruckt in De saluberrimo fructuosissimoque divae Virginis Mariae psalterio triplex hecatostichon Hermanni Buschii Monast. cum quibusdam aliis carminibus. s. l e. a. vielleicht Cöln 1498. Die beiden Verse lauten:

„Est locus; ex omni medium quem credimus orbe
Golgotha iudaei patrio cognomine dicunt."

Dazu gibt Murmellius folgenden Commentar: „Ordo est: Locus est quem credimus, subaudi esse, medium ex omni orbe, ex toto orbe terrarum; subaudi, quem locum Judaei dicunt i. e. vocant patrio cognomine, hebraico vocabulo Golgotha . . . . Carminis genus abunde notum est. Autoris fama clarissima, cuius (ut divus Hieronymus inquit) sole clariora sunt volumina. Golgotha Judaei, imitatio est Vergilii dicentis in primo Aeneidos: Est locus, hesperiam Graii cognomine dicunt. Golgotha locus fuit, in quo Hierosolymitani de damnatis extremum sumebant supplicium, hinc quidam opinantur germanicam vocem galghe deductam." So Murmellius. Dass aber diese in den Commentaren eingehaltene Weise auch in der Schule angewendet wurde, beweist das Handexemplar eines Lubbertus Mindensis der Elegiae morales *J. Murmellii* 1508 (auf der Bibliothek des Münster'schen Alterthumsvereins), in welchem von dessen Hand zwischen den Zeilen über den einzelnen Worten die entsprechenden Synonymen, an den Rändern aber metrische, grammatische, historische, mythologische und etymologische Bemerkungen

Nach dem Tode des Hegius 1498 scheint die Schule von Deventer, ihres tüchtigen Rectors beraubt, allmälig an Berühmtheit verloren zu haben, und Münster wurde der Ort, zu dem von nah und fern wissensdurstige Jünglinge strömten. Dieselben fanden bei Langen die freundlichste und zuvorkommendste Aufnahme, und die Gastfreundschaft, mit welcher er Lernbegierige in sein Haus aufzunehmen gewohnt war, ist wahrhaft staunenerregend [1]). Andern war er behülflich in

---

geschrieben sind, sowie das Handexemplar des Johannes Cincinius der griechischen Grammatik des Manuel Chrysoloras v. 1516. Vergl. oben S 79. Dasselbe geht aus vielen Drucken jener Zeit hervor, welche oft durch Interlinearbemerkungen kaum zu lesen sind.

[1]) *Hamelm.* p. 266: „Domi sua alebat et fovebat Ludolfum Heringium, Ludolphum Bavincum, Petrum Nehemium Drolshagium, Theodorum Rotarium, Jacobum Montanum Spirensem, Joannem Peringium Buricensem, Josephum Horlenium." Selbstverständlich waren diese von Hamelmann aufgeführten Personen nicht zu gleicher Zeit in dem Hause Langen's, ebenso wenig wie alle diejenigen, welchen durch Langen's Vermittlung Stellungen in Münster eingeräumt wurden, dieselben gleichzeitig, sondern erst im Verlaufe der Jahre erhielten. Joh. Peringius z.B. war 1498 noch in Cöln, wie das die Matrik. d. alt. Univ. Cöln (mitgeth. von Krafft in Zeitschr. f. Pr. Gesch. u. Landesk. V, 8. 1868) beweist: „Johannes Opwederich (Peringius) de Buderich ad artes iuravit et solvit 1498 Maius 1." Genannt werden als solche von Hamelmann a. a. O. (vergl S. 68): Petrus Gymnichus als Kanonikus von Martini, von dem *Murmellius* Eleg. mor. IV. 13 sagt:

„Gaudeo, quod sophiam coniungis cum pietate,
    Ingenium miror candide Petre tuum;"

Bernhard Tegederus als Kanonikus von St. Mauriz cf. *Langii* Carm. XXVIII und *Murmellius* El. mor. III, 1.

„Diffuso late Tegederus nomine floret
    Inque suburbano carmina rure canit;"

und *Hamelm* p. 202;

Johannes Modersonius als Kanonikus in Ludgeri. Vergl. *Murmellius* Eleg. mor. III. 1.

„Docte Modersoni te dextro lumine Phoebus
    Respicit et capiti frondea serta parat;"

Heinrich Morlagius als Kanonikus in Martini, vergl. *Murmell.* Eleg. mor. II, 10. dazu III, 1.

„Te iuvet egregiam Morlagi bibliothecam
    Condere et innumeros explicuisse libros;"

Münster Stellen zu erhalten, die es ihnen ermöglichten, unge-
stört ihren wissenschaftlichen Bestrebungen zu folgen. Schon
im ersten Jahre der neuerrichteten Schule, im Jahre 1498,
kam Johannes Murmellius mit einem Empfehlungsschreiben seines Lehrers Hegius zu Langen nach Münster, ein Mann,
von dem Cornelius [1]) mit Recht sagt, er sei der hellste Stern

---

Johannes Aelius, der Kanzler des Bischofs Heinr. v. Schwarzburg und
seiner nächsten Nachfolger; vergl. *Murmell* Eleg. mor. III, 1.

> „Clarus Joannes cunctis memoraberis Aeli
>   Temporibus legum iustitiaeque decus."

Ausserdem noch viele Andre, welche alle den grössten Antheil an dem
Unternehmen Langen's nahmen und stets Gönner der neuen Studien
blieben. Vergl *Cornelius* a. a. O. S 11; *Delprat* p. 106. n. 3.

[1]) A. a. O. S. 8. Vergl. über Murmellius *Hamelm* p. 102 f. 272 f.
327 f. 1420 f. *Niesert* Joan. Murmellius Liter. Verdienste in *Tross*
Westphalia 11, 20 ff. 35 ff. 41 ff. (1825) *Rassmann* a. a. O. S. 14 f.
Johannes Murmellius aus Roermonde war, als er nach Münster kam,
20 Jahr alt (vergl. *Murmellius* Boethius de consol. phil. fol. 12 a.) und
wurde daher nicht, wie gewöhnlich, auch von *Niesert* a. a. O. 11, 21
und von *Rassmann* a. a O. S. 14 angegeben wird, um 1470 bis 1473,
sondern 1478 geboren. Er besuchte die Schule des Hegius in Deventer,
ging von da nach Cöln und, von hier vertrieben, wieder nach Deventer,
von wo ihn Hegius mit Empfehlungen an Langen sandte. Von diesem,
bei welchem er mit der Lanze in der Hand eintrat, um, wenn er abge-
wiesen werde, Kriegsdienste zu nehmen, freundlich aufgenommen und
unterhalten, übernahm er, als der Corrector Guering von Langen bestimmt wurde, sein Amt niederzulegen, dessen Stellung und lehrte acht
bis neun Jahre an der Domschule mit solchem Erfolg, dass sein Name
bis weit über die Grenzen Westfalens sich verbreitete. Nach einem
Streite mit Timann Camener über dessen Compendium verliess er seine
Stellung und übernahm das Rectorat der Schule zu Ludgeri um 1506.
In seinem carm. protrept. ad pietatis humanitatisque studia (1509)
nennt er sich „magister scholarum divi Ludgeri in urbe Monasterio."
Zwar wurde der von beiden Seiten mit Erbitterung geführte Streit
durch Langen's Vermittlung beigelegt und Murmellius widerrief -seine
Anklagen gegen Camener (vergl. *Mu·mellius* Scoparius fol. 25 b. und
Erhard Erinn. S. 65), allein er kehrte nicht zu der Domschule zurück,
sondern ging nach Alkmar und von da nach einem zweijährigen Aufenthalt im Jahre 1516 nach Deventer, wo er ein Jahr lang die Schule
seines Lehrers Hegius wieder auf dem Gipfel ihres Ruhmes hob, so dass
sie von 900 Schülern besucht wurde Er starb im Jahre 1517. Murmellius war durch seine Begabung und umfassenden Kenntnisse der

der Schule zu Münster geworden. Bald nach Murmellius im Jahre 1504, erhielt die Schule in Münster eine bedeutende Lehrkraft an Johannes Caesarius aus Jülich, der von Cöln vertrieben nach Münster kam und dort von Langen aufgenommen, als Lehrer der griechischen Sprache auftrat [1].

So gedieh das Werk Langen's in der Hand eifriger und tüchtiger Lehrer zusehends und der Stifter hatte die Genugthuung, dass dasselbe nicht nur keine Anfeindungen mehr zu erfahren hatte, sondern dass von allen Seiten Anfragen an ihn ergingen und Bitten um Lehrer aus der Münsterschen Schule gestellt wurden. Schon bald folgten die Collegiatstifter der Stadt dem Beispiele der Cathedrale und zwar, wie es scheint, nicht ohne den Einfluss Langen's, der ihnen rieth, auch für ihre Schulen neue, nach humanistischen Grundsätzen gebildete Lehrer anzustellen [2]. Der Ruhm der Münsterschen

---

Grösste unter den Humanisten Münster's, aber, wie es seine Gedichte beweisen, verläugnete er bei seiner classischen Gelehrsamkeit seine christliche Gesinnung nicht. Den schönsten Beweis seiner Hingebung an die Kirche gibt er selbst in der protestatio am Schluss seines Commentar's des Boethius fol. CXVIII b : „In his commentariis et ceteris, quae vel edidimus vel Dei gratia sumus edituri, nihil omnino approbamus, nisi quod a Romana tantum ecclesia decretum atque assertum fuerit, semper parati et verum a recte sentientibus edoceri et superbis sophistis veritate patrocinante refragari." Ueber seine schriftstellerische Thätigkeit vergl. *Niesert* a. a. O.

[1]) Vergl. *Hamelm.* p. 264. 268. 291. *Rassmann* a. a. O. S. 17 f· Johann Caesarius, um 1460 in Jülich geboren, Schüler des Hegius in Deventer und des Jacob Faber in Paris, im Jahre 1491 an der Universität Cöln immatrikulirt (vergl. *Krafft* Mitth. aus d. Matr. d alt. Univ Cöln in Zeitschr. f. Preuss. Gesch. V. Nro. 8. 1868. „Johannes Caesarius de Juliaco ad artes iuravit pauper. 1491. Nov. 9.) lehrte später in Cöln griech. u. latein. Sprache und Philosophie. Im Jahre 1504 von dort ebenfalls wie Murmellius wegen seines Auftretens gegen die Barbarei (vergl. *Cornelius* a a. O. S. 8 u. 10) vertrieben, ging er nach Deventer und Münster, lehrte an letzterm Ort unter grossem Zudrang von Lehrern und Schülern Griechisch, kehrte aber schon bald auf den Ruf des Grafen von Neuenaer nach Cöln zurück. Seinen Verkehr mit Langen hielt er stets aufrecht, und zog ihn bei seiner Bearbeitung des Plinius stets zu Rath. Vergl. *Hamelm.* p. 277.

[2]) Vergl *Hamelm.* p. 268. „Mox quoque per urbem Monasteriensem

Schulen und das Ansehen der Lehrer an denselben stieg von
Tag zu Tag und während von nah und fern aus Westfalen,
den Niederlanden, dem Rheinland bis Strassburg hin, ja aus
Pommern und Mecklenburg zahlreiche Schüler nach Münster
strömten [1], wurde Langen von vielen Städten mit Bitten be-

suasor est collegiis, ut quoque sibi novos ludimagistros asciscerent; ita
ex commendatione Langii in schola Ludgeriana agebant ludimagistri,
Joannes Volsius Lunensis, Degenardus Witten, Arnoldus Venlo et postea
Murmellius; ad St. Martinum Joannes Venroth, Andreas Ornotoparcus,
Joannes Godofridus Remaeus, et Henricus Primaeus; ad St. Mauritium
Joannes Grovius, deinde Bartholomaeus Coloniensis et Joannes Aelius
iunior, omnes viri docti. — Joannes Volsius folgte als Rector der Schule
auf : Murmellius (vergl. *Hamelm.* p. 193. 207), ging später nach Cöln
(*Hamelm.* p. 337). Degenard von Witten ging ebenfalls später nach
Cöln und es folgte ihm Andreas Ornotoparcus (vergl. *Hamelm.* p. 173.
202). Ornithoparchus ist nach p. 173 auch Lehrer an der Ludgeri-
Schule gewesen. Auf Volsius folgte Arnold Venlo, der im Jahre 1521
starb. Vergl. *Hamelm.* p. 207. Joannes Venroth wird von *Hamelm.*
p. 207 zugleich mit Arnold Venroth als Lehrer der Ludgerischule aufgeführt. Diese Angabe beruht entweder auf einem Irrthum, oder
Joannes Venroth hat in beiden Schulen, zu Martini und Ludgeri, ge-
wirkt. Er wurde 1505 Conrector der Schule zu Deventer. Heinrich
Primäus war Rector der Schule zu Martini, trat in Einbeck zur Lehre
Luther's über und ward Conrector in Minden. Vergl *Hamelm.* p 177.
919. 1318. Von Godfried Renäus fehlen nähere Nachrichten bei Hamel-
mann. Johannes Grovius war nach Epigrammen Hermann's von dem
Busche und Murmellius' (vergl oben S 68) ein sehr vertrauter Freund
Langen's; wie *Hamelm.* p. 203 sich ausdrückt, sein Famulus (amanuensis).
Er ertrank im Jahre 1506. Bartholomäus Coloniensis war nach *Tritten-
heim's* Bericht (bei *Hamelm.* p. 139) bis 1494 in Deventer, stand nach
Hegius Tode 3 Jahre der Schule daselbst vor (*Hamelm.* p. 207), und
ging später nach Minden, wo ihn Buschius traf (*Hamelm.* p. 295. 338).
Der hier erwähnte Johannes Aelius ist jünger, denn er heisst Conrector
Camener's, dem er im Jahre 1528 als Rector folgte, worauf er diesem
Amt 20 Jahre bis 1548 vorstand. Vergl. *Hamelm.* p. 170. Ob er an der
Stiftsschule zu Mauriz gelehrt hat, wie *Hamelm.* p. 268 angibt, bleibt
sehr zweifelhaft.

　[1] Vergl. *Hamelm.* p. 327 . . . „tanta de ea schola increbuit fama,
ut ex Argentorato puer eo mitteretur Jacobus Mycillus, Georgius Heltus
ex Misnia et Joannis Bugenhagii Pomerani frater Gerhardus ex Pome-
rania et Suavenii fratres inde Monasterium usque mitterentur . . . item
Georgius Spalatinus multos misit in scholam Murmellii. . . . . Multi

stürmt, ihnen Lehrer, die in der Domschule zu Münster gebildet seien, zu senden. Hamelmann [1]) nennt unter den westfälischen Städten, welche von Münster aus mit Lehrern versehen wurden, Hamm, Dortmund, Herford, Attendorn, Soest,
Essen, Osnabrück, Minden, Borken, Alen, Warendorf u. a. [2])

---

quoque ex Belgicis locis et ex Rhenanis regionibus ad scholam Murmellii confluxerunt."

[1]) p. 267 f. p 327 f. 1428. 1506.

[2]) In Hamm wirkte der aus dieser Stadt gebürtige Schüler Langen's,
der zu Münster in seinem Hause verweilt hatte, Ludolf Heringius, seit
1501 (vergl. *Hamelm.* p. 337 und den an ihn gerichteten Brief des
Murmellius aus dem Jahre 1504 in Opusc. duo ad puerorum usum [Cöln
1511] fol. 1 b.); in Dortmund Petrus Nehemius Drolshagius (vergl. *Hamelmann* p. 328), später um 1505 in Zwoll, wie ein Brief an Murmellius
aus diesem Jahre (abgedr. vor dem Commentar zu dem Epitaphium
Alberti Magni) beweist; in Herford der ebenfalls im Hause Langen's
gebildete Jacobus Montanus, der später in der Reformationsgeschichte
Herford's eine Rolle einnimmt (vergl. *Hamelmann* p. 1036). Mit Montanus zugleich gingen nach Herford Jos. Horlenius und Theod. Rotarius, von denen Horlenius später an die Domschule kam (vergl. *Hamelm.*
p. 190), Rotarius aus Unna um 1506 Corrector in Herford wurde (vergl.
Hamelm. p. 327). In Attendorn Tilemannus Mullerus (vergl. *Hamelm.*
p 268). Der in der Schule des Hegius gebildete, von Langen in sein
Haus aufgenommene Ludolf Bavincus ging um 1500 nach Soest, während
Johannes Rotgerus aus Münster in Essen vergeblich Boden zu gewinnen
suchte und nach Münster zurückkehrte, um dort in das Fraterhaus
einzutreten (vergl. *Hamelm* p. 189. 268). Johannes Alexander von
Meppen, Lehrer in Zwoll, ging nach Osnabrück und starb daselbst 1527
(vergl. *Hamelm.* p. 196. 222). In Minden war Johannes Pollius Corrector
und später Nachfolger des Bartholomäus Coloniensis (vergl. *Hamelm.*
p. 331). Die Schule in Borken leitete Gerhard Gildenhusius und Johannes Dickmann (vergl. *Hamelm.* p. 333). In Warendorf wirkte für die
Schule Heinrich Scävius aus der Nähe von Cloppenburg, Kanonikus in
Freckenhorst (vergl. *Hamelm* p. 197). An der Schule in Ahlen fällt die
Thätigkeit des Gerhard Cotius später. (Vergl. *Hamelm.* p. 196. *Krafft*
Mitth. aus d. Matrik. d. alt Cöln. Univ. in Zeitschr. f. Preuss. Gesch.
u. Landesk. V, 8. [1868] Gerardus Coete de mynda ad artes iuravit et
solvit 1510 Maius 11.) Die Lehrer sind zu verschiedenen Zeiten von
1498 bis zum Jahre 1519 in die verschiedenen Nachbarorte Münster's in
ihr Amt eingetreten, aber in diesem Zeitraum von 20 Jahren hatte sich
das Ansehen der Münster'schen Domschule gekräftigt und vergrössert.

Jedoch beschränkte sich diese Nachfrage nach Lehrern aus der Schule Timann Camener's nicht auf Westfalen und die zunächst anliegenden Länder, sondern aus allen Gegenden Deutschlands bis zur Ostsee hin liefen Gesuche um dieselben ein, und Hamelmann [1] konnte seine Aufzählung derselben mit den Worten schliessen, « der Tag ginge mir zu Ende, wenn ich alle die gelehrten Männer aufzählen wollte, welche aus der Schule zu Münster hervorgingen ».

Und alles dieses war das Werk Eines Mannes, welcher keine Hindernisse gescheut hatte, seine Pläne in's Leben zu rufen und welcher mit väterlicher Sorgfalt über dasselbe wachte und jeden Misston, der trübend oder zerstörend wirken konnte, zu entfernen beständig bemüht war. Darum hingen ihm auch Alle mit gleicher Liebe an, und obschon er zu keiner Zeit selbstthätig in die Schule eingriff, unterliess es dennoch keiner, seinen Rath in Fragen, welche dieselbe betrafen, einzuholen. Selbst die schriftstellerische Thätigkeit der Humanisten jener Zeit beruhte zum grossen Theil auf Anregung und Urtheil Langen's, und sogar Murmellius, der nach seinem Abgang von Münster beständig mit ihm in Verkehr blieb, unterliess es nie, ihm seine Werke zur Durchsicht zu

---

[1] p. 334: „Dies deficeret, si pergerem recensere eos omnes per Germaniam viros doctos, qui ex schola Langii, cui praefuit Timannus Camenerus et in qua legit Mumellius, prodierunt. Die Namen der in Münster gebildeten Lehrer zu Zwoll, Löwen, Emmerich, Braunschweig, Kassel, Lemgo, Marburg, Hameln, Meissen, Rostock, Diethmarsen, Köln, Helmstädt, Goslar, Wittenberg, Leipzig, Lüneburg, Greifswalde, Lübeck, Kopenhagen finden sich bei *Hamelm.* S. 331 f. Unter ihnen sind Manche, wie Johannes Glandorpius, Johannes Monhemius, Georgius Helt, der Lehrer des Camerarius u. A., welche sich einen bleibenden Ruf in der Gelehrtenwelt geschaffen haben; die Namen Andrer sind in Vergessenheit gerathen, allein es gilt auch von ihnen das Wort *Hamelmann's* p. 1424: „Id vere sentiamus, Westphalis nostris deberi, quod lingua Latina sit restituta in Germania nostra: attamen si qui sint, qui totam hanc laudem nostris nolunt plane tribui, illi hoc saltem fateantur necesse est, quod potissimum prae omnibus aliis aliarum nationum hominibus in ea re operam posuerint Westphali cum patrum tum nostro tempore, ut maior nostratibus servetur honor prae aliis populis. "

unterbreiten [1]). So wirkte Langen mittelbar für das Gedeihen seiner Schöpfung, und erlebte es noch, die höchste Blüte

---

[1]) *Hamelmann* p. 277: „Unum Langium et audiebat et sequebatur in omnibus studiorum progressibus ac in disciplinis tradendis per totos illos 14 annos continuos dum Monasterii haesit, ut quidquid habuit eruditionis et iudicii Murmellius, hoc primo Hegio, deinde Langio acceptum velit.“ Für diese Anhänglichkeit und Pietät, welche allgemein gegen Langen herrschte, gibt es wohl kein schöneres Zeugniss, als das, welches *Buschius* über Murmellius in der Zueignung seines Epicedions In acerbum Joannis Murmellii obitum (Cöln 1517) an Langen ausspricht: „Te tamen imprimis ille velut Delphicum quoddam oraculum observabat. Te quoties quid haesitabat, consulere, te audire solebat, tibi denique tantum tribuere animum induxerat, ut non aliam eorum, quae abs te accepisset, reddendam causam existimaret, quam Pythagorae auditores olim reddere consuevissent iis, qui eam a se rogassent. Solum namque hoc unum respondebant: αὐτὸς ἔφη.“ Vergleichen wir dazu die rührenden Worte des *Murmellius* an Langen in Eleg. mor. IV. 1, so finden wir, wie tief die Liebe in seinem Herzen zu seinem Freund und Lehrer wurzelte:

> „A te principium, tibi desinet inclyte vates
>   Dulce decus vitae praesidiumque meae;
> Non merui, fateor, verum tua candida virtus
>   Me iuvat, et stabili cordis amore fovet.
>
> . . . .
>
> Te capit ingenuae sine fuco mentis aperta
>   Simplicitas, studium tu pietatis amas.
> Nostra nec odisti rivo de paupere fusa
>   Carmina, Pierii gloria summa chori!
> Emeritus senio summa cum laude poeta
>   Castalidum templo plectra lyramque refers,
> Qua novus ingrediar, sed te duce semita constat
>   Ad iuga praecelsi fers Heliconis opem.
> Hortaris iuvenem, verae virtutis ad arcem
>   Carpere difficilem te duce tento viam.“

Andre Beweisstellen bei *Hamelm.* p. 97 f. 1413 f. 1417. Und dennoch blieb Langen trotz alles Lobes und trotz aller seiner Erfolge der einfache, bescheidene Mann, der in einem Briefe an Murmellius aus dem Jahre 1501 (*Hamelm.* p. 276. *Erhard* Erinnerungen S. 61) sagen konnte: „Ab ambitiosissimis ad me scribens et verbis et sententiis, oro, abstine. Non sum is, qui tanta mihi arrogare velim. Pessimus est enim, ut meus ait Hieronymus, praeceptor praesumtio. Scio te praestantissimum hominem non assentandi mihi animo haec scribere, sed amore lapsum, caecutiente valde rerum iudice. . . .“

derselben zu sehen. Diese fällt unverkennbar mit der fast
achtjährigen Lehrthätigkeit des Johannes Murmellius zusammen,
dessen Name, weit über die Grenzen des Münsterlandes genannt, einen Theil seines Glanzes der Anstalt, an welcher er
wirkte, mittheilte. Wenn auch sein Rücktritt dem Leben derselben keinen Abbruch that, und unter dem dreissigjährigen
Rectorat Timann Camener's und seines Nachfolgers Johannes
Aelius die Domschule zu Münster einen dauernden Ruf genoss,
so ist dennoch nicht zu verkennen, dass durch den Missklang,
welcher durch den Streit zwischen Camener und Murmellius
hervorgerufen wurde [1]), für die Entwicklung der Schule ein
Hemniss eintrat. In Münster selbst thaten derselben schon
bald auch die Collegiatschulen Abbruch, und ihr Glanz musste
in demselben Verhältniss sinken, als rings um Münster, sowohl
in Westfalen, als im ganzen Norden Deutschlands, Schulen
entstanden, welche, von tüchtigen Lehrern geleitet, die neue
Wissenschaft in den ihnen zunächst liegenden Gegenden ver-
breiteten. Freilich gehört der Ruhm, diese Schulen in's Le-

---

[1]) Wahrscheinlich entstand der Streit zwischen den beiden Lehrern
durch die schriftstellerische Thätigkeit Timann Camener's, insbesondere
durch die Herausgabe seines Compendium, worüber Murmellius an
Bernhardus Hammonensis schrieb:
„Hic compendia se dedisse credit,
Cum dispendia sint scholasticorum."
Daneben mögen auch andre Eifersüchteleien, wie *Erhard* Erinnerungen
S. 47 annimmt, zwischen beiden bestanden haben. Im Jahre vor seinem
Abgang nach Alcmar schrieb Murmellius, ohne Zweifel auf Veranlassung
Langen's, folgenden Brief an Camener:
„Joannes Murmellius Timanno suo Camenero S. P. D.
Oratum te velim Timanne humanissime, ut quidquid superioribus annis
in te tuamque famam tum verbis tum factis, rectae rationis oblitus, pec-
caverim, id omne ob Dei amorem mihi condones. In libello quodam,
qui nunc Aggrippinensi Colonia typis aeneis excuditur, honorifice tui
nominis memini, et posthac Deo iuvante meminero, quoque etiam terrarum me contulero. Vale. Sexto Kalendas Apriles Anno MCCCCXIII.
Vergl. *Murmellius* Scoparium (1518) fol. 25 b. u. Oben S. 85 Anm. 1.
Die Schrift, welche er damals in Köln drucken liess, ist die Pappa,
(vergl. *Niesert* in *Tross* Westphal. II, 36) und in ihr gedenkt er Camener's mit grossem Lobe. Vergl. *Erhard* Erinnerungen S. 65.

ben gerufen zu haben, der Stiftung Langen's in Münster, allein dabei bleibt bestehen, dass diese ihre höchste Blüte gleich in den ersten Jahren erlebte und schon zu Lebzeiten Langen's von ihrer Höhe herabsank. Zudem war Langen schon zur Zeit des Entstehens der Schule ein Mann von sechszig Jahren, der allerdings mit jugendlichem Feuer und frischer Thatkraft sich seiner Schöpfung annahm, allmälig aber den Schwächen des höhern Alters nachgeben musste, ohne sein Werk in solchen Händen zu sehen, die, wie er, als Schützer und Rather über dasselbe wachten. Seine geistige Spannkraft liess mit den Jahren allmälig nach, und wenn er auch bis an seine letzten Tage hin den wissenschaftlichen Bestrebungen theilnehmend folgte, so scheint er dennoch gegen das Ende seines Lebens sich mehr in sich zurückgezogen und seinen Geist auf sein baldiges Ende hingelenkt zu haben. Dass er übrigens geistig noch sehr rege war, das beweisen seine Briefe und Gedichte, welche noch 1496 verfasst wurden. Nachdem er (vielleicht in den Jahren 1490—95) das Gedicht unter dem Titel: «Rhodolphi Langii ca. Monasteriensis in Prudentii Aurelii Clementis versus, hymnos et lyram für eine Deventer Ausgabe des Prudentius verfasst hatte [1]), schrieb er kurz nach 1496 die 2 *Gedichte auf den Tod Heinrichs von Schwarzburg*, überdies das *Leben dieses Bischofs* als Fortsetzung der Chronik eines ungenannten Augenzeugen über die Jahre 1424— 1458 [2]), und am Schlusse desselben ein Gedicht auf denselben

---

[1]) Vergl. *Merzdorf* im Serapeum XIII, 142; u. Abschnitt VI.

[2]) Abgedruckt in den Geschichtsquellen d. Bisth. Münst. I, 241—43. Vergl. Oben S. 70 Anm 3. Wahrscheinlich führte Langen die angefangene, aber nicht bis auf Heinrich von Schwarzburg fortgesetzte Chronik, darum fort, weil dieselben von irgend einer mit dem Probst Hermann von Langen in Verbindung stehenden Person begonnen war. Der Verfasser steht in der Schilderung des Streites zwischen Wallram von Mörs und der von Hoya entschieden auf der Seite von Mörs, und *Ficker* a. a. O. Vorrede S. XXXII hält es für das wahrscheinlichste, „dass der Verfasser einer der Geistlichen aus der Stadt war, die anfangs gezwungen sich für Erich von Hoya erklärten, später aber mit den gemässigten Bürgern die Stadt verlassen mussten." Für die Echtheit der Fortsetzung Rudolf's von Langen vergl. a. a. O. Vorrede

genannten Bischof. In dieselbe Zeit fallen auch die ohne Druckort und Jahreszahl wahrscheinlich in Deventer gedruckten
Hermanni Buschii Monasteriensis carmina. Sie fallen in die
Zeit von 1494—1498, weil Hegius, an den dieselben gerichtet sind, in diesem letztern starb [1]). Zu dieser Ausgabe der
Gedichte Hermann's von dem Busche schrieb Langen das Einleitungsgedicht von 12 Distichen: Rodolphi Langii, Ca.
Monasterien. *In Hermanni Buschii equestris ordinis, docti
praeclarique adolescentis, suavissimi conterranei sui carmina
imprimenda Congratulatio.* Zu derselben Zeit erschienen Langen's *Horae de sancta cruce* nach der Dedication aus dem
Jahre 1496 [2]), und im Verlaufe der Jahre noch mehre *Gedichte* für Freunde, die theilweise in deren Sammlungen mit
aufgenommen wurden. Eins der spätesten ist aus dem Jahre
1515 und befindet sich auf dem Titel der bei Quentel in Köln
gedruckten *vita divi Ludgeri Mimigardevordensis ecclesiae* von
Cincinnus (Johannes Kruyshaer) [3]). Wahrscheinlich aber ist

S. XXXIIII. Am Schlusse derselben findet sich die Subscription: „Carmen Rudolphi Langii de eodem; qui et praesentem composuit historiam:

Laetus adesto,	Candide lector
Quisquis amator	Principis alti:
Inclita gesta	Praesulis huius
Aere perenni	Fama loquetur!
Livide tuque	Tristis abito!"

[1]) *Hamelm.* p. 1417 versetzt sie in das Jahr 1496; *Erhard* Erinnerungen S. 38 in die Jahre von 1494 bis 1498. Mit Hamelmann's Angabe
steht seine eigne Notiz in der vita Herm. Buschii p. 286 in Widerspruch,
wonach es scheint, als seien die Gedichte von Italien aus an Hegius
geschickt. Noch merkwürdiger lautet der Bericht *Hamelmann's* p. 310:
„Scripsit etiam epigrammatum lib. III, ex quibus tertius est Lipsiae
a. D. 1504 excusus, reliquos duos curaverunt excudi Daventriae et Monasterii Langius et Hegius a. D. 1498."

[2]) Die horae de sancta cruce, Pindaricis versibus et Elegia de eadem
sind gerichtet an Johannes Ring, an denselben, dem auch das Triplex
Psalterium virginis Mariae von Herm. Buschius gewidmet ist. Vergl.
Liessem de H. Buschii vit. et script. p. 19. ,

[3]) Doctissimi viri dni *Rodolphi Langii* canonici Monasteriensis in opus
subsequens Hexastichon:

„Quam bene pontificis Ludgeri gesta coëgit,
    Cui patriam fluvius Luppia clara dedit,

auch das Epitaphium auf Bischof Conr. v. Rietberg (st. 1508), welches derselbe Chronist, der auch die Grabschrift Langen's auf Heinrich v. Schwarzburg mittheilt, nach der kurzen Biographie Conrad's anführt, von Rud. v. Langen verfasst [1]. Trotz dieser geistigen Gewecktheit, die auch noch an den

---

Cincinnus studio vigili. Cultuque decoro
 Concinnat sparsa quae iacuere prius.
Ludgeri innumeras virtutes optime lector
 Perlege. Sed meritas redde vel ipse grates".
Vergl. *Niesert.* Beitr. z. Buchdruckerg. Münst. S. 20. Der Verfasser der Schrift über den h. Ludgerus Johann Kruyshaer wurde im Jahre 1502 in Köln immatrikulirt, vergl. *Krafft* a. a. O. Joh. Kruyshaer de Lyppia ad artes iuravit. 1502, April 30.

[1] Vergl. *Arnd Bevergern* Chron. a. a. O. I, 293 f. Das Gedicht lautet:
„Hac ego Conradus contectus mole quiesco
 Retburgi comitum stemmata clara ferens,
Romuleas arces ac celsa palatia regum
 Pervidi, mores tam varios hominum.
Hanc sedem decimum possedi laetus in annum
 Principis imperii functus honore sacri.
Arces Paule tibi restaurans moenibus altis
 Cetera structurus, sed cita mors vetuit.
Corporis egregii forma, vultusque decorus
 Aetatis firmae, quia mihi robur erat,
Pacis eram cultor vel dapsilitate profusus,
 Nunc sit apud superos pax quoque facta mihi."
  MCVIII. V Idus Februarii.
Ob auch das Gedicht in zwei Distichen, welches in der Chronik *Corfey's* (Geschichtsq. d. B. M. III, 323) mitgetheilt wird und sich noch jetzt über einem Marienbilde am Westportale des Domes befindet, von Langen herrührt, wage ich nicht zu entscheiden. Wenn der Tenor desselben nicht gegen diese Annahme streitet, so beruht dagegen die Angabe *Nordhoff's* (Zeitschr. f. vat. Gesch. u. Alt. XXVI, 217), ein Gedicht auf die Buchdruckerkunst in vier Distichen in *Wittius* hist. Westph. p. 560 sei von Langen verfasst, auf einem Irrthum, da dasselbe sich unter den bekanntgemachten Gedichten Langen's nicht findet und die ganze Darstellung mit Wahrscheinlichkeit nur Wittius selbst als den Verfasser erkennen lässt. Jedoch gehört in diese Zeit das unter dem Titel: „Rodolphus Langius poeta laureatus in versus suos de sancta cruce Joanni Rinco dicatos" in 19 Versen verfasste Gedicht, welches sich in dem zu Zwoll 1505 erschienenen Commentar Drolshagen's zu dem Gedichte Langen's de sancta cruce fol. 3 b findet.

literarischen Arbeiten der Freunde regen Antheil nahm [1]),
machte dennoch allmälig das Alter seine Rechte geltend und
es trat eine gewisse Abspannung und für manche Sachen eine
Art Gleichgültigkeit bei ihm ein. In den letzten Tagen seines Lebens scheint er sich, wie sein Studiengenosse Alexander
Hegius, besonders dem Studium der Theologie zugewandt zu
haben; allein wie wenig er für manche Erscheinungen mehr
empfänglich war, das beweist gerade sein Verhältniss zu Hermann von dem Busche und dem Grafen Hermann von Neuenaer, welche beide, obgleich sie neben Ulrich von Hutten
mit die Urheber der epistulae obscurorum virorum waren,
und sich in die damals beginnenden Streitigkeiten oft über
Gebühr einliessen, dennoch in seinen Augen nicht sanken und
seine Zuneigung nicht verloren. Von Bedeutung für seine Vorliebe für Hermann von Neuenaer, ist eine Aeusserung von
ihm aus seinen letzten Lebensjahren, welche *Joan. Caesarius*
in einem Briefe an den Grafen aufbewahrt hat. «Utinam mihi,
heist es daselbst, per aetatem liceret, Comitem illum Nuen-
arium invisere, nec sumtibus parcerem, nec labores ullos
subterfugerem, viderer nimirum ipsi mihi vel hac parte multo
iam felicior [2]». So verlebte er die letzten Jahre seines Lebens, getreu in seinem Berufe, als ein frommer Priester und
als Muster für alle diejenigen, die Verkehr mit ihm hatten,
bis auch ihn, nachdem die meisten seiner Mitschüler und
Freunde ihm vorangegangen, der Tod erreichte und ihn vor
den die Stadt Münster so tief berührenden Ereignissen be-

---

[1]) Im Jahre 1517 schickte ihm Buschius ein Gedicht auf den Tod
des Murmellius, der in diesem Jahre gestorben war. Vergl. oben S. 90.
Wie hoch Langen's Poesie auch im Alter von Murmellius geachtet
wurde, zeigen einige Verse des letztern in seinen carmina ad Carolum
principem. (Charoleia Lovan. 1515). pag. 3.
    „Primus ades Langi pater o venerande Rudolphe,
    Cana senecta tuum ne remoretur iter.
Emeritus quamquam vates, precor, hunc tamen ornes
    Tergemina tantum nobilitate chorum;
Utere censuris et acuta corrige lima
    Carmina iudicio subiicienda tuo“.
[2]) Vergl. *Cornelius* a. a. O. S. 73.

wahrte. Wenn ihm, wie Hamelmann [1]) berichtet, noch kurz vor seinem Tode Luther's Thesen bekannt wurden, und er noch in seinen letzten Lebenstagen dem neuen Licht von Wittenberg seine volle Zustimmung gegeben haben soll, so kann das bei Langen's Charakter nicht anders verstanden werden, als dass er, wie auch sein Freund Johannes Wessel, die Mängel und Gebrechen der Kirche sehr wohl einsah und von dem lebhaftesten Wunsche beseelt war, dieselben möchten aus derselben entfernt werden, ein Wunsch, den alle Guten seiner Zeit mit ihm theilten. Jedoch war er weit davon entfernt, die kirchliche Auctorität zu verwerfen oder sich von ihr loszusagen, und wenn Hamelmann ihn bei der Gelegenheit einen grossen Seher nennt, natürlich für seine eigene Auffassung der Finsterniss in der Kirche, so thut er dem grossen und frommen Humanisten die tiefste Ehrenkränkung an. Was Krabbe [2]) über die Lehrer der Domschule in Münster sagt: « die Münsterschen Lehrer blieben unter allen Stürmen, mit welchen das Lutherthum zehn Jahre hindurch die Stadt Mün-

---

[1]) *Hamelm.* p. 278. „Hic vir praestans et admodum decrepitus senex legit paulo ante mortem propositiones Lutheri et lectis iis dixit: Jam tempus instat, ut tenebrae ex ecclesiis et scholis exstirpentur et redeat puritas in ecclesias et mundicies Latini sermonis in scholas. In qua re fuit magnus ille vir verus vates.“

[2]) *Krabbe* a. a. O. S. 72. Vergl. *Cornelius* a. a. O. S. 15. Für diese Treue im Glauben vergl. Oben S. 43 ff. und ausserdem so manche Aeusserungen in den Schriften der Münster'schen Humanisten, welche zur Genüge darthun, wie weit dieselben von einer offenen Opposition gegen die Auctorität der Kirche und von der an Frivolität streifenden Ungebundenheit und Zügellosigkeit so mancher Italiener entfernt waren. Besonders bemerkt sei hier nur eine Stelle aus *Antonius Tunniceus* carmen elegiac. de honesta vita et studii ordine praeclarisque scholasticorum moribus an Paulus Elers fol. 4a:

„Abstineas vatum spurcis te versibus oro,
    Ne moveant animum carmina foeda tuum;
Bilbilis haud optes legisse epigrammata quaedam,
    Quae Veneris nudae turpia stupra ferunt.
Peligni caveas elegos tractare poëtae,
    Intus qui luxum turpis amoris habent. . . . .
Nil artes prosunt moribus absque bonis.

ster heimsuchte und welche 1533 in den Wiedertäufer-Gräueln ausgingen, dem katholischen Glauben und der Gemeinschaft der Kirche unverbrüchlich treu»: dieses Wort gilt im ganz eminenten Sinn von Langen, der, wenn er auch über manche Missstände Klage führen mochte, doch niemals auch nur den Gedanken eines offnen Kampfes gegen Recht und Auctorität zu fassen im Stande war. Als frommer Christ und treuer Diener seiner Kirche hatte er gelebt und als solcher starb er auch im Frieden mit sich und betrauert von Allen, denen er im Leben Rath und Beistand gewährt, am 25. Dec. 1519 [1]).

---

[1]) Seine Grabschrift im Kreuzgange des Doms:
　　„Inclitus in nostro dum vixit Langius orbe,
　　　　Praesidium doctis pauperibusque salus.
　　Mox ubi sustulerant tantum decus invida fata,
　　　　Luctus erat doctis, pauperibusque fames".
hat zum Schluss die Jahreszahl MDXX. vicesima quinta decembris und durch sie ist wahrscheinlich die irrige Annahme, Langen's Todesjahr sei 1520, entstanden. Die Angabe in der Grabschrift stammt aus dem damaligen Gebrauche, das neue Jahr mit dem Weihnachtsfeste zu beginnen, so dass der Tag, den wir als den 25. Dec 1519 bezeichnen, nach damaliger Rechnung als erster Tag des Jahres der 25. Dec. 1520 war. Dass man kurz vorher zu Münster dieser Rechnung sich bediente, erhellt auf's bestimmteste aus den Acten der Wahl des Bernh. Tegeder zum Scholaster von St. Mauriz, die dieser in seinem Liber ruber (K. Staatsarch. zu M. Ms I, 69 fol. 205 b. ff.) uns erhalten hat. Nach der Resignation seines Vorgängers Bernh. Kobbync wählte das Kapitel ihn am 11. Dec. 1483, und dann (nach dem 20 Tage später erfolgten Tode des Kobbync) „anno domini MᵒCCCCᵒ octogesimo quarto die Mercurii ultima die mensis Decembris" zum zweiten Male. Könnte noch ein Zweifel obwalten, ob hier der 31. Dec. 1483 gemeint sei, so schwindet er sofort, wenn wir beachten, dass der 31. Dec. im J. 1484 ein Freitag, im J. 1483 aber wirklich ein Mittwoch war. Dann bestätigt der Domdechant Herm. v. Langen den Tegeder am 4. Februar 148 , der richtig als dies Mercurii bezeichnet wird, und bezieht sich dabei auf eine vom Probst zu St. Mauriz, Hermann von Langen (vergl. Excurs I.) erhaltene Vollmacht vom 30. December 1484, der als dies Martis bezeichnet wird und im Jahre 1483 wirklich ein Dienstag war. Zur Zeit des Todes Rudolfs von Langen scheint der Jahresanfang geschwankt zu haben; daher findet sich einerseits auf dem Grabmale das Jahr 1520, während andrerseits das Kapitel des alten Doms in seinem gleich zu erwähnenden Schreiben das Jahr 1519 angibt. Der Schreiber des dritten Necrolo-

Mit seinem Tode hörte die Schule, die er in's Leben gerufen, zwar nicht auf, allein es fehlte ihr dennoch der Mann,

---

giums des Domkapitels glaubte dann, die Zahl des Grabsteines sei bereits nach neuer Rechnung angesetzt, und fand sich deshalb veranlasst,
sie auf die frühere Zählung zu reduciren. Daher sagt er einmal: „Obiit
autem anno XVCXXI, novo anno incepto, vel in anno quasi evoluto
XX, ipsa die nativitatis D. N. Jesu Christi". (p. 136) und an einer
andern Stelle: „Migravit ab hoc exilio a. D. XVCXXI, novo anno incepto, scilicet ipsa die nativitatis D. N. Jesu Christi", (p. 220), so dass
sich in diesen Worten selbst das Schwanken jener Zeit ausdrückt. Das
Jahr 1520 findet sich dann, im Anschluss an das Epitaphium, zweimal
in Inschriften einer Statue der h. Agnes, in *Hövel* Spec. Westf. (vergl.
oben S. 10), und in der Chronik *Corfei's* (Geschichtsq. d. Bisth. Münst.
lll. 323). „Im selbigen iahr 1520 starb zu Munster der thumherr Ru-
dolph von Langen, ein 80 iähriger und wegen seiner gelertheit sehr
beruhmter mann, dessen epitaphium im umgang also lautet: Inclytus cet."
Dass aber wirklich das J. 1519 unserer Rechnung Langen's Todesjahr sei, steht ausser allem Zweifel. Die Urkunde des Kapitels des
alten Doms an Bischof Erich wegen Neubesetzung der Probstei am alten
Dom durch Reyner von Velen (bei *Erhard* Erinnerungen S. 72.) bemerkt
ausdrücklich: „annoDom. millesimo quingentesimo decimo nono,
die vicesima quinta mensis Decembris felicis recordationis quondam venerabilis et circumspectus vir, dominus Rodolphus de Langen . . . diem
vitae suae clausit extremum..." In der Bestätigungs-Urkunde der Wahl
Reyner's von Velen, datirt vom 16. Januar 1520, und in dem Jurament
Reyner's von Velen nach seiner Anerkennung, datirt vom 19. Januar
1520, (bei *Erhard* Erinnerungen S. 75 f. 77 f.) geschieht des kurz vorher eingetretenen Todes Langen's Erwähnung. Ueberdies nennt Joan.
Caesarius Juliacensis in einem Briefe an Hermann von Neuenaer vom
März 1520 (bei *Cornelius* a. a. O. S. 73.) Langen als „proximis diebus
vita feliciter haud dubie functus". Daher kann das Jahr 1519 als Todesjahr Langen's, welches auch *Hamelmann* p. 278, Chytraeus p. 92 und
Adamus p. 37 angibt, nicht in Zweifel gezogen werden. Wodurch die
Angabe Trittenheim's, nach der Behauptung einzelner sei er 1494 gestorben, oder die Ansicht Pantaleon's, das Todesjahr sei 1496 ihren Ursprung und ihre Erklärung finden, ist unbekannt; vielleicht gibt Beides, Krankheit oder längere Abwesenheit von Münster. Geradezu falsch
jedoch ist als Todesjahr Langen's von *Fahne* Die Gesch. d. Westfäl.
Geschl. p. 260 das Jahr 1518 angegeben.
Das Epitaphium, welches in die Wand des Kreuzganges neben dem
Nordportal des westlichen Querschiffes eingelassen ist, und, obschon
sehr verstümmelt in seinem Bildwerk, dennoch eine Grablegung Christi

welcher seine Wissenschaft und den Einfluss seiner Stellung
nur dazu benutzt hatte, dieselbe zu heben; und als vollends
die Stürme der Wiedertäuferunruhen über Münster hinbrausten,
da sank auch das Institut, welches bei seinem Entstehen zu
so schönen Hoffnungen berechtigte und während der kurzen
Blütezeit so grossartige Erfolge erzielte. Unter Timann's Nach-
folgern bestand die Schule fort, aber sie leistete nicht das
mehr, was man von ihr erwarten sollte, weder in der Wissenschaft noch in der Disciplin, und wenn der Rector Kerssenbrock oft über allerhand Winkelschulen in der Stadt Klage
führt, so ist das ein Beweiss dafür, dass die Domschule vom
Vertrauen der Stadtbewohner bedeutend eingebüsst hatte.
Welche Bedeutung jedoch muss dieselbe gehabt haben, als
J. Murmellius und andre Lehrer an derselben wirkten, wenn
zur Zeit, als die Jesuiten die Anstalt übernahmen, im J. 1588,
trotz ihres Verfalls noch sechshundert Schüler dieselbe besuchten [1]). Von den Rectoren kennen wir ausser Timann Camener nur noch drei, den Nachfolger Timann's, Aelius, der
20 Jahre der Anstalt vorstand [2]), dann Vruchter, der nach
Aelius zwei Jahre an ihr wirkte [3]), und Kerssenbrock, den
Nachfolger Vruchter's, welcher 25 Jahre hindurch das Amt
des Rectors bekleidete [4]).

Demnach hatte mit dem Tode des Stifters die Münstersche Domschule ihre Blütezeit erlebt, aber der kurze Zeitraum von zwanzig Jahren hatte genügt, um das Interesse an

---

erkennen und in einer knieenden Figur mit geistlichem Ornat die Darstellung des Todten ahnen lässt, trägt an ihrem untern Rand die oben
mitgetheilte Inschrift; worauf *Fabricius Bolandus* Motus Monasterienses
(Colon. 1546) lib. 1. anspielt mit den Worten:
    „Nomina murus habet, qua Langius ille Rhodolphus
       Conditus in gelida rite quiescit humo".
  [1]) Krabbe a. a. O. S. 96.
  [2]) *Hamelm.* p. 170. *König* a. a. O. S. 149.
  [3]) *Hamelm.* p. 331: „Cui (Aelio) successit Henr. Vruchterus Olphe-
nius". An einer andern Stelle p. 1187 nennt er ihn als Lehrer an der
Martini-Schule. Deshalb zweifelt *König* a. a. O. S. 145 an dem Rectorat
Vruchters an der Domschule.
  [4]) *Krabbe* a. a. O. S. 90.

den schönen Wissenschaften im Norden Deutschlands von
Münster aus zu wecken, und Lehrer derselben nach allen
Gegenden zu senden [1]).

Dieses Verdienst gebührt aber zum grössten Theil Rudolf
von Langen und es kann daher das Urtheil, welches Rudolf
Agricola in einem Briefe an Langen über ihn ausspricht, nur
als die offene Erklärung dessen angesehen werden, was die
gebildete Welt über ihn dachte, wenn er sagt: „Wohin ich
mich auch wenden mag, überall, wo ich mit Gebildeten zu-
sammentreffe, ist Alles voll von Dir, jeder erzählt von Dir
und es kann kein Gespräch über wissenschaftliche Männer
geführt werden, ohne dass Du dabei genannt wirst [2]).“

Mit Widersprüchen von verschiedenen Seiten, die jedoch
einen tiefern Grund hatten, als den Streit über die Zweck-
mässigkeit der alten Schulbücher [3]), war das Werk von Lan-

---

[1]) *Hamelm.* p. 1422. „Ex schola quam . . . moderatus est Monasterii Timannus Camenerus . . . tamquam ex equo Troiano prodierunt
innumerabiles viri quoque doctissimi, qui hinc inde per Westfaliam,
Saxoniam et per inferiorem Germaniam scholas aperirent et barbariem
inde exstirparent“. *Chyträus* Chron. Sax. p. 89: . . . „paulo ante annum 1500 constituta Monasterii schola usque ad anabaptisticos furores
florens ac celebris mansit et in totam reliquam Westfaliam et Germaniam optima studia propagavit.

[2]) Bei *Hamelm.* p. 269. „Quocumque me verto, quemcunque doctum
convenio, omnia tui plena sunt, omnes te narrant, neque ullus, qui de
literatis est, te praeterit sermo“.

[3]) *Cornelius* a. a. O. S. 24 f. *Krabbe* a. a. O. S. 83. Langen war
weit davon entfernt, persönlich durch seine eignen humanistischen Studien auch nur im Geringsten das Christenthum anzufeinden; aber in
dem unvermeidlich auflebenden Kampf der Principien mochten seine
Gegner die Gefahr der Reformen entweder aus dem Gebahren mancher
Italiener kennen, oder dieselbe bei dem Verfall der Zeiten für Manche
ahnen. Dieses scheint den tiefern Grund ihrer Opposition gebildet zu
haben. Denn nur auf diese Weise sind die merkwürdigen Worte, welche
unter dem Titel: „Christianae theologiae professores lectori Salutem“,
den Schluss der Ausgabe des Alcimus Avitus von Joh. *Murmellius* (Cöln
1509. fol. 67 a.) bilden, zu erklären: „Ex gentilibus si quispiam ado-
lescentium Virgilium didicerit, satis putamus, nec reliquos ethnicos
ei attingendos esse, quia, si aliquid fructus illis inest, id adolescens
sine perniciosissimo veneno melli inmixto vix imbibet“.

gen begonnen worden, aber, als sollte sein bescheidenes Vorgehen belohnt werden, es gedieh dasselbe auf eine Weise, dass der Urheber bei seinem Tode auf seine glänzenden Erfolge zurücksehen durfte. Darum verdient im ganzen Norden von Deutschland, wo classische Studien betrieben werden, auch der Name des Mannes genannt zu werden, der nicht durch glänzende Reden oder durch gelehrte Abhandlungen die Liebe zu den Wissenschaften belebte, sondern in stiller und bescheidener Zurückgezogenheit, sein ganzes Leben daran setzte, um für sein Vaterland das zu werden, was seine Lehrer in Italien für dieses gewesen waren. Und wenn Deutschland schon bald durch Männer, die einen steten Ruhm in der Wissenschaft behaupten werden, glänzte, wenn Namen wie Reuchlin, Erasmus u. A. auch bald über die Grenzen hinaus bekannt wurden, ein grosser Theil dieses Ruhmes und Glanzes fällt auf den sanften, bescheidenen Probst des alten Domes zu Münster zurück, der zuerst den Grundstein zu dem spätern Bau legte. Den schönsten Kranz unverwelklicher Blüten hat ihm seine Mitwelt geweiht in dem einfach-schönen Epigramm:

„Als in unserem Kreise noch weilte der treffliche Langen,
　Wurden Gelehrte' geschätzt, wurden die Armen gepflegt;
　Jetzo da solche Zierd' uns geraubt ein neidisches Schicksal,
　Sind die Gelehrten in Gram, fehlt es den Armen an Bród [1);"
ein Wort, welches mehr sagt, als die schönste Lobrede.

[1) Epitaphium übersetzt von *König*: a. a. O. S. 139.

VI.

Langen's schriftstellerische Thätigkeit.

——————

Der schriftstellerischen Thätigkeit Langen's, welche nach-
weisbar in den Zeitraum von 1471 bis 1515 fällt, wird von
seinen Freunden an verschiedenen Stellen gedacht, und
zwar sind es vor Allem seine Gedichte, welche ihnen die
Veranlassung gaben, ihn als „den ersten Dichter" zu feiern [1]).
Erwähnt werden von ihnen bei verschiedenen Gelegenheiten,
das Rosarium, die Ode auf die Belagerung von
Nouss, ein Gedicht auf die h. drei Könige, und auf
den h. Paulus, sowie ein Gedicht de cruce, ausserdem
nennt Buschius auch noch die Hierosolyma [2]). Aus ihren An-

————

[1]) So sagt Hegius (vergl. Hamelm. p. 272, 1414) von ihm:
„Primus Melpomenen qui rara in Westphala duxit,
Cum caneret laudes maxime Paule tuas".
[2]) Buschius in einer Elegie an Langen (abgedruckt bei *Cornelius
Mürmt. Hum.* S. 57) gibt V. 65 ff. folgende Schriften Langen's an.
„Tu Mariae celebri congesta rosaria cultu
Confers, quae Zephyro semper odora manent.
Intulit ut quondam fulgenti milite Titus,
Horribis, Idumaeis bella cruenta viris.
Nussia, quae quondam Caroli pulsata tumultu,
In longos vivet te duce clara dies.
Consita Dircaeo pridem modulamine silva
Conveniens sacros circuit umbra Magos.
Heu labor immensus vacuas fugisset in auras,
Nec scirent nostri tam pia facta viri,
Quae princeps gessit vultu reverendus herili,
Quo nunc Agrippae moenia laeta vigent,
Ni tu mandasses mansuris omnia chartis,
Ni foret ingenio res stabilita tuo."
Wahrscheinlich stehen die Verse: Heu labor immensus ff. nicht am Platz,
da sie unmittelbar auf das Distichon Nussia . . . dies folgen sollten.

gaben kann für die Form derselben, sowie über Chronologie und Inhalt wenig entnommen werden, weil dieselben mei-

---

Murmellius erwähnt in seinen Elegiae morales I, 1 und III, 1 folgende Gedichte: (Vergl. In salutat. angel. carm. f. 1 b [1507]).
„Pallentes posuit (Langius) v i o l a s et candida circum
    L i l i a (Rosarium) . . .
Pindaricoque c r u c i s carmine sacra canis,

. . . .
  Et P a u l u m celebras et m y s t i c a d o n a m a g o r u m
    Quaeque ferum repulit N u s s i a marte ducem".
Ausserdem findet sich das Rosarium und das Gedicht de cruce bei *Murmellius* in der Schrift de hymnis ecclesiasticis fol. 9 b erwähnt:
„ Ex nostra aetate (hymnographi) clari sunt Joannes Franciscus Picus, Rodolphus Langius, Theophilus Brixianus et quidam alii . . . Rodolphus Langius vates pientissimus inter cetera ingenii sui monumenta optimae maximae virgini l i l i a metro alcaico, r o s a s phalecio, v i o l a s sapphico mirabili brevitate composuit. Item horas d e s a n c t a c r u c e anapaestico p i n d a r i c o ". Beide neunen also das Rosarium, das Gedicht auf die Belagerung von Neuss und auf die drei Magier; Murmellius allein das auch von Hegius genannte Gedicht auf Paulus und die Ode de cruce; Buschius die Hierosolyma. Damit ist ein Theil der Werke Langen's angegeben, wie eine solche Aufzählung in den Gedichten Beider möglich war. B. *Wittius*, ebenfalls Zeitgenosse Langen's, der ein von seiner Hand für den P. Ambrosius in Bursfeld geschriebenes Convolut Langen'scher Gedichte mit einem Einleitungsgedicht versah, (mitgeth. von *Nordhoff* in der Zeitschr. f. vat. Gesch. u. Alt. XXVI. 271) nennt von Langen im menalium, liricum tragicum metrum verfasste Gedichte. Wahrscheinlich verwechselte er dabei Menalium mit Maeonium denn Hirtengedichte (versus Maenalii *Verg.* Ecl. VIII, 1.) verfasste Langen schwerlich, während Mäonische Gedichte (carmen Maeonium *Ovid.* Pont. III, 3, 31) Homerische oder Gedichte in Hexametern bedeuten. Was jedoch unter metrum tragicum zu verstehen ist, möchte wohl schwer zu entscheiden sein. An Tragödien darf man dabei nicht denken, sondern es fragt sich nur, ob tragicus hier von dem erhabenen Tone der Gedichte (tragicus color *Hor.* A. p. 236) zu verstehen sei, oder ob Wittius das elegische Versmaass hier das tragische nenne. Letzteres scheint bei der bombastischen Manier des Wittius, die *Nordhoff* a. a. O. S. 218 ff. mit Recht an ihm tadelt, das Wahrscheinlichere zu sein, und er kannte daher von Langen Gedichte in dactylischem, lyrischem und elegischem Versmaass. Mit Namen nennt er in diesem Einleitungsgedicht keins von ihnen, da er eine Auswahl Langen'scher Gedichte folgen liess.

stens nur sehr kurz sind und sich auf blosse Aufzählung
beschränken.

Die älteste Nachricht eines Historikers über die Schriften
Langen's findet sich bei dem Abt Johannes von Trittenheim aus dem Ende des fünfzehnten Jahrhunderts [1]), nach
welcher Langen zwei Bücher über die Stadt Jerusalem, ein Buch verschiedener Gedichte, ein Buch
über die Belagerung von Neuss, eine sapphische Ode
auf die h. drei Könige, einen Panegyrikus auf Albertus Magnus, vermischte Gedichte und Briefe
verfasste.

Trittenheim gibt in seiner Aufzählung nicht an, ob die
Schrift über Jerusalem Prosa oder Poesie gewesen, während
Hamelmann [2]) an verschiedenen Stellen die *Hierosolyma* Lan-

---

[1]) Vergl. Oben S. 2. Der literarische Bericht Trittenheim's findet
sich bei *Hamelm.* p. 138, nur fehlt hier das Gedicht de laudibus Alberti
Magni, während der Zusatz gemacht wird: „Scripsit etiam alia Langius,
quae ego vidi, de D. Paulo carmine (carmen), item in honorem
Mariae versus vel hymnos dictos Lilium, Rosa, Viola; item horas
de S. cruce ad Johannem Rincum Pindaricis versibus; item adversus
capitalia crimina septem elegantissimum carmen. Haec ego praeter
alia vidi." Das Gedicht auf den h. Paulus und die Hymne auf die h. Maria
erwähnt *Hamelm.* noch p. 264, im Uebrigen beschränken sich seine
Nachrichten über die Schriften Langen's, ausser gelegentlicher Angabe
von Stellen aus Gedichten und Briefen, auf die beiden grössern Werke
über Jerusalem und die Belagerung von Neuss. Vergl. p. 208.
264. 288. 1426. 1430. Auch *Gessner* Bibl. univ. I, 586 a gibt die Aufzählung Langen'scher Schriften nach Trithemius.

[2]) Von den verschiedenen Stellen, in welchen er über die Hierosolyma spricht, möge die eine p. 264 hier Platz finden: „Descripsit Rodolphus Langius ex Josepho et Aegesippo obsidionem et expugnationem
atque eversionem urbis Hierosolymitanae et gentis Judaicae a Tito
factam, carmine heroico ad imitationem veterum poëtarum, ut
Vergilii, Statii, Lucani, quod scriptum prodiit Moguntiae a. D. 1471,
curante editionem Rodolpho Agricola." Auf diese Angabe Hamelmann's
hin finden wir die Hierosolyma als Epos erwähnt bei *Adamus* Vit.
Germ. phil. p. 35; *König* a. a. O. S. 118. 124. *Krabbe* a. a. O. S. 69.
Raumer Gesch. d. Pädag. I, 92; und bei Andern, welche über die Schriften der Münster'schen Humanisten geschrieben haben, ohne dass dieselben auf den Umstand, dass wir die *Hierosolyma* bloss in Prosa

gen's ein e pisches Gedicht nennt, eine Angabe, welche,
wenn wir dieselbe nach den Exemplaren, welche wir in Händen haben, und die in Prosa geschrieben sind, sowie nach
den Worten Langen's in der Zuschrift seiner Gedichte an den
Domdechant von Cöln, bemessen wollen, als falsch angesehen
werden muss. Allein es bleibt immerhin noch die Möglichkeit
bestehen, dass Hamelmann ein episches Gedicht Hierosolyma
von Langen gekannt habe, von dem er behauptet, dass es
im Jahre 1471 in Mainz erschienen sei. Das Gedicht wäre
dann verloren, während die prosaische Behandlung desselben
Stoffes erhalten blieb. Diese Annahme sucht Winiewski [1]
dadurch abzuschneiden, dass er den Satz aufstellt, sämmtliche von Langen vor dem Jahre 1486 erschienenen Gedichte
seien in die Ausgabe derselben, welche in Münster in dem
genannten Jahr von Langen selbst veranstaltet wurde, aufgenommen worden. Als Beweis dafür dienen ihm die Worte
der Zuschrift dieser Ausgabe an den Domdechanten Rupert
(Stephanus) von Baiern: „Hortatus ab amicis saepenumero,
princeps illustrissime et clarissime Decane, qui ineptias meas
numerosque aliquid esse putant, uti, quae hactenus seu lyrica
seu alternis versibus epigrammata vel etiam heroica scripsimus, ordinem in aliquem componeremus imprimendaque
his, qui divinam paene hanc nostro saeculo literatis operam
navant, contraderemus, ut eo pacto velut e tenebris
erumperent in lucem et inter literatos vel contemnenda
vel saltem toleranda legerentur, ut ante paucos annos Hierosolymam prosa oratione contextam emisimus . . . circumspiciendum mihi fuit, cuius nomine fultus et praesidio has
meas lucubratiunculas manu mitterem ac libero paterer perfrui coelo." Aus diesen Worten folgt mit Sicherheit, dass Langen ein Hierosolyma prosaisch bearbeitete und sie früher als
die Gedichte durch den Druck veröffentlichte. Gemeint ist

---

haben, aufmerksam wurden. Das Verdienst, dieses nachgewiesen zu
haben, hat *Winiewski* Index lect. Acad. Mon. 18⁴⁹/₅₀ p. 7, u. Ind. lect.
A. M. 18⁶⁸/₆₉.

[1] Ind. lect. Acad. Mon. 18⁶⁸/₆₉ p. 8.

jedenfalls die Ausgabe, welche zehn Jahre früher als die Gedichte, im Jahre 1476, in Prosa erschien. Allein es folgt aus
der Angabe nicht mit derselben Sicherheit, dass sämmtliche Gedichte Langen's in der Ausgabe von 1486 enthalten seien, und dass nicht eine Anzahl derselben von dem
Verfasser selbst zurückbehalten und auch dann noch, wenn
sie bekannt waren, ausgelassen werden konnte. Die Ausdrücke, welche Langen in der Zuschrift an den Domdechanten gebraucht, zwingen zu der Auffassung nicht, sondern sie
beweisen nur, dass die Gedichte, weil vereinzelt, nur in kleineren Kreisen bekannt waren, und ungeordnet, wie einzelne
Blätter und zerstreut, noch nicht auf den Büchermarkt getreten waren. In jenen Zeiten, als die Buchdruckerkunst in
Deutschland noch im Entstehen war, und nur in einzelnen
Städten Pressen errichtet waren, lief das Abschreiben und
Drucken noch neben einander, und man darf kühn behaupten, dass mehr abgeschrieben als gedruckt wurde, wenn man
bedenkt, dass z. B. in Cöln bis zum Jahre 1521 hin von 26
Druckern (ausser Ulrich Zell, welchem allein 115 Drucke zu-
zuweisen sind), im Ganzen nur 800 Bücher meist theologischen
Inhalts nachgewiesen sind [1]). Ganz abgesehen davon, dass
Langen ohne Zweifel ein Gedicht auf seinen schon 1483 verstorbenen Freund Moriz von Spiegelberg verfasste, welches
in die Sammlung nicht mit aufgenommen ist, und dass das
Epigramm in 3 Distichen auf die grosse Procession [2]) wohl
kaum das in der Zuschrift an Conrad Polmann [3]) erwähnte
sein kann [4]), und daher die Annahme nahe liegt, dass ein
ausdrücklich erwähntes Gedicht in der Sammlung fehlt,
bleibt immerhin die Möglichkeit bestehen, dass Langen auch
andere, im Manuscript bekannte Gedichte zurückzog, vorzüglich, wenn sich ein bestimmter Grund auffinden liesse,
welcher den Verfasser bewogen haben konnte, nicht alle durch

---

[1]) Vergl. *Ennen* Gesch. d. Stadt Köln III, 1043.
[2]) Carm. XV.
[3]) Carm. III.
[4]) Vergl. oben S. 57.

den Druck zu veröffentlichen. Und dieser liesse sich, ange-
nommen, der Bericht Hamelmann's in Betreff des epischen
Gedichts Hierosolyma sei im Ganzen richtig, und er irre nur
darin, dass er ein Manuscript, von dem er gehört, als ein in
Mainz 1471 erschienenes Buch ausgab, nicht unschwer auffinden. Unter den Epigrammen Langen's [1]) findet sich ein Gedicht mit der Ueberschrift: „In impressorem quendam egregium, sed Hierosolymam detrectantem imprimere"; dessen
zweites Distichon lautet:

„Si tantum altiloquos tibi mens est sculpere versus
Ilice sub grandi nostra myrica valet".

Soll das Bild seine Geltung behalten, so steht dem altiloqui
versus, der ilex grandis die myrica entgegen und der Sinn
kann kein anderer sein, dem grossartigen Epopöenstil ordne
ich bescheiden meine Muse unter, allein sie besteht auch
unter diesem. Der Vergleich hörte vollständig auf, wenn auf
der einen Seite hochtönende Verse, auf der andern Prosa einander gegenüber ständen. Deshalb ist die Hierosolyma hier
ein Epos, und wie wir aus V. 2 schliessen dürfen, behandelt
dasselbe den Brand Jerusalems. Der Drucker, wahrscheinlich
Ulrich Zell [2]), weigerte sich dasselbe zu drucken, und Langen
zog daher das Gedicht zurück, bearbeitete, vielleicht durch
die Aussetzungen des Druckers bewogen, denselben Stoff in
erweiterter Form prosaisch und edirte es dann 1476 unter
dem Titel: Urbis Hierosolymae templique in ea origo et horum rursus excidium cet. Der Grund also, das Gedicht Hierosolyma nicht in die Sammlung aufzunehmen, war für Langen ein rein persönlicher: der Drucker hatte Aussetzungen
an demselben gemacht, und hiedurch erklären sich dann auch
die Worte Langen's in der Zuschrift an den Domdechanten

---

[1]) Carm. XIII.

[2]) Ohne Zweifel ist der im Gedicht genannte Ulricus Ulrich Zell
aus Hanau, Buchdrucker in Köln. Vergl. *Ennen* Gesch. d. Stadt Köln
III, 1034 ff; u. *Falckenstein* Gesch. d. Buchd. S. 72. An Ulrich Han
(Ulricus Gallus), der in Rom, später in Wien druckte, ist wohl nicht
zu denken.

Ropert (Stephanus) von Baiern . . . „ante paucos annos Hierosolymam prosa oratione contextam ... emisimus, quae r a p t a a b i m p r e s s o r i b u s l i c e t n o n s a t i s m a t u r a exivit in publicum." Nehmen wir die Worte non satis matura im eigentlichen Sinn, oder fassen wir dieselben als den Ausdruck der Bescheidenheit dem Herzog gegenüber auf, immerhin würde der sonst so anspruchslose Mann die Worte rapta ab impressoribus nicht gebraucht haben, wenn die Hierosolyma des Epigramms mit der 1476 gedruckten dieselbe gewesen wäre. Hiezu tritt noch ein bedeutendes Argument für eine ursprünglich poetische Bearbeitung der Hierosolyma hinzu, welches die Angabe dieser Schrift Langen's bei Buschius liefert. In der an Langen gerichteten Elegie, deren vollständiger Titel ist: Ad Dominum Ro. Langium huius aetatis mores, p o e t i c i decoris laus, omniumque civitatis Monasteriensis ac patriae incolarum P h o e b i a r t i b u s operam innavantium catalogus, (abgedr. bei C o r n e l i u s S. 57 ff.) spricht Buschius bis V. 33 über die verschiedenen Bestrebungen der Menschen und sagt V. 33 ff.

    „Dignior his longe iacet aspernata p o e s i s
        Nec sunt in pretio fila canora suo.
    Quidquid opus vatum fuerit non deperit umquam,
        Pegasidum nescit docta caterva mori".

Nachdem dann von den Verdiensten Vergil's und Homer's Rede gewesen, geht Buschius auf seine Zeitgenossen, Langen, Tegederus, Vegius, Aelius, Grovius u. A. über und spendet ihnen ihrer p o e t i s c h e n Versuche wegen Lob. Bei der längern Aufzählung der p o e t i s c h e n Werke Langen's findet sich dann V. 67 das Distichon:

    „Intulit ut quondam fulgenti milite T i t u s,
        Scribis, I d u m a e i s b e l l a c r u e n t a viris".

Dass hier die Hierosolyma gemeint ist, springt in die Augen, zugleich auch, dass dieses Werk besonders den Fall Jerusalem's behandelt, denn der Pentameter stimmt im Gedanken, zu dem Pentameter in dem früher genannten Langen'schen Gedicht ad impressorem:

    „Qui Solymas tradit igne iacere solo."

Der ganze Tenor des Gedichts aber und das in V. 33 und 37 angegebene Argument desselben leidet nicht, das in Rede stehende Werk Langen's als Prosa aufzufassen. Buschius kannte demnach, wahrscheinlich von seinem längern Aufenthalt im Hause Langen's, diesen ersten poetischen Versuch desselben und erwähnt ihn in einem speziell an ihn gerichteten Gedicht.

Den schlagendsten Beweis jedoch dafür, dass sowohl Gedichte auch nach ihrem Druck noch handschriftlich verbreitet wurden, als auch dass nicht alle Gedichte Langen's aus der Zeit vor 1486 in die Ausgabe seiner Gedichte aufgenommen wurden, liefert das Gedicht von B. Wittius, welches vor einem handschriftlichen Exemplar Langen'scher Gedichte geschrieben ist [1]). In demselben heisst es V. 49 ff. wörtlich:

„Carmina Rudolfi dudum quaesita teneto,
  Mirifici ingenii pignera certa vide;
Haud tamen haec credas tanti monimenta poetae
  Omnia, de multis pauca, sed ista satis.

Wittius kennt also Gedichte Langen's, die er in sein Manuscript nicht mit aufgenommen hat. Dieses Manuscript aber (18 fol.) enthält handschriftlich in derselben Reihenfolge alle die Gedichte, welche auch in der Ausgabe von 1486 stehen. Dieses, so wie der Umstand, dass Wittius 1490 im Kloster erst Noviz war, machen es wahrscheinlich, dass er die Gedichte aus einem gedruckten Exemplare abschrieb. Jedoch kannte er noch andere Gedichte Langen's, denn er fügt vor carm. XVII. der Sammlung folgendes Epigramm ein:

„In quendam luxuriose convivantem seque invitantem re-
  prehensio.
  Dic mihi bolande, dic hospes somnia sentis?
Dic Bachi impune fundere vina licet"?

Nach carm. XVII. folgt dann noch die Ueberschrift eines Epigramms, wofür zwei Zeilen freigelassen sind:

„Ad imaginem Virginis gloriosae in secreto confabulationis
  loco positam".

---

[1]) Vergl. *Nordhoff* a. a. O. S. 271 u. Oben S. 102 Anm. Die Handschrift befindet sich auf der Paul. Bibl. in Münster.

Diese Gedichte waren ihm anderweitig bekannt geworden,
oder sie standen in einem handschriftlichen Exemplar Langen'-
scher Gedichte, welches schon vor dem Druck geschrieben
war, und aus dem Langen jene zwei Gedichte später eli-
minirte.

Kehren wir zu dem Bericht Hamelmann's zurück, so fällt
das Irrthümliche seiner Angabe sogleich auf. Das Wahre in
demselben ist mit manchem Falschen gemischt und beweist,
wie unkritisch Hamelmann zu Werke gegangen ist. Um so
gedankenloser jedoch erscheint seine Arbeit, wenn er in dem
Abdruck des Trittenheim'schen Catalogs der Gedichte Langen's [1]) zu den Worten: de urbe Hierosolyma libri 2 die An-
fangsworte der in Prosa verfassten und gedruckten Hierosolyma „Splendida(e) quondam" hinzufügt. Das Epos Hierosolyma
ist nie gedruckt, sondern bestand nur als Manuscript; es mag
auch von Vielen gelesen sein, aber mit Bewunderung, wie
Hamelmann behauptet, sicher nicht, wie dieses schon das
Urtheil Ulrich Zell's, am meisten jedoch der Umstand beweist,
das weder Langen noch einer seiner Freunde, der im Besitz
eines handschriftlichen Exemplars war. es später veröffentlichte [2]). Die in Druck erschienene *Hierosolyma* ist Prosa
und behandelt in 2 Büchern den Ursprung der Stadt Jerusalem und ihres Tempels, sowie den Fall und die Vernichtung

---

[1]) *Hamelm.* p. 138.

[2]) Dürfen wir aus der Angabe des *Chyträus* (Saxon. p. 89) einen
Schluss machen, so möchte die Hierosolyma zum Theil in Italien entstanden und gleich nach der Rückkehr vollendet sein. Jedenfalls ist
die Hierosolyma die erste Schrift Langen's. Was ihn bewog, gerade
diesen Stoff zu bearbeiten, wissen wir nicht. Vielleicht fand er die
Veranlassung dazu während seines Aufenthaltes am Hofe des Herzogs
Johann von Cleve, der in Jerusalem gewesen war. Denn *Stephan*, Se-
cretarius und Schreiber, beauftragt vom Hochmeister von Preussen,
ihn beim Freigericht zu Dortmund zu vertreten, berichtet aus Zütphen
1450: „Herr Johannes, Herzog zu Cleve, ist zum heiligen Grabe, und
ich konnte von keinem Menschen ausfragen, wem ich an seiner Statt
mein Gewerbe anbringen mögte." Vergl. *Voigt* D. Westf. Femger. S. 112.
G. van der Schüren Chron. herausg. *v. Tross* S. 294 ff.

beider [1]), wozu das Material von fünfzig Schriftstellern · benutzt ist.

Die zweite Schrift, die Trittenheim [2]) erwähnt, ist ein
Buch *vermischter Gedichte*, gewidmet dem Domdechanten von
Cöln. Ohne Zweifel ist die Sammlung gemeint, welche unter
dem Titel: *Rhodolphi Langii Ca. Monasteriensis carmina* im
Jahr 1486 in Münster erschien [3]). Trittenheim konnte diese

---

[1]) Eins der beiden auf der Paulin. Bibl. zu Münster befindlichen
und in demselben Jahre zu Köln gedruckten Exemplare unter dem
Titel: Urbis Hierosolymae templique in ea origo et horum rursus excidium, profanatio aliaeque variae fortunae, per Rudolphum Langium
canonicum Monasteriensem fidelissime ex optimis quibusque auctoribus
tam ecclesiasticis quam ethnicis collecta et iam denuo diligentissime
recognita atque ex archetypo emendata, welches mit andern Schriften
Langen's zusammengebunden ist, beschreibt *Winiewski* Ind. lect. Ac.
Mon. 18⁶⁸/₆₉ p. 5. Es besteht dieses Exemplar aus 3 Blättern mit Angabe der Capitel und der benutzten Schriftsteller, und aus 53 Blättern
Text in 4⁰ und ist, wie die Subscription am Schluss zeigt, gedruckt
bei Eucharius Cervicornus in Köln im Jahre 1517, Januar. Die erste
Auflage erschien, wie aus der Dedication an Hermann von Langen vom
23. März 1476 erhellt, bald darauf, an welchem Orte ist nicht angegeben. Vergl. *Panzer* Ann. typ. VI, 378. Nach *Brunet* Manuel du libr.
III, 821 und *Grässe* Trésor de livr. rar. III, 99 erschien die erste Auflage
um das Jahr 1480 in Deventer bei Paffraet. (Edition très rare impr.
à longues lignes avec les caract. goth. de Richard Paffroed à Deventer
vers 1480.).

[2]) Vergl. Oben S. 2. Die carmina diversa können nicht mit den
später erwähnten carmina multa identisch sein, weil von einer Sammlung Gedichte Rede ist, während die carmina multa Gelegenheits-
gedichte bezeichnen, die an Freunde gerichtet waren, und zum Theil
in deren Schriften als Einleitung oder Empfehlung stehen.

[3]) Das Buch ist mit kleinen gothischen Typen, (wozu die Initialen
gemalt sind, und zwar in zwei der Paulinischen Bibliothek gehörigen
Exemplaren mit rother Farbe, in einem andern Exemplar, im Besitz des
Buchhändlers Herrn Regensberg in Münster, mit tiefblauer und rother
Farbe) auf schönes starkes Papier gedruckt und enthält 36 Blätter
in 4⁰ ohne Seitenzahlen, Signaturen und Custoden und ist die erste in
Münster gedruckte Schrift. Vergl. *Niesert* Beitr. S. 3 f. Aufgenommen
sind in dieselbe acht grössere Gedichte in verschiedenem Versmaass,
woran sich unter der Separatüberschrift Rhodolphi Langii Monasteriensis
Canonici Epigrammata zwei und fünfzig Gedichte vermischten Inhalts

Sammlung kennen, denn seine Nachrichten über die schriftstellerische Thätigkeit Langen's rühren aus dem Jahre 1495 [1]).
Sie ist dem Domdechanten von Cöln, dem Herzoge R u p e r t
von Baiern gewidmet [2]).

---

anschliessen. Die Exemplare sind sehr selten. Vergl. *Niesert* a. a. O.
S. 4. Die Quelle, aus welcher die in dem *Witte*'schen Manuscript von
zweiter Hand fol. 1 b geschriebene Bemerkung herrührt: „Haec carmina Rodolphi Langii invenies impressa codice, cuius titulus est Boetius
de consolatione philosophiae, Seneca de quatuor virtutibus cardinalibus",
habe ich nicht auffinden können; jedoch scheint es, als seien die Gedichte Langen's mit den beiden genannten Schriften zusammengebunden
gewesen, wie es Sitte war, Bücher auch des verschiedensten Inhalts in
Einem Bande zu vereinen.

[1]) Vergl. Oben S. 2.

[2]) Die Widmung ist ausdrücklich an Rupert von Baiern. *Joannes
Trithemius* (Opp. hist. p. 119) erwähnt jedoch unter den fünf Söhnen des
Pfalzgraphen Friedrich, Herzogs von Baiern, Rupert als Bischof von
Regensburg und seinen Bruder Stephan als Dechanten des Erzstiftes
Cöln, und es gewinnt daher den Anschein, als sei der Name Rupert irrthümlich für Stephan in den Text gekommen, ein Fehler, der um so
auffallender erscheinen muss, als die Sammlung der Gedichte von Rudolf von Langen selbst veranstaltet wurde. An einen Irrthum des Ty-
pographen ist kaum zu denken, um so weniger, als eine Aenderung
des im Manuscript ursprünglich richtig geschriebenen Namens weder
durch Buchstabenähnlichkeit, noch durch sachliche Gründe gerechtfertigt werden könnte. Durch Urkunden jener Zeit ist es, wie mir der
Stadtarchivar, Herr Dr. *Ennen* in Cöln, auf meine Anfrage dieserhalb
freundlichst mittheilte, deshalb schwer den Nachweis zu liefern, wer
Dechant des Kölner Erzstiftes war, weil in allen Schriftstücken, in welchen das Domkapitel handelnd auftritt, stets der Ausdruck: „D e c h a n t
und C a p i t e l" ohne Nennung des Namens vorkommt. Es findet sich
jedoch im Jahre 1477 ein Herzog Stephan von Baiern, als Vertreter des
Domcapitels (*Lacombl.* 4 n. 392.), und im Jahre 1481 war dieser selbige
Stephan von Baiern Domcustos (Kölner Rathsprot. 3. fol. 128). Es ist
daher wahrscheinlich, dass dieser Domcustos später Dechant wurde,
und dass man annehmen darf, dieser Herzog Stephan von Baiern sei
im Jahre 1486 Domdechant gewesen, In zwei der mir vorliegenden
Exemplare der Gedichte Langen's ist von zweiter, wie es scheint derselben Hand ebenfalls mit gothischer Schrift statt Roperto Stephano
geändert. Wer diese Aenderung vorgenommen, das ist unbekannt;
wahrscheinlich stammt sie aus derselben Zeit mit dem Drucke. Ein
anderes Exemplar der Paulinischen Bibliothek, welches ausser den Ge-

Die dritte Schrift bildet bei Trittenheim die *Belagerung der Stadt Neuss* durch Karl den Kühnen von Burgund, von welcher er nicht beifügt, ob sie in Prosa oder in Versen verfasst sei [1]. Das Gedicht steht in der eben erwähnten Sammlung der Gedichte Langen's auf der ersten Stelle und wir sind

dichten noch andere Schriften Langen's enthält, hat ebenfalls Stephano für Ruperto corrigirt und am Rande die Bemerkung: „hic Stephanus fuit frater dom. Joannis de Bavaria, primum episcopi Monasteriensis, postmodum archiepiscopi Magdeburgensis". Es entsteht jedoch die Frage, wie der Irrthum zu erklären sei, dass Langen selbst die Sammlung seiner Gedichte einem Manne gewidmet haben könne, dessen Namen er nicht einmal kannte, und dessen Person ihm demnach vollständig unbekannt sein musste. Möglich ist es, dass Langen in dem Vornamen durch den ihm aus der Neusser Fehde sehr wohl bekannten Erzbischof von Cöln, Ruprecht von Baiern, Sohn des Kurfürsten Wilhelm von der Pfalz und ebenfalls Enkel des Königs Ruprecht, welcher von 1463 bis 1480 den erzbischöflichen Stuhl innehatte, getäuscht wurde; und dieser Fehler ist um so verzeihlicher, als der Vorname bei der hohen pfalzgräflichen Familie von Zweibrücken und bei Rhein, und bei der hohen Würde, welche der Träger des Namens im Cölnischen Capitel innehatte, weniger genannt wurde. Aus der ganzen Widmung geht jedoch unzweifelhaft hervor, dass der Domdechant, Pfalzgraf von Baiern, wenn er Langen auch persönlich unbekannt sein mochte, dennoch nicht so sehr durch seine Stellung, als durch seine eignen Vorzüge und seine Liebe zu den schönen Künsten die Aufmerksamkeit des Münsterschen Dichters auf sich lenkte und diesen bewog, gerade ihm seine Gedichte zu weihen. Wird doch in der Widmung ausdrücklich der insignis quo ferves literarum amor et qua fulges clarissima virtus von R. von Langen hervorgehoben.

[1] Vergl. Oben S. 2. *Hamelm.* p. 138 in seiner Mittheilung des Trittenheim'schen Berichtes fügt den Anfang des Gedichtes: „clara quem virtus" hinzu. Desto auffallender ist es allerdings, wenn derselbe p. 264 bemerkt: „Item a D. 1476, postquam Carolus, dux Burgundiae et Brabantiae, obsedisset urbem Novesium vel Nussiam et eam solveret Fredericus III. Caesar Maximiliani I. pater, mox Langius heroicum carmen de obsidione et solutione conscripsit et Heidelbergae evulgavit". Vergl. p. 1430. Das Gedicht besteht aus 41 sapphischen Strophen, von denen einige wie es scheint z. B. „Talis o staret Calabris in oris" bei einer Ueberarbeitung nach 1480 eingeschoben sind, und der Ausdruck heroicum carmen liesse sich nur rechtfertigen, wenn von der Form ganz abgesehen, die Bezeichnung bloss nach dem Inhalt gewählt wäre. Das Gedicht erwähnt auch *Murmellius.* Vergl. Oben S. 102. Anm.

desshalb zu der Annahme gezwungen, dass entweder zwei Gedichte gleichen Inhalts bestanden, oder dass dasselbe Gedicht einmal in Separatdruck und ein anderes Mal in der Sammlung der Gedichte erschien. Die erstere Annahme wäre dann gerechtfertigt, wenn die Ansicht, sämmtliche von Langen vor 1486 verfassten Gedichte seien in die Sammlung dieses Jahres mit aufgenommen, Bestand hätte, und es wäre demnach das eine Gedicht vor, das andere nach dem genannten Jahre, aber vor 1495 zu versetzen. Da aber zweier inhaltlich gleicher Gedichte über die Belagerung von Neuss nirgend Erwähnung geschieht, so entsteht die Frage, ob das in der Sammlung enthaltene Gedicht früher oder später auch in Separatdruck erschienen sei. Die Nachricht Hamelmann's, als habe Langen das Gedicht im Jahre 1476 in Heidelberg veröffentlicht, wird wohl, wie der ähnliche Bericht von ihm über die Hierosolyma dahin zu modificiren sein, dass dasselbe um das genannte Jahr als Manuscript bekannt war. Trittenheim, der möglicher Weise die einzelnen Gedichte der von ihm aufgeführten Sammlung nicht kannte, sah dieses Manuscript entweder selbst oder erhielt anderweitig Kunde von ihm und führte das Gedicht selbstständig als ein besonderes Werk Langen's auf.

Hieran schliesst Trittenheim ein sapphisches Gedicht auf *die h. drei Könige* [1]), welches in Separatdruck zu Zwoll im

---

[1]) Vergl. Oben S. 2. Auf dieses Gedicht spielen auch Buschius und Murmellius an. Vergl. Oben S. 102. Anm. 2. Bei *Hamelm* p. 138 findet sich dafür de tribus Magis carmen lib. I. Der Tritenheim'sche Bericht über Langen's Schriften hat, wie schon S. 110. bemerkt wurde, bei *Hamelmann* eine Aenderung erfahren, wonach es scheint, als habe er zwei grössere Werke Langen's bezeichnen wollen, das eine über Jerusalem dem Domdecan in Münster; das andere dem Domdecan von Cöln gewidmet Die Titel: clara quem virtus, de tribus Magis, epistolae und carmina bildeten darnach in dem zweiten Werk Separattitel und gäben den Inhalt desselben an. In der Ausgabe der Gedichte von 1486 findet sich ein in heroischem Versmass geschriebenes Gedicht von 120 Versen auf die h. drei Könige und Hamelmann konnte daher, wenn er die Absicht hatte, die beiden grössern Werke inhaltlich anzugeben: de tribus Magis carmen schreiben. Dann wäre jedoch die sapphische

Jahre 1506 erschien [1]); und beendet die Einzelaufzählung der Langen'schen Schriften mit der merkwürdigen Angabe, derselbe habe auch einen *Panegyrikus auf Albertus Magnus* verfasst, eine Schrift, welche von Hamelmann [2]) nicht erwähnt

Ode auf die h. drei Könige von ihm nicht genannt. Wie dem auch immerhin sein mag, gewiss ist, dass Trittenheim ein Gedicht auf die h. drei Könige kannte, welches von dem in die Sammlung aufgenommen durch das Metrum verschieden war.

[1]) Der Titel dieser Zwoller Ausgabe heisst: Illustris ac magnifici viri dni Rodolphi Langii, ecclesiae Monasteriensis Canonici, in divos tres Magos Ode Sapphica. Die Zeit, in welcher dieses Gedicht zuerst gedruckt wurde, liefert den Beweis, dass dasselbe schon früher auf handschriftlichem Wege bekannt war. Trittenheim schrieb seine literarische Notiz im Jahre 1495, also 11 Jahre vor dem ersten Druck dieses Gedichts auf die h. drei Könige, und dieser Umstand bestätigt ebenfalls die schon früher ausgesprochene Behauptung, dass manche Gedichte handschriftlich schon Verbreitung gefunden hatten, ehe man an ihre Vervielfältigung durch den Druck dachte. Ob Trittenheim selbst in seiner reichen Bibliothek ein Exemplar des Gedichtes besass, oder anderweitig Kenntniss von ihm erhielt, das muss dahingestellt bleiben. Die Ode fällt ihrer Zeit nach wahrscheinlich nach dem Jahre 1486, doch ist sie älter, als der erste Druck in Zwoll 1506, und auch älter als das Citat Trittenheims aus 1495. Sind die Gedichte des Buschius um 1491 erschienen, (vergl *Cornelius* Münst. Hum. S. 57) so fällt die Ode noch vor dem genannten Jahr, denn *Buschius* erwähnt sie in seiner Elegie an Langen. (Vergl. Oben S. 102 Anm. 2.) *Murmellius*, welcher die mystica dona magorum als Gegenstand eines Langen'schen Gedichtes anführt (vergl. Oben S. 103. Anm.) konnte, weil seine Elegiae morales aus 1508 stammen, schon die Ausgabe von Zwoll kennen. Diese scheint nicht von R. v. Langen selbst besorgt zu sein, denn sie enthält, ausser den 27 Strophen des Gedichts auf die h. drei Könige, in unmittelbarem Anschluss an dieselben in 10 sapphischen Strophen Hermanni *Buschii* oda lyrica de virtute. Das Gedicht auf die h. drei Könige enthält nach einer Einleitung von 5 Strophen, die biblische Geschichte der Weisen des Morgenlandes in 18 Strophen, und preist in den drei Strophen des Schlusses das h. Cöln, welches seinen hohen Ruhm unter den Städten den Reliquien der h. drei Könige und dem Martertode so vieler h. Jungfrauen verdanke. Wahrscheinlich hat Petrus Os de Breda das bis dahin handschriftlich bekannte Gedicht zuerst durch den Druck veröffentlicht.

[2]) Hamelm. p. 138· Auch *Buschius* und *Murmellius* kennen das Gedicht nicht; und das ist bei dem letzteren um so auffallender als derselbe ein Gedicht gleichen Inhalts verfasste. Vergl. Eleg. mor. II, 14.

·wird. Ob wirklich ein solches Gedicht von Langen handschriftlich bestanden habe und von Trittenheim gekannt war,
oder aber ob das Werk irgend eines andern Humanisten
unter Langen's Namen gegolten habe, wie es denn zu allen
Zeiten Brauch gewesen, Gedichte und Compositionen auf den
Namen grosser Männer zu übertragen, darüber konnte um so
eher Zweifel entstehen, als ein Gedicht unter diesem Titel
von Langen sonst nicht erwähnt war. Es lag daher die Vermuthung sehr nahe, dass die Elegie des *Murmellius:* in Albertum Magnum auf Langen übertragen sei, vorzüglich da es
Sitte der Zeit war, in Sammlungen Gedichte verschiedener
Verfasser zusammenzustellen, ein Umstand, der dann leicht
eine Verwechselung des Namens des Verfassers zuliess. Und
dennoch gibt es ein Gedicht Langen's auf Albertus Magnus,
welches zwar nicht unter dem Titel den *Trittenheim* ihm bei-
legt: *de laudibus Alberti magni*, aufgeführt wird, sondern von
Petrus Drolshagius [1]): *Epitaphium in magnum Albertum* genannt wird.

---

[1]) Die Schrift: In · horas dominicas Illustris Rodolphi Langii, poetae laurenti ornatissimi, explanatio *Petri n.* *Drolshagii*, wahrscheinlich
kurz nach 1505 in Zwoll gedruckt, enthält als drittes Werk: In Epitaphium divi Alberti Magni Ratisponensis pontificis a Langio elegan-
tissimi conflatum Petri n. Drolshagii commentariolus. In der Einleitung an Joannes Murmellius, geschrieben in Zwoll am 28. März 1505,
bemerkt Petrus Drolshagius: „Adiunximus demum explanatiunculam
perbrevem in Epitaphium magni Alberti nostri, doctoris profundissimi,
ab eodem Rudolpho Langio, vate insigni, non minus lepide, quam eleganter lusum, quod si aliquando tuorum auribus praeberes, non parvo
honore laudeque nostrum illum Albertum omnium recte philosophantium
principem afficeres. Vale, me ama atque nostro Rodolpho, Westfaliae
gloriae, commenda. Ex Zwollis anno natal. dom. MCCCCCV. quinto
Calendas Apriles　Als Einleitungsgedicht findet sich vor dem Commen-
tar: Tetrastichon Petri n. Drolshagii ad benevolos lectores:
　　„Quem meminisse iuvat dotes praeclaraque sensa
　　　　Ingenii Alberti, stemma decusque viri,
　　Et bustum fragrans solemni funere clausum,
　　　'Mox breve Rodolphi perlegat istud opus“.
Leider ist das Exemplar der Paulinischen Bibliothek, welches mir zu
Gebote stand, nicht vollständig, jedoch scheint, wie die Paraphrase des
Petrus Drolshagius ausweisst, nicht viel, vielleicht ein oder zwei Distichen

Trittenheim [1]**) schliesst seinen literarischen Bericht über**

zu fehlen; in welchen das Lob des Albertus Magnus andern grossen Männern der Vorzeit gegenüber, welche genannt sind, ausgedrückt war. Das Epitaphium soweit es der verstümmelte Text bietet, lautet:

> „Hactenus ingressus sacra haec subsiste viator
> Ad tumulum magni, qui tegit ossa viri:
> Graecia iactabat magnum qui vicerat orbem
> Clara ducem, virus quem babylone necat;
> Pompeio tumuit magno pulcherrima roma,
> Abscidit Phario cui puer ense caput.
> Sustulit hos bello saeva et formidine magnos
> Mors, dedit infernis volvier hosque focis".

Es fehlt der Schluss, welcher jedoch wie das Einleitungsgedicht, worin das Epitaphium ein b r e v e Rodolphi opus genannt wird, und die Erklärung zeigt, höchstens einige Distichen umfassen konnte. Die Paraphrase des Petrus Drolshagius nämlich, die unmittelbar auf die vier Distichen des Textes folgt, heisst: „Hortatur atque monet viatores .., ut subsistant ad sepulchrum, quod condit ossa et reliquias magni Alberti. Hoc decere probat argumento a maiore tum graecorum tum rhomanorum *(sic)*. Hi Pompeium magnum imperatorem, illi Alexandrum magnum iactant, quos post vitam ad inferos detrusos legimus. Quanto ergo magis nos iactare, laudare debemus Albertum illum magnum non solum scientiis inenarrabilibus, verum et virtutibus innumeris ... praeditum atque tandem inter astra sideraque collocatum". Auffallend ist es jedoch, dass Trittenheim dieses Gedicht Langen's, wenn auch unter falschem Titel, kennt, während Hamelmann und auch selbst Zeitgenossen Langen's dasselbe nicht erwähnen. Es muss daher schon vor 1495 handschriftlich bekannt gewesen sein, und fällt der Zeit nach in den Zeitraum von 1486 bis 1495. Albertus Magnus, eine Zeitlang Bischof von Regensburg, starb in Cöln 1280, und er muss gegen Ende des fünfzehnten Jahrhunderts der Gegenstand der Bewunderung und des Stolzes des neu erwachten deutschen Humanismus gewesen sein. Nicht genug, dass Rudolf von Langen ihm ein Epitaphium schrieb, auch Murmellius weihte ihm die vierzehnte Elegie des zweiten Buches der Elegiae morales in 65 Distichen und Petrus Drolshagius führt noch ein Epigramm in drei Distichen eines Henricus Gebelius an, welches denselben Gegenstand behandelt. An der Echtheit des Epitaphiums R. v. Langen's zu zweifeln, ist kein Grund vorhanden. Dasselbe bestand wahrscheinlich bis zum Jahre 1505 handschriftlich, bis Petrus Drolshagius es mit Commentar edirte und vielleicht durch seine Einleitung an Murmellius die Veranlassung gab, dass auch dieser in seinen Elegieen, welche 1508 erschienen, dem grossen Kölner Gelehrten ein ehrendes Denkmal setzte.

[1]) Vergl. Oben S. 2.

Langen mit den Worten: „Ausserdem noch viele Gedichte und verschiedene Briefe und noch einzelne Sachen, die ich nicht kenne", während Hamelmann [1]) noch Gedichte auf den *h. Paulus*, auf *das Rosarium*, auf *das h. Kreuz* und auf die *sieben Hauptsünden* als Werke Langen's angibt. Das *Gedicht auf den h. Paulus* kann kaum ein anderes sein, als das, was auch in die Sammlung der Gedichte mit aufgenommen ist und dort die vierte Stelle einnimmt. Auch Hegius und Murmellius nennen dieses Gedicht. Dasselbe hat aber, da Hamelmann es besonders anführt, jedenfalls schon vor der Sammlung der Gedichte auch handschriftlich Verbreitung gefunden und gehört wie einzelne Andeutungen in ihm darthuen, in die Zeit kurz nach 1480 [2]).

Das Gedicht, welches Hamelmann [3]) ferner unter dem Titel: *in honorem M. virginis* versus vel hymnos, dictos *Lilium, Rosa, Viola*, (scripsit) anführt, ist dasselbe, welches Buschius *rosaria*, und Murmellius *pallentes violae et candida lilia* nennt. Der vollständige und wie es scheint von Langen selbst ihm beigelegte Titel heisst jedoch: *Rosarium virginis beatissimae*

---

[1]) *Hamelm.* p. 138.
[2]) In dem Gedichte finden sich die Verse:
„Terram respicias memorque gentis,
Quam verbi gladio Jesu parasti,
Jam foede lacerat cruentus ausu
Heu saevo Mahumeth Getaeque viles,
Et mundi capiti iugum minantur
Romae;"
welche unverkennbar auf den vom Pabst Sixtus IV. beabsichtigten Kreuzzug gegen die Türken, welche damals in den Jahren 1476 in Friaul streiften und am 21. August 1480 Otranto stürmten, Bezug haben. Ob Hegius (s. Oben S. 102), dessen Gedichte Jacob Faber bei Richard Paffraet 1503 in Deventer drucken liess, das Gedicht auf Paulus aus der Sammlung kannte, oder nicht, ist ungewiss, jedoch möchte in der Art und Weise, wie er es nennt, und in der ganzen Verbindung ein Grund für die Annahme liegen, dass es ihm schon vor dem Abdruck durch Handschrift bekannt war. Auch *Murmellius* Eleg. mor. lll. 1. führt dasselbe neben der Belagerung von Neuss und dem Gedicht auf die h. drei Könige als selbstständiges Gedicht an (s. Oben S. 103).
[3]) *Hamelm.* p. 138.

gloriosissimaeque dei matris Mariae ad virum egregium magistrum Petrum Ring utriusque iuris doctorem per Rodolphum Langium Canonicum Monasteriensem [1]). Auf der zweiten Seite

[1]) Der hier genannte Petrus Ring (auch Rinck geschrieben) ist wahrscheinlich der Magister Peter Rinck, der im Jahre 1485 Rector der Kölner Universität war. Vergl. *Ennen* Gesch. d. Stadt Köln III, 880. Das Exemplar des Rosariums auf der Bibliothek des Bischöflichen Clerikal-Seminars in Münster s. l. e. a. enthält den obigen Titel auf der 2ten Seite des dritten Blattes mit der gesperrten Ueberschrift: Titulus operis. Auf dem Titelblatt findet sich dagegen folgender „Rosarium triplicium florum varietate liliorum scilicet rosarum violarumque contextum beatissimae virginis gloriosissimaeque dei matris Mariae per ingenuum ac illustrem virum dominum Rodolphum Langium maioris ecclesiae Monasteriensis canonicum, instar praedicationis devotissimi fratris Theodorici Coelde Monasteriensis Ordinis fratrum Minorum de observantia. Ad egregium virum utriusque iuris professione praeclarum Magistrum Petrum Rinck civem urbis sanctae felicisque Coloniae.

„Quod mahumethea rabie tibi virgoque nato
   Deperit, hocque rosis reddis ipsa tuis."

Dieser Titel ist ohne Zweifel aus dem ursprünglichen kürzern und aus Andeutungen, welche in der vorgedruckten Dedication an Petrus Ring über Theodorich Coelde (vergl. Unten Absch VII) enthalten sind, zusammengesetzt worden, und wir können deshalb mit Recht den Schluss machen, dass das Rosarium von Langen selbst nicht edirt ist. Datirt ist die Zueignung an Ring vom 18. März 1493 und daher ist es unmöglich, dass das Werk nach der Angabe *Grässe's* (Lehrb. einer allgem. Literaturgesch. II, 3, 865) in Münster 1486 erscheinen konnte. Buschius seit 1494 in Köln und mit der Familie Ring befreundet, wie dieses die Dedication seines triplex psalterium virginis Mariae an Johannes Ring aus dem Jahre 1498 beweist, konnte das Manuscript in Köln oder auch schon nach seiner Rückkehr aus Italien 1491 in Münster im Hause seines Gönners Langen gesehen haben. Vielleicht ist der Druck in Köln veranlasst, so dass derselbe schon vor der Herausgabe der Eleg. moral. des Murmellius bekannt war, also zwischen 1493 und 1508 fiele; vielleicht kannte aber auch Murmellius das Gedicht schon als Manuscript. Die Buchhändler jener Zeit, selbst humanistisch durchgebildet, wie z. B. Eucharius Cervicornus, der 1513 in Köln immatriculirt wurde, (vergl. *Krafft* in d. Zeitschr. f. Preuss. Gesch V. [1868] n. 8) Theodorich Tzwyvel, welcher ein mathematisches Werk edirte, und Johannes Gymnichus, welcher für seine Ausgabe der Pappa des Murmellius (Köln 1560) die Fehler der frühern Ausgaben verbesserte, gaben die Schriften gleichzeitiger Humanisten heraus, und es ist daher auch bei dieser

des Titelblattes beginnt die Zueignung an Ring und füllt mit dem zweiten Titel fünf Seiten. Daran schliesst sich auf vier und einem halben Blatte das Gedicht selbst, welches aus drei besondern, durch die Ueberschriften und verschiedenen Versmasse unterschiedenen, Gedichten besteht [1]).

Auch ein *Gedicht über das h. Kreuz* in Pindarischen Versen an Johannes Ring gerichtet, führt Hamelmann [2]) als Werk Langen's an. Es ist dieses das Gedicht, welches unter

---

Schrift Langen's nicht unwahrscheinlich, dass dieselbe von einem Buchhändler edirt wurde.

[1]) Das erste Gedicht unter dem Titel: Pro liliis ad virginem behandelt in 5 Strophen von je 10 Alcäischen Versen die Geschichte von der Jugend Mariens bis zum Einzug Christi in Jerusalem. Das zweite: Pro rosis ad virginem enthält 6 Strophen von je 10 Phaleucischen Versen und gibt die Geschichte des Heilandes von Beginn seiner Leiden bis zur Grablegung; das dritte Gedicht endlich: Pro violis ad virginem besteht aus 5 Strophen von je 12 Versen, indem auf 5 Sapphische Verse ein Adonius folgt, und enthält den Zeitraum von der Auferstehung des Herrn bis zum Tode Mariens. Vor jedem Einzelgedicht (Rosarium) geht ein elegisches Distichon vorher und den Schluss bildet: Auctoris de psalterio et floribus ad virginem Epigramma von 5 Distichen. So gern ich mit dem Urtheil von *Liessem* (de H. Buschii vita et scriptis p. 20) über dessen de saluberrimo fructuosissimoque divae Mariae Psalterio Triplex Hecatostichon (abgedr. bei *Liessem* p. 82) übereinstimme, dass nämlich „maxime et Triplici Hecatosticho virtutis poëticae ubertas et elegantis ingenii vis manifestissime elucet,“ ebensogern möchte ich aber auch die Worte *Langen's* in der Dedication an Ring: „Si minus culti elegantesve hi nostri decurrunt versiculi nec amplissimae rerum maiestati respondent, non tam huius ingenii crassitati quam brevitati, qua constringenda res fuit, candidus ac lividus minime lector attribuat velim“, nicht als eine blosse Wendung der Bescheidenheit ansehen. Das Rosarium entbehrt jedes poetischen Hauches und während z. B. Buschius den Gang Marien's über das Gebirge zur Elisabeth mit Ovidischen Bildern und Farben schildert, ist derselbe Gegenstand von Langen in einer Darstellung wiedergegeben, welche von der Prosa bloss das Metrum unterscheidet. Der Abstand beider Gedichte ist ein ganz gewaltiger und während Buschius durch seine Poesie einnimmt, muss Langen mit dem Erfolg zufrieden sein, wenn er erreicht, „ut numeris“, wie er selbst sagt, „ad ea, quae hos inter virginis flores sunt meditanda, pii lectoris memoria concitetur.“

[2]) A. a. O. p. 139.

dem Titel: „*Horae de sancta cruce pindaricis versibus ac Elegia de eadem Rodolphi Langii canonici Monasteriensis*" kurz nach 1496, wie die Dedication an Joannes Ring beweist, erschien [1]). An diese horae de sancta cruce schliesst sich eine *elegia* auctoris *ad sanctam crucem* in 34 Distichen; in welcher die fünf Wunden und die Vorbilder des h. Kreuzes im alten Testament gepriesen werden.

Das Gedicht welches Hamelmann: *Adversus capitalia crimina septem* carmen elegantissimum nennt; heisst mit vollständigem Titel: *Adversus capitalia mortiferaque crimina septem, pestilentissimos animae nostrae morbos, ex septem benedicti et sacratissimi sanguinis Jesu Christi domini nostri effusionibus deprompta remedia ad Doctissimum probatissimumque virum Ma. gerardum Harderwicensem, philosophum acutum et theologum eminentem, Laurentiani apud Coloniam gymnasii rectorem principem, Rodolphus Langius canonicus Monasteriensis carmine lusit*". Alle drei Gedichte scheinen, wie sie auch edirt sind, nahe zusammenzugehören und kurz nach 1496 zu fallen [2]).

---

[1]) Das Gedicht erschien mit einer Dedication des Hermannus Buschius an Johannes Ring in 5 Distichen, und einer Einleitung Langen's an denselben ohne Jahreszahl und Druckort. Der hier genannte Johannes Ring ist wahrscheinlich derselbe, welchem Buschius sein triplex psalterium virginis Mariae widmete. Vergl. *Liessem* a a. O. p. 19. Ausser der Dedication Langen's in Prosa, datirt ex Monasterio anno MCCCCLXXXXVI, enthält dieses Werk Langen's ein Gedicht unter dem Titel: ‚Langius in versus de sancta cruce Joanni Rinco dicatos (19 Verse) woran sich auf zwei Blättern die nach den canonischen Tageszeiten geordnete Leidensgeschichte des Herrn in anapästischem Versmass anschliesst. Das Gedicht erinnert in Anlage und Durchführung lebhaft an den Theil des Rosariums, welcher mit ihm denselben Vorwurf theilt. Wir besitzen dasselbe Gedicht mit dem Commentar des *Petrus Drolshagen* unter dem Titel: „In horas dominicas Illustris Rodolphi Langii, poetae Laureati ornatissimi, explanatio Petri n. Drolshagii." Zwoll um 1505.

[2]) Das Gedicht: Adversus capitalia crimina septem besteht aus 7 Distichen, in welchen je gegen eine der sieben Hauptsünden eine Sühne in den Wunden des Herrn gesucht wird. Auch dieses sowie das vorhergehende Gedicht, die elegia ad sanctam crucem besitzen wir mit dem

Die kleinern Gedichte Langen's, meist aus Anlass von Ausgaben seiner Freunde erschienen [1]), übergehe ich, um noch zwei Gedichte zu erwähnen, von welchen das eine ausdrücklich auf seinen Namen lautet, das zweite ihm, ob mit Recht oder Unrecht, das stehe noch dahin, zugeschrieben wird. Das erste führt den Titel: „ *Rhodolphi Langii ca. Monasteriensis in Prudentii Aurelii Clementis versus hymnos et lyram* ". Langen soll nämlich die Poesieen des Aurelius [2]) Prudentius Clemens edirt haben. Migné gibt in seiner Ausgabe des Prudentius die Prolegomena Arevali, worin es zum Jahre 1495 wörtlich heisst: „Editio illa Daventriensis, quam saepe laudat Giselinus [3]), quae, ut ait, tantum opus illi attulit, quantum codex ullus alius, in catalogo bibl. reg. Paris. ita indicatur: Aurelii Clementis Prudentii opera poetica ex editione Rodolphii Langii. Daventriae 1495, 4. Ludewigius, qui hanc editionem excepto Giselino a nemine visam legerat, eius annum constituit esse 1494. Praeter Giselinum eiusdem editionis meminit Spiegelius [4]) semel et iterum in commentario ad hymnum:

Commentar des Petrus Drolshagius unter dem Titel: In eiusdem Rodolphi elegiam ad sanctam crucem effusam atque carmen perstringens septem capitalia crimina et eorum remedia. In carmen de noctua. (5 Blätter 4°) Petrus Drolshagius hat mit der elegia ad sanctam crucem das Gedicht Langen's (aus der Sammlung von 1486) unter dem Titel: Deo devoti hominis mundi illico peritura contemnentis vana, abdentisque sese Jesu vulneribus, sub allegoria noctuae, die latentis, sed volantis nocte, descriptio verbunden, und daselbst in V. 5. sic vanos in sic varios und v. 6. gloriolae a turbis in gloriolae turbis geändert.

[1]) So verfasste Langen das Gedicht: In Hermanni Buschii . . . . carmina congratulatio (abgedr. b. *Erhard* Erinnerungen S. 58 f.); das Hexastichon auf dem Titel der vita divi Ludgeri von Cincinnus (abgedr. b. *Niesert* Beitr. z. Gesch. d. Buch. S. 21), das Gedicht unter der Ueberschrift: Rodolphus Langius poeta laureatus in versus suos de sancta cruce Joanni Rinco dicatos; findet sich in *Drolshagii* Rud. Langii . . . explanatio fol. 3 b.

[2]) Patrologia lat. Tom. LIX, 641.

[3]) Aurelii Prudentii Clementis opp. a *Victore Giselino* correcta et adnotat. illustrata. Paris 1562. Antverp. 1564. Paris 1566. Köln 1595.

[4]) *Jacob. Spiegel.* interpretatio in Prudentii de miraculis Christi hymnum ad omnes horas. Selestadii in aed Lazari Schurerii 1520.

Omni hora, et Erasmus [1]) in commentario ad hymnum VIII. kal. Januar. Mattairius in Annal. typogr. praeter Daventriensem illam commentitiam anni 1472 editionem operum Prudentii nihil aliud editum Daventriae affert usque ad annum 1481, quo id habet: Daventiae libri exemplorum per Pafradium in 4.

Dieselbe Nachricht findet sich bei Panzer [2]) und von ihm hat sie wahrscheinlich auch Busse [3]) übernommen. Die neuern Bibliographen, Brunet [4]) und Grässe [5]) kennen eine Ausgabe des Prudentius von Deventer, ohne sie jedoch direct Langen beizulegen, indem der erstere nur den Drucker Paffraet angibt, der letztere die unter Langen's Namen angeführte Ausgabe für identisch mit einer andern in Deventer erschienen erklärt. Der Irrthum [6]), Langen als den Herausgeber der Gedichte des Prudentius anzusehen, rührt jedenfalls von einem Dedicationsgedicht desselben her, welches unter der Aufschrift,

---

[1]) Prudentii Opp. cum *Sichardi* et *Erasmi* comment. Basel 1540.

[2]) Annal. typogr. ab artis inventae origine I, 363 n. 94. Aurelii Clementis Prudentii opera edente RLodolpho Langio. Daventriae 1495. 4. (Denis suppl. p. ·96 ex Bibl. reg. Paris., ubi annum impressionis et locum manus antiqua adiecit.

[3]) Grundriss d. christl. Literat. I, 98, §. 181.

[4]) Man. du libr. IV, 915. Prudentius. édit. impr. vers. 1492 avec les caractères de Rich. Paffroed à Deventer.

[5]) Trésor V, 466. Opera aurelii clemētis prudētii s. l. ni a. petit in 4. goth. (168 ff. à 31 l. dont le dérn. bl.) Imprimé vers 1497 avec les caractères de Richard Paffroed à Deventer. Une édit. Daventriae 1472 in 4 citée par Mattaire T. I, p. 316 n'existe pas. Prudentius. Opera poetica ex editione Rud. Langii Daventr. 1495 in 4. Cité dans le catal. de la bibl. du Roi Theol. T. I, p. 373. C'est sans aucun doute le même livre, que l'édit. ci haut, dont une déscription exacte est donnée par Holtrop P. I, n. 320. Vergl. Hain 134,2. Dieser scheint die Ansicht als habe Langen, neben dem Gedicht von 15 Distichen, auch die Ausgabe des Prudentius besorgt, (er nennt ihn editor) getheilt zu haben.

[6]) Ein Irrthum ist es ganz gewiss, denn Murmellius, welcher in seinem 1518 bei Quentel in Cöln gedruckten Scoparius in barbariei propugnatores fol. 13 b. als Commentatoren des Prudentius, ausser sich selbst, den Rodolphus Agricola, Hermannus Buschius und Hadrianus Barlandus nennt, würde sicher Langen mitaufgeführt haben, wenn dieser die Gedichte des Prudentius edirt hätte.

Rhodolphi Langij ca. Monasteriēsis In Prudenti Aurelij Clementis versus hymnos et Lyram, der Ausgabe von Deventer vorgedruckt ist. Merzdorf[1]) nämlich gibt die genaue Beschreibung eines Exemplars der Bibliothek zu Oldenburg, welches er in Deventer zwischen 1490—95 gedruckt sein lässt. Dasselbe besteht aus 168 Blättern ohne Custoden und Signatur mit 31 Zeilen und zweierlei gothischem Charakter. Auf dem ersten Blatt findet sich der Titel: Opera aurelii clemētis prudētii, auf dem zweiten: Rhodolphi Langij Ca. Monasteriēsis In Prudentij Aurelij Clementis versus hymnos et Lyram. Das Gedicht in 15 Distichen füllt fol. 2 a. und endet auf fol. 2 b. und es folgt auf derselben Seite eine kurze Darstellung der Schriften des Prudentius ex libro illustrium virorum beati Genadii, Massiliensis presbyteri. Das Werk enthält fol. 7 a. s. die Apotheosis; fol. 26 a. die Psychomachia; fol. 42 a. die Hamartigenia; fol. 59 a. die Peristephanon; fol. 93 a. contra gentiles; fol. 113 a. die Hymnen (Cathemerinon); fol. 134 b. contra Symmachum; den Schluss bildet fol. 167 b. eine Inhaltsangabe in 10 Zeilen. Rudolf von Langen ist demnach der Editor des Werkes nicht, sondern er hat, vielleicht für den Drucker Paffraet oder für seinen Freund und Mitschüler Alexander Hegius, von dem freilich eine Ausgabe der Gedichte des Prudentius anderweitig nicht bekannt ist[2]), das einleitende Gedicht geschrieben, in welchem er die antike Poesie eines Pindar, einer Sappho, eines Horaz gegen die h. Lyra schweigen heisst und zum Schluss den Leser auffordert:

„Non Venus incesta hic, Mars saevus, turpia Jovis
    Stupra patent, veterum turbaque foeda deum;
Sed pia. sed casta, sed fortia sanctaque lector
    Omnia securo sanctius ore legas".

---

[1]) Verzeichniss der Incunabeln der Grossherzoglichen Bibliothek zu Oldenburg, in Naumann's Serapeum XIII. 142. In dem Exemplar der Königl. Bibl. in Berlin fehlt das erste Blatt und dasselbe beginnt mit Rhodolphi Langij cet.

[2]) Für Murmellius verfasste er es nicht, denn dieser edirte sein Werk unter dem Titel: Divi Romani herois et Christi martyris inclitum adversus gentiles certamen ab Aurel. Prud. Clem . . . carmine compositum in Cöln. Quentel, 1517.

Die irrthümliche Angabe, auf der Pariser Bibliothek be-
finde sich eine Ausgabe der Gedichte des Prudentius von
Langen, welche vielfach in die bibliographischen Werke übergegangen ist, hat durch das Gesagte den Grund für ihr Entstehen gefunden [1]). Mir selbst stand ein in Deventer um
1490 bis 1495 gedrucktes Exemplar des Prudentius nicht zu
Gebote, jedoch fand ich fol. 2. dieser Ausgabe, das Gedicht
Langen's enthaltend, einem Convolut Langen'scher Schriften,
früher im Besitz des Pfarrers Niesert in Velen, jetzt auf der
Paulinischen Bibliothek in Münster, angeheftet.

Zugeschrieben wird Langen ein Gedicht, wie es heisst,
ein *Hymnus für eine Mahlzeit* [2]). Nach einer Anrufung der

---

[1]) Die Thätigkeit des Editors des Prudentius beschränkt sich auf
Angabe des Versmasses vor jedem Gedicht, und auf ein beigefügtes
Inhaltsverzeichniss. „Carmina Aurelii Prudentis, pie lector, impressa
hoc ordine invenies "

[2]) Das Gedicht unter dem Titel: Tetrametrum dactylicum hyper-
cathalecticum monocolon tetrastrophon: Ad coenam hymnus feliciter
besteht aus 160 Versen (je 20 auf der Seite), an welche sich zum Schluss
zwei Hexameter anschliessen. Das Vermass, welches in der Ueberschrift tetrametrum dactylicum hypercatalecticum genannt wird, besteht
aus einem dimet. dactyl. catal. in syl. c. basi und einem Adonius. Der
Druck s. l. e. a. ist undeutlich und enthält manche Fehler. Das Gedicht trägt den Namen des Verfassers nicht, sondern dieser ist in dem
mir vorliegenden Exemplar von späterer Hand an den Rand geschrieben. Auf welche Auctorität hin dieses geschehen ist, vermag ich nicht
zu bestimmen; denn nirgendwo finde ich ein ähnliches Gedicht von
Rudolf von Langen angeführt. Es zerfällt dasselbe in drei grössere Abschnitte eingeleitet je durch Anrufung dreier Musen, der erste von
65, der zweite von 55, der dritte von 40 Vv. Obgleich der Vorwurf
als solcher nicht hindert anzunehmen, das Gedicht sei von Langen verfasst, und obgleich auch an Stellen ein religiöses Motiv durchleuchtet,
so scheint dennoch die äussere Auctorität einer spätern Hand nicht ge-
wichtig genug, trotz einzelner harten Ausdrücke und abstossender Bilder, Langen als Verfasser festzuhalten. Das Gedicht in seiner ganzen
Gestalt erinnert an die Verfallzeit des Humanismus, es ist schwülstig
und breit, stellenweise unzart und hart. Auch scheint der Verfasser
bisweilen mit seinen Worten und Versen in Verlegenheit gekommen zu
sein; daher unschöne Wiederholungen und Härten im Versbau, wie
z. B. der Schlussvers eine solche zeigt. Der Bachus sacer, qui vina

drei Musen Euterpe, Erato, Terpsichore, zu der Mahlzeit ihre
Cither zu schlagen, welche jedoch vor der heiligen Lectüre
schweigen sollen, werden Verhaltungsregeln für die Gäste gegeben. Nach einer zweiten Anrufung der Musen Melpomene
Clio, Thalia, heitern Scherz den Gästen zu bringen, werden
alle bösen Gespräche den Gästen abgeschnitten, und endlich
Polyhymnia, Calliope und Urania aufgefordert, die grossen
Thaten der Vorfahren pro rege et patria et urbe tuenda zu
feiern. Den Schluss bildet ein Gebet:

> Hymnum rite pium promite cuncti:
> Bonis proque tuis Christe suavis
> Ad te mellifluas fundimus odas
> Et grates agimus corde benigno,
> Quas rex summe tibi dicimus o rex.

Ausser Gedichten schrieb Langen auch Bücher in Prosa,
wie solches im Allgemeinen schon Trittenheim angibt; wenn
er sagt: „Langen schrieb viele Werke in Versen und Prosa [1]“.
Aus dem Umstand, dass Trittenheim die Hierosolyma in zwei
Büchern nennt, darf man schliessen, dass ihm die prosaische
Bearbeitung dieses Stoffes bekannt war, da das ursprüngliche
Epos wahrscheinlich nur ein Buch über den Brand und die
Zerstörung Jerusalem's enthielt. Hamelmann nennt überall nur
das Epos Hierosolyma, obgleich er den Trittenheim'schen Bericht annimmt und weiter ausführt, und ihm scheint daher
die prosaische Umarbeitung gar nicht in die Hand gekommen
zu sein [2]). Er redet über prosaische Schriften Langen's spe-
ciell nirgendwo, und nur einmal [3]) finden wir bei ihm eine
Notiz, welche voraussetzen lässt, dass er vielleicht prosaische
Schriften von ihm, abgesehen von seinen Briefen, deren er
zwei abdruckt [4]), gekannt habe. Er spricht dort von einem

---

fundit opima; die alma Ceres, quae fert fercula mensae; und die
undis fusa Thetis weisen auf eine spätere Zeit des Humanismus
hin, welcher von dem ursprünglichen fast nur die Nachtseite beibehielt.

[1]) Vergl. Oben S. 2.

[2]) Vergl. über die Hierosolyma in Prosa Oben S. 110 und *Winiewski*
Ind. lect. Acad. Monast. 18⁶⁸/₆₉.

[3]) *Hamelm.* p. 171. — [4]) *Hamelm.* p. 276 f.

Commentar zu Boethius, den zum Theil Murmellius, zum Theil
Langen verfasst haben soll. Wie diese Angabe im Einzelnen
zu verstehen ist, ob sie bedeute, der Boethius sei theilweise
von Langen, theilweise von Murmellius bearbeitet, oder Langen's Thätigkeit erstrecke sich nur auf Durchsicht, Feile und
Correctur des Commentars des Murmellius, das geht aus den
Worten nicht mit Sicherheit hervor. Die Ausgabe des Boethius [1]) unter dem Titel: Severini Boethii de philosophiae
consolatione libri quinque cum Joannis Murmellii commentariis Alcmariae (quod Hollandiae oppidum est liberalibus studiis clarum) editis usui studiosorum.

Insunt in hoc opere graeca, quae in pervulgatis hactenus
exemplaribus desiderantur.

Insunt et haec: Nicolai Crescii Florentini epistola;

Jacobi Bononiensis in Boethium praelectio;

Theodorici Gothorum regis ad Boethium epistola ex Cassiodori Variis;

Augustini Dathi epistola quoddam Boethii carmen enarrans;

Rodolphi Agricolae Phrisii in Boethii partem luculentae enarrationes, et alia quaedam minime poenitenda.

Venumdatur Daventriae in aedibus Alberti Pafraet, 4. (118 fol.)
erschien wie aus dem Einleitungsschreiben an Rudolf von
Langen [2]) erhellt, um das Jahr 1514. Obbarius [3]) nennt
eine ältere Ausgabe desselben Werkes von Murmellius, die
in Köln 1514 bei Quentel erschienen sein soll, eine Angabe,
welche jedoch auf einem Irrthum beruht. Denn Murmellius [4])
sagt ausdrücklich, er habe die Aenderung feros für saevos in
den Text aufgenommen, auf eine Mittheilung Langen's hin,
welchen er vor 12 Jahren darüber befragt habe. Die bei-

---

[1]) Exemplar auf der Bibl. des Bisch. Clerie.-Sem. in Münster. Titel
abgedr. bei *Erhard* Erinn. a. a. O. S. 65 f. Vergl. *Niesert* in Tross
Westphal. II, 86.

[2]) Abgedr. bei *Erhard* Erinnerung. a. a. O. S. 66 f.

[3]) Boethii de consolat. philos. lib. V. proleg. LV, 42.

[4]) Fol. 14. a. „feros tyrannos. sic legendum est, non saevos, ut Rodolphus Langius duodecim ab hinc annos a me consultus se in
exemplari quodam legisse respondit.“

den Briefe jedoch, in welchen Langen dem Murmellius seine
Aenderungen mittheilt, datiren aus dem Jahre 1501 [1]). Ueberdies bemerkt Murmellius in dem ebengenannten Einleitungs-
briefe an Langen, dass er endlich seine Erklärungen zum
Boethius herausgebe und sie gleichsam unter dem Schilde
Langen's veröffentliche [2]), ein Beweiss dafür, dass dieser Brief
die erste Ausgabe begleitete und diese demnach um das Jahr
1514 zu versetzen ist. Eine spätere von Obbarius nicht genannte Ausgabe des Boethius mit Commentar des Murmellius,
welche nach 1514, aber vor 1518 in Cöln (wahrscheinlich
bei Quentel) erschien, nennt Murmellius in seinem 1518 erschienenen Scoparius in barbariei propugnatores fol. 14 a.
mit den Worten: «Scripsi commentarios in Severinum Boethium, qui Daventriae non satis diligenter impressus fuit,
sed Coloniae per Joannem Caesarium et Ortwinum Gratium,
viros doctissimus integritati, (ut titulus libri et epistola ad
calcem adiecta testatur), diligentissime restitutus».

Nachweisbare Unterstützung von Seiten Langen's, fand
Murmellius bei der Herausgabe in den zwei Stellen, welche
in den beiden Briefen an ihn genannt werden [5]), obschon es
nicht unwahrscheinlich ist, dass er auch sonst Langen's Urtheil einholte und mit ihm seine Ansichten austauschte [4]). Es
bezieht sich demnach die in ihrem Wortlaut missverständliche
Nachricht Hamelmann's nicht auf eine Theilung der Arbeit,

---

[1]) Dieselben finden sich in: Joannis Murmellii Ruremundensis epi-
stolarum moralium liber, Alcmariae, peramoeno Hollandiae oppido, com-
positus. Famigeratorum aliquot Germaniae virorum epistolae non illi-
teratae cum nonnullis carminibus. Impress. Daventriae per me Albertum
Pafraet XII Cal. Octobres. 4. Vergl. *Hamelm.* p. 276 f. *Erhard* Erinner.
a. a. O. S. 60 f.

[2]) „Tandem meas in Boetii Severini de philosophiae consolatione...
enarrationes ... in lucem emitto ...“

[3]) Diese Aenderungen in I, IV, 6. excitantis für exagitantis und
I. IV, 11. feros für saevos sind ausser von Murmellius fol. 13 b. und
fol. 14 a. auch von Henricus Glareanus (Obbar. p. LV) übernommen
und finden sich auch im Text des Obbarius p. 7.

[4]) Vergl. Einleitungsschreiben an Langen bei Murmellius a. a. O.
Hamelm. 273. 277.

sondern auf die Beihülfe, welche Langen dem Murmellius bei seiner Herausgabe angedeihen liess. Murmellius würde, wenn Langen an der Herausgabe des Boethius direct mitbetheiligt gewesen wäre, dieses auch im Scoparius fol. 14 a, wo er über seine Ausgabe spricht, bemerkt haben.

Ausser der Hierosolyma und Briefen an Freunde können wir von Langen als prosaische Schrift mit Sicherheit nur nachweisen: Die Fortsetzung der Chronik eines ungenannten Augenzeugen von der Wahl Bischof Heinrich's von Mörs bis auf das Ende der grossen Münster'schen Fehde, 1424 bis 1458 [1]). Diese Fortsetzung Langen's, die im Manuscript äusserst fehlerhaft erhalten ist, sich aber zum Theil aus Wittius wiederherstellen lässt, enthält in einer, von dem vorhergehenden Chronisten, vollständig abweichenden Sprache kurz die Geschichte des Bischofs Heinrich von Schwarzburg. Die Lebensbeschreibung lautet nach der Handschrift wörtlich [2]) »: Hinricus de Schwartzenburgh. Illustris Hinricus e comitibus Schwartzenburgh, Romani imperii principibus et excelsa Brunswicensium domo, paterna stemmata referens, materna ex clarissimo Cliventuim Burgundionumque altissimo sanguine ducens [3]), reverendissimus pater, huius [4]) ecclesiae pontifex et Bremensis sanctae [5]) administrator, humanissimus [6]) tam alti sanguinis princeps, ab omni elationis spiritu, flatu [7]) superbiae quam

---

[1]) Abgedruckt in den Geschichtsquell. des Bisth. Münst. I, 241 ff. Diese Chronik kannte der Zeitgenosse Langen's, der Liesborner Mönch Wittius, welcher in seiner Historia Westphaliae die Chronik des Ungenannten im Auszuge p. 729 ff., die Fortsetzung Langen's fast wörtlich p. 564 u. 596 wiedergibt. Auch *Schaten* Annal. Paderb. II, 548 f. beruft sich zweimal auf diese Darstellung Langen's. Ueber die Handschriften und den Werth der Chronik vergl. *Ficker* in den Geschichtsq. I, Vorrede S. XXX f. Ueber die Zeit der Abfassung lässt sich mit Sicherheit nichts bestimmen, jedoch ist dieselbe nicht allzuweit nach dem Tode Heinrich's zu versetzen.

[2]) Die Abweichungen Witte's von der Handschrift sind unbedeutend, doch corrigiren sie bisweilen den Text und mögen deshalb in den Noten eine Stelle finden.

[3]) hic reverendissimus — [4]) Monasteriensis eccles. — [5]) Bremensis ecclesiae. — [6]) humanissimus fehlt. — [7]) statuque

alienus [1]), fortitudine clarus et liberalitate, annos [2]) trigenta huic [3]) ecclesiae eiusque ditioni [4]) non absque praeclara laude magnorum [5]) favore principum et amore praesedit, qui etsi ut imperii princeps praeclara [6]) bella gessit, tantus suis tamen pacis autor [7]) per annos triginta exstitit, ut non absque re quietus [8]) sit temporum suorum fundator appellandus. Adversus Oldenburgensem [9]) comitem longa provocatus atrocique iniuria movit arma, Delmenhorst [10]) obsedit magna [11]) clade damnisque comitem iterum atque iterum [12]) afficiens petenti pacem dedit. Adversus Carolum, formidandum illum Burgundiae ducem, velut quando [13]) belli potestate [14]), Nussiam toto ferme obsidentem anno summis extremisque viribus oppugnantem, accitus ab imperatore Friderico, qui magnas ex imperio vires contraxerat Rhenum [15]) traiecto exercitu ad Caesaris castra consedit, prae aliis visus est unus principibus, cui tanti exercitus imperator Romanus aquilas imperialiaque vexilla in hostem ducenda committeret [16]). Ubi inde [17]) ad Caesaris castra dux ipse praepotens suis [18]) et ipse erumpens terribili ac magno, ut erat, animo progressus foret audaciam [19]) totisque Caesarianis castris esset trepido [20]), hic invictus princeps cum toto exercitus sui robore irruenti sese hosti obiecit vastumque et tremendum eius impetum ingenti gloria et virtute sustinuit, repulit ac audaciam retardavit. Hinc iterum Oldenburgensis [21]) comitis veteranis continuisque excitus iniuriis in eundem inducens arma duxit exercitus [22]) Delmenhorst [23]) ad ea usque tempora praedonum arcem longa iterum ac pertinaci cinctum obsidione (in cuius et dura oppugnatione fratrem strenue obnixissime [24]) pugnantem amisit) et Harpstadium [25]) magnis eidem viribus abstulit et huius ecclesiae ditioni

---

[1]) quam alienus *(alienissimus?)* — [2]) annis — [3]) Monasteriensi — [4]) eiusque ditioni fellt — [5]) magnorumque — [6]) plurima. — [7]) amator et auctor — [8]) quietis — [9]) Aldenburgi — [10]) Delmenhorstum — [11]) magnaque — [12]) iterum iterumque — [13]) quandam — [14]) potestatem — [15]) per Rhenum — [16]) contraderet — [17]) cum — [18]) suis *(cum suis?)* — [19]) audacia — [20]) trepidatum — [21]) Aldenburgi — [22]) exercitum — [23]) Delmenhorstum — [24]) obnixissimeque — [25]) Herpstedium

ut belli pacta iura [1]) adiecit possidenda Phrisionesque [2]) insolentes [3]) episcopus [4]) pro iuribus ecclesiae suae pugnans
bello contudit ac eos quod vinci possent edocuit, pacem trac-
tatu interveniente concessit, in quos haud probe pacis pacta
servantes cum ingentem esset expeditionem meditatus, intem-
pestive [5]) ac cum minime congruebat, ostendens omnibus quam
frivolae caducaeque sint res humanae ac inânes cogitationes
nostrae, sumptis ecclesiae sacramentis, morte ab hac luce
subtractus est, quam clerus ac nobilitas, plebs sane universa [6])
luctuque tulere ac velut in exitu [7]) congemuere. Cuius animam
divo Paulo electionis vas [8]) cuius ecclesiam ac ditionem pace
fovit protexit auxit, pie commendat [9]) deus et dominus mise-
ricordiarum ex superabundanti pietatis suae fecunditate cum
pontificibus et principibus piissimis in superna illa pacis arce
misericorditer dignetur collocare. Anno MCCCCXCVI. vicissimo
quarto Decembris.

Carmen Rudolphi Langii de eodem, qui et praesentem
composuit historiam:

Laetus adesto	Candide lector
Quisquis amator	Principis alti;
Inclyta gesta	Praesulis huius
Aere perenni	Fama loquetur;
Livide tuque	Tristis abito!

Die beiden Hauptbestrebungen der Humanisten des 15.
Jahrhunderts, welche Anerkennung und Werthschätzung verdienen, theilte, wie dieses seine schriftstellerische Thätigkeit
darthuet, auch Langen mit ihnen; und wenn er mit seiner
Hierosolyma das historische Gebiet betrat, so liefern seine
Gedichte den Beweis, dass er in linguistischen Studien gegen
sie nicht zurückblieb.

---

[1]) parta iure — [2]) Frisiorum — [3]) insolentes spiritus — [4]) Episcopus fehlt. — [5]) Bei *Wittius* sind die folgenden Worte bis congemuere
doppelt angeführt p. 565 u. 596. — [6]) magno dolore luctuque. — [7]) in
exitu communis congemuere parentis. — [8]) vaei? — [9]) commendatam?

VII.

Langen als Mensch, Priester und Gelehrter.

Wenn Karl von Raumer[1]) über die Italiener des 15. Jahrhunderts das Urtheil ausspricht: «Es charakterisirt den Politian . . ., ja es charakterisirt viele der grössten Italiener jener Zeit, dass bei ihnen auf eine fast unbegreifliche Weise Frömmigkeit und Andacht mit wahrer Ruchlosigkeit Hand in Hand gingen[2])»; so trifft dieser, für die Italiener gegründete Vorwurf, die für das Studium der classischen Literatur in Westfalen strebenden Männer nur in so vereinzelter Weise, dass man ohne Bedenken sagen kann, er treffe sie gar nicht[3]). Vor allen jedoch ist es der Gründer und rege Beschützer classischer Bildung in Münster, der weit entfernt auch nur den geringsten Schatten auf seine Person zu werfen, vielmehr durch Frömmigkeit und hohen religiösen Sinn sich so sehr vor Allen auszeichnete, dass seine Tugenden wie aus Einem Munde gepriesen werden[4]). Wenn Langen's Verwandter Hermann von dem Busche in seinem vielfach bewegten Leben an Klippen anstiess und scheiterte, wenn sein ausgezeichnetes Talent und seine allseitige Bildung ihn nicht vor Fehltritten zu schützen im Stande waren[5]), und derselbe in seinen re-

---

[1]) Gesch. d. Pädag. I, 49.

[2]) Vergl. *Friedrich* Joh. Wessel S. 52 ff. *Reumont* Geschichte der Stadt Rom III, 316 ff. 342 ff.

[3]) Vergl. *Cornelius* Münst. Humanist. S. 16. *Krabbe* Gesch. Nachr. S. 71.

[4]) *Hamelm.* an versch. Stellen seiner oratio de R. Langio.

[5]) In einem an Busch gerichteten Briefe sagt *Trittenheim* (Epist. famil. [Hagenau 1536] p. 129.) „Parce oculis tuis, qui utroque malo (vino et venere) te nimium volente perculsi, fluctu et rubedine iam pene destructi sunt. Parce rebus et substantiae, quam docendo laboriose acqui-

ligiösen Dichtungen oft nur der allgemeinen Sitte Genüge leistete, ohne für die Sache begeistert zu sein [1]); weht durch die Gedichte Langen's ein Hauch, welcher nur seinem von Religion und Tugend tief durchdrungenen Gemüt entquillen konnte. Obschon den humanistischen Studien von ganzer Seele ergeben und von dem regsten Eifer für ihre Verbreitung beseelt, hatte Langen dennoch nicht sich einseitig ihnen gewidmet, sondern er wusste heilige und profane Wissenschaft[2]) so mit einander zu verbinden, dass beide sich gegenseitig durchdrangen und die classische Bildung getragen wurde, durch den aus den Schriften der Kirchenväter geschöpften Geist[3]). Ohne sich in die religiösen Streitigkeiten seiner Zeit einzumischen, und fern von dem Wort- und Federkriege, in welchem viele seiner Gesinnungsgenossen verwickelt waren[4]),

---

ris, ne senior factus mendicare cogaris . . . . Admonitionibus nostris et parcas et acquiescas rogamus; tu enim, quam te diligamus, non ignoras et nos, quam freno indigeas, scimus. Dazu *Liessem* a. a. O. p. 38 ff. 78 ff.

[1]) Seinen Standpunkt spricht er selbst in der Dedication seiner Schrift: De saluberrimo fructuosissimoque virginis Mariae psalterio an Joannes Rinkus dahin aus: „Sed quam ob rem hanc ego materiam suscepi, potissimum me h a e c u n a c a u s a incitavit, quod multos poëtas (nec inerudite) haec eadem factitasse viderem. Vergl. *Liessem* p. 24.

[2]) Daher sagt *Tritthemius* in seiner kurzen Charakteristik Langens, „vir divinis scripturis studiosus, et in saecularibus literis eruditissimus": (vergl. *Hamelm.* p. 1414); und *Murmellius* in der Einleitung seiner Elegiae morales an Langen spricht von dessen incredibilis virtus ac pietas und nennt ihn vir piorum doctissimus.

[3]) In der Bibliothek Langen's finden wir ausser den Griechischen und Römischen Classikern auch Schriften der Kirchenväter (vergl· *Hamelm.* p. 262), und für ihren Gebrauch spricht die Einleitung in seine Hierosolyma. Vergl. *Winiewski* Ind. lect. Acad. Mon. 18⁶ᴴ/₆₉ p. 9. s· *Murmellius* eleg. moral. ll, 1. nennt Langen: „inclyte musarum Christique verende sacerdos." Vergl. *Hamelm.* p. 274.

[4]) Die Fehden, welche Buschius allerorts ausfocht, sind bekannt genug; aber auch die andern Münster'schen Humanisten unterlassen es nicht, bei Gelegenheit mit Verachtung über ihre Gegner zu sprechen. So sagt *Tunicius* in einem der Pappa des Murmellius vorgedruckten Gedicht ad puerum bonarum artium studiosum:

„Anser colluvie gaudet, bos gramine solum,
  Sus foricas lambit, sputaque gallus edit,

lebte er zurückgezogen -der Betrachtung und dem Studium, und die Früchte seiner Muse athmen den kindlich · religiösen Sinn [1]), welchen wir noch heut an ihnen bewundern, und welcher sie unendlich über manche literarische Erscheinungen jener Zeit erhebt.

Die Eindrücke, welche Langen in seiner Jugend zu Münster und Deventer empfangen hatte, behaupteten sich unter dem Einflusse Italiens und der humanistischen Studien [2]), und während heidnische Gesinnung, heidnisches Leben und heidnische Schriften viele italienische Gelehrte charakterisiren, sind Demut und Bescheidenheit, sowie tiefer religiöser Glaube und aufopfernde Nächstenliebe die Tugenden, welche den westfälischen Gelehrten neben dem Verdienst, die classischen Studien im Norden Deutschlands geweckt zu haben, mit unvergänglichem Kranze zieren [3]).

Sic etiam indocti vatem cum rhetore spernunt,
Laetantur coeno, gotthica verba ferunt,
Nil nisi barbariem passim tumido ore loquuntur,
Non vates norunt, carmina nulla .tenent.
Detrahit ignarus docto convicia iactans
Respuit et damnat, quod modo nescit iners."

[1]) In der Sammlung seiner Gedichte von 1486 sind drei grössere und ungefähr zwanzig kleinere religiösen oder religiös-sittlichen Inhalts und nehmen wir dazu noch seine Gedichte zu Ehren der h. Maria, des h. Kreuzes und das sapphische Gedicht auf die h. drei Könige, so irren wir nicht in dem Urtheil, der grössere Theil der Langen'schen Dichtung bewege sich auf religiösem Gebiet und sie werde getragen durch die tiefe Frömmigkeit des Dichters selbst.

[2]) *Cornelius* a. a. O. S. 16.

[3]) Mit Begeisterung singt *Murmellius* Eleg. mor. IV. 1, 7. von seinem Gönner und Lehrer:

„Te capit ingenuae sine fuco mentis aperta
Simplicitas; studium tu probitatis amas;
Nostra nec odisti rivo de paupere fusa
Carmina, pierii gloria summa chori.

. . . .

Hortaris iuvenem verae virtutis ad arcem,
Carpere difficilem te duce tento viam.
Vergl. dazu Eleg. mor. I, 1. III, 1; *Buschius* in der Elegie ad Dominum

In die Jugendzeit Langen's fällt ein grosser Theil der un-
züchtigen Literatur, welche nach einzelnen Novellen des De-
camerone von Boccaccio, die an Frechheit Alles übertrafen,
was selbst die frechste Feder eines Guillaume de Lorris und
Jean de Meun geleistet hatte, und die verschiedensten Anklänge
wachriefen, gebildet war, und welche von den italienischen
Humanisten gepflegt und mit dem Nimbus classischer Latinität
umgeben wurde. Es ist kaum zu begreifen, wie derselbe
Laurentius Valla, welcher kritische Bemerkungen zur Vulgata
schrieb, der den Herodot und Thukydides übersetzte, Vergnügen daran finden konnte, ein Buch über die Wollust zu
verfassen, in welchem zwar schliesslich das Christenthum
triumphirt, daneben aber das Recht der sinnlichen Natur mit
verführerischer Geschicklichkeit verfochten wird [1]). Und ein
solches Buch fand nicht nur seine Leser, sondern auch diejenigen, bei welchen man am wenigsten Geschmack für derartige Lectüre vermuthen sollte, waren begierig auf dieselbe
und nahmen solche Bücher mit grossem Beifall auf. Freilich
riefen Werke, wie der Hermaphroditus des Antonio degli
Beccadelli, die Facetien des Poggio bei einzelnen Gutgesinn-
ten die heftigsten Widersprüche hervor, allein wie schwach
diese Partei gegen die andere zählte, welche eine solche
Literatur mit Begierde verschlang, das beweist der Umstand,
dass die Facetien des Poggio vor dem Jahre 1500 bereits in
sechs und zwanzig Auflagen und verschiedenen Uebersetzungen
erschienen waren. Wie viele Leser fanden nicht die eroti-
schen Briefe des Aeneas Sylvius und seine schlüpfrige Novelle
Euryalus und Lucretia; und sie fanden deshalb nicht weniger
Beifall, dass er sie später als Pabst Pius II. verdammte und

Rod. Langium (abgedr. bei *Cornelius* a. a. O. S. 57); und die schöne
Stelle in dem Briefe des Caesarius an Herm. von Neuenaer (abgedr. bei
Cornelius a. a. O. S. 73): „Et tamen haud alio titulo, quam poetae
illum, dum vixit, dignati sunt barbari, quamquam ipse, ut erat mode-
stissimus, tanti nominis honore, ut nec dignari se unquam voluit, ita
nec gloriari consueverat."

[1]) *G. Voigt:* die Wiederherstellung des klass. Alterth. S. 223 f.

aufs heftigste beklagte, mit welcher Gier derartige Schriften
gelesen wurden [1]).

Das grosse Verdienst, welches die Gelehrten Italiens un-
bestreitbar besassen, dass sie der schwerfälligen, unverständ-
lichen in Terminologien und Distinctionen versunkenen Sprache
des Mittelalters gegenüber die Rechte der classischen Literatur geltend machten und auf die alten Schriftsteller als Quelle
für lateinischen Ausdruck zurückgingen, wurde sehr durch ihr
Gebahren dem Bestehenden und durch altes Herkommen Heiligen gegenüber getrübt und verlor daher zum Theil mit
Recht an seiner Wirkung. Mit dem Ausdruck trat zugleich
vielfach das heidnische Wesen bei ihnen hervor, und das nicht
bloss im Aeussern, so dass der ganze Olymp neben Christus
und seinen Heiligen in derselben Reihe steht, ohne dass darum
der christliche Glaube als solcher angegriffen wurde, sondern
letzterer litt gerade in Italien ganz bedeutend, und wenn auch
die einzelnee Formen blieben, so war das Herz dennoch bei
manchen abgestorben.

Am besten und wahrsten schildert dieses ungläubige und
zum Theil verkommene Wesen Voigt [2]), wenn er sagt: «Die
modernen Dichter und Philosophen zeigen als gewandte Hof-
und Weltmänner keine Anwandlung von hartnäckigen Meinungen und ketzerischer Verstocktheit . . . Sie traten zum Theil
in den Dienst der Kirche, schmeichelten den Päbsten, Cardi-
nälen und Bischöfen, sprachen vom Glauben mitunter wie
Begeisterte. Warum sollte man ihnen nicht ihre classischen
Tummelplätze lassen? . . . Man gewöhnte sich, ihr Spielen mit
dem Heidenthum als eine unschuldige Liebhaberei zu betrach-
ten, die man, ohne sich lächerlich zu machen, nicht mit ern-
ster Rüge verfolgen könnte. Wer wollte einen Lärm daraus
machen, wenn der lebhafte Redner einmal eine classische
Betheuerungsformel einflocht, wer ihn der Vielgötterei be-
schuldigen, wenn er statt den Einen Gott anzurufen, einmal
sagte: ihr Götter! Wer wollte dem Dichter, wenn er die Be-

---

[1]) *Aen. Sylvii* epp. 1. 395.
[2]) *Voigt* a. a. O. S. 459.

gier des sündlichen Fleisches als Amor personificirte, und
statt der göttlichen Gnade die Huld Apollon's und der Musen
anflehte, desbalb der Abgötterei zeihen? . . . Es war dichterische Licenz, wenn Filelfo den P. Nicolaus als denjenigen
anspricht, «.der den Thron des Olympischen Jupiter hüte...»

Neben dieser Frivolität in Sachen des Glaubens und der
Sitte, welche doch an und für sich nicht in der Natur der
humanistischen Studien ihren Grund hatte, läuft Hand in Hand
eine Ueberhebung der italischen Gelehrten, die vollständig
an's Masslose streift. Dieselben überschritten ganz und gar
die Grenzen ihrer Befugniss, wenn sie, durch ihre Erfolge auf
sprachlichem Gebiet kühn gemacht, jetzt Alles vor ihren Rich-
terstuhl zogen, und glaubten über Jedes absprechen zu dürfen. Sie begannen einen förmlichen Kampf gegen alle Wissenschaften; Theologie und Jurisprudenz, beide in Glossen
und Commentaren vergraben, waren der Haupttummelplatz,
auf welchem sie Jeden mit Geifer und Galle übergossen, welcher es wagte, sich gegen sie zu erheben. Sperrte man sich
deshalb auf der andern Seite vollständig gegen die humanistischen Gelehrten ab, so gab es für diese gegen ihre Gegner
keine Rücksicht und Schonung mehr, man geisselte ihre Person mit unerbittlicher Härte, machte dem Groll in den heftigsten Anzüglichkeiten Luft und liess ihm freien Lauf, wenn es
galt, einen Mönch oder eine Nonne dem öffentlichen Schimpf
Preis zu geben. Und diese Literatur wanderte dann von Hand
zu Hand, sie fand Ansehen auch in weitern Kreisen und um
so mehr Verehrer, als Lockerung der Sitten und Gleichgültigkeit um sich griffen. Es ist hier nicht der Ort zu entscheiden, in wie weit manche der Humanisten in Italien in ihren
persönlichen Angriffen im Recht oder Unrecht waren; das
steht fest, dass ihr Gebahren, statt die Sitten zu heben, dieselben durch die grössten Obscönitäten noch mehr verderben
musste. Diesen italienischen Predigern des lautern Heiden-
thums stand der westfälische Humanist als echter Christ und
Sohn seiner Kirche gegenüber. Lauter und rein, wie sein
ganzes Leben fliessen seine Gedichte, frei von der unreinen
Beimischung so mancher späteren Humanisten dahin, und wenn

Murmellius [1]) von ihnen sagt, Langen habe die Cither Christi
gerührt, und nicht die vom Blute der Venus gerötheten Blumen, sondern Veilchen und Lilien Marien geopfert, so spricht
er in diesen Worten dem hohen sittlichen Charakter Langen-
scher Dichtung das wohlverdiente Lob, welches ihr keine
Zeit rauben wird. Und dieser sittliche Ernst, diese tiefe Religiösität fanden gleichsam ihr Abbild in der Umgebung des
ersten grossen Humanisten Münsters [2]) und selbst Hermann von
dem Busche [3]), obgleich oftmals andern Bestrebungen ergeben,
konnte sich dem Einfluss seines ersten Lehrers nicht ganz
entziehen.

So lebte der Mann, welcher berufen war, in Münster
den Sinn für classische Wissenschaft zu wecken, bei all seinen
glänzenden Erfolgen, für sich bescheiden und anspruchslos,

---

[1]) *Murmell.* Eleg. mor. I, 1, 48 ff.
    „Langius ille meus musarum flumine plenus,
        Arguto citharam pollice percutiens
    Christi, non Veneris rubicundos sanguine flores
        De spinis legit maxima virgo tibi;
    Pallentes posuit violas et candida circum
        Lilia . . .“

[2]) So schreibt *Joan. Rotgerus* in einer an Murmellius gerichteten
Epistel:
    „Cedite doctores iuvenum, quos crimina foedant,
        Et Paphiae fraudes perdocuisse iuvat.“
Sehr bezeichnend ist auch die Ecloge des Murmellius ad iuventutem
germanicam, ut poeticae studeat, in welcher er dieselbe vor der Lectüre mancher antiken Schriftsteller warnt.

[3]) In dem Begleitschreiben der Schrift: de saluberrimo fructuosissimoque divae virginis Mariae psalterio an Joannes Rinkus gibt Buschius
als Grund dieser Dichtungen das gleichzeitige Bestreben vieler Dichter
auf diesem Gebiet an und fährt dann fort: „Inter quos tum praeceptor,
imo meus Apollo, Rudolphus Langius omnium primus hunc ludum aperuit. Libitum est igitur in eodem flumine remos experiri, sed omnes
fere sententias a Langio mutuavi, ad illum omnia referenda sunt praeter
errores. Mit Recht sagt *Liessem* a. a. O. p. 78 über Buschius: „Edu-
catus et primis literarum elementis imbutus a Langio, qui cum animi
robore atque ardore etiam constantiam et moderationem coniunxit,
Buschius ita factus et comparatus esse videbatur, ut Langii vestigiis
ingrederetur eiusque studia digne egregieque absolveret.“

und verbreitete rings um sich Gutes und Segen. Er war den Gelehrten ein Förderer ihrer Wissenschaft, den Armen aber eine Zuflucht und steter Trost.

Aber so hoch Langen als Mensh steht und so sehr seine Person durch ihre glänzenden Eigenschaften fesselt, ebenso hoch muss er auch in seiner priesterlichen Würde geachtet werden, welcher er sein ganzes Leben hindurch zur Zierde gereichte. Athmen nicht die meisten seiner Gedichte einen tiefen, kindlich-religiösen Sinn, der mit Demuth und festem Glauben die hohen Geheimnisse der Religion verehrt, beklagen nicht viele unter ihnen den Undank der Menschen, welche statt Geist und Herz zu erheben, dieselben in Sinnengenuss und Aeusserlichkeiten zu Grunde gehen lassen? Oder kann es ein Wort geben, welches den ehrwürdigen Priestergreis in seiner ganzen Demut und tiefen Frömmigkeit besser und wahrer preist, als die kurze Schilderung Hamelmann's [1] darüber wie er seinen priesterlichen Pflichten nachgekommen sei? «Langen, sagt er, führte ein mässiges und keusches Leben, betete täglich früh um drei Uhr sein Brevier und brachte im Vertrauen auf Christus den Herrn, auf welchen er seine Hoffnung setzte, oft das h. Messopfer dar, um in sich das Andenken an das Leiden des Herrn zu erneuern». Freilich haben wir über sein priesterliches Leben im Ganzen nur wenige und dürftige Nachrichten, allein auch diese genügen, trotz ihrer Unscheinlichkeit, das Bild desselben zu vervollständigen. So erwähnt das Memorienbuch des alten Doms einer doppelten Messstiftung [2]; das jüngste Necrologium des Domkapitels

---

[1] p. 278. „Langius coelibem et castam atque sobriam duxit vitam et inter tot labores, quotidie etiam senex surrexit hora tertia matutina, legitque horas canonicas et, quia erat initiatus sacerdos, pro more illorum temporum sacrificabat saepe, ut memoriam passionis Christi per usum sacramenti sibi applicaret, quia in unicum Christum ponebat fiduciam." Vergl. dazu die Worte des Joh. Caesarius in seinem Briefe an Herm. v. Neuenaer, Oben S. 135 und S. 144.

[2] Mitgeth. v. *Erhard* Erinnerungen S. 56. „Nota, ex ordinatione quondam venerabilis Domini et Magistri Rodolphi de Langen, praepositi dum viveret huius ecclesiae, die Lunae post dominicam Quinquagesimae, qua cantatur Esto mihi, cantabitur in ecclesia nostra Missa pro pecca-

zu Münster acht Fundationen [1]); und eine Handschrift, der

---

tis, et die Martis immediate sequente cantabitur Missa de sancta cruce. Et ministrabuntur quinque floreni Renenses pro illis duobus diebus, pro qualibet die videlicet II ½ floreni, de quibus quolibet die cuilibet Vicario et Officianti in armario incluso ac The. VI den. Custodi et Choralibus cuilibet die III den. Reliquum inter Canonicos praesentes tantummodo dividetur de bursa."

[1]) Das III. Necrologium (Königl. Staatsarch. zu Münster Ms. I, 10.) dessen Einsicht der Geheime Archivrath, Herr Dr. *Wilmans* freundlichst gestattete, enthält folgende Bestimmungen:

p. 12. 26. Januar. Polycarpi episcopi.

„. . . . Item eodem die ob memoriam magistri Rodolphi de Langen de bursa dominorum tres floreni renenses cum dimidio. Et cantabitur missa de sancto Polycarpo. Et cuilibet presbytero in missa I denarius. Pro offertorio, ut in duplicibus festis. Organistae III den., thesaurario VI den., campanario VI den., Choralibus VI den., succentori VI den." (vicario veteris chori pro luminibus IX den. ist *Zusatz von spätrer Hand.*)

p. 13. 28 Jan. Octava Agnetis.

„Item eodem die in summa missa bursarius ministrabit ob memoriam domini Rodolphi de Langen duos florenos renenses, de quibus cuilibet presbytero I denarius, campanario V den., organistae III den., thesaurario VI den., choralibus VI den., succentori VI den., vicario veteris chori IX den. Pro offertorio, ut in duplicibus festis."

p. 14. 31 Jan.

„Item ipso die s. Ignatii ob memoriam domini Rodolphi de Langen de bursa dominorum ministrabuntur tres floreni renenses cum dimidio. Et cantabitur missa in organo de s. Ignatio. Et omnibus presbyteris et levitis in missa cuilibet I denarius. Pro offertorio ut in duplicibus festis. Thesaurario VI den., choralibus VI den., organistae IV den., campanario V den., succentori tres denarii, vicario veteris chori pro luminibus IX den."

p. 24. 19 Febr.

„Item feria secunda post Esto mihi missa de sancta cruce ob memoriam venerabilis domini Rodolphi de Langen. Bursarius dabit IIII florenos renenses, de quibus cuilibet presbytero ac levitae in missa praesenti duo denarii, choralibus III solidi, camerario II denarii. Pro offertorio ut in duplicibus festis. Pro candelis III solidi. Residuum inter praesentes in elevatione dividetur."

p. 40. 21 Martii. Benedicti abbatis.

„Ob memoriam magistri Rodolphi de Langen bursarius dominorum dabit V florenos renenses, de quibus in primis vesperis cuilibet canonico VI den. et cuilibet presbytero ac levitae I denar. Choralibus

Schenkung einer Statue der h. Agnes durch ihn [1]). · Sein

VI den., camerariis II den., campanario V den., Thesaurario pro
candelis XV den., bursario pro luminibus XII den., rectoribus primi
altaris III solidi, Magistro fabricae pro candelis VI den., vicario
veteris chori pro luminibus IX denarii. Ponenti medium lumen summi
altaris tres denarii. Residuum inter canonicos post elevationem dividetur."

p. 136. 20 Julii.

„Memoria quondam egregii ac venerabilis domini Magistri Rodolphi
de Langen, variae eruditionis viri clarissimi, ecclesiae Monast. canonici senioris, pro quo bursarius dominorum ministrabit V florenos
renenses, de quibus ponetur candela dimidiae librae cerae. In vigilia
cuilibet canonico IIII den. et cuilibet presbytero et levitae I den.
Iisdem celebrantibas levitis inclusis cuilibet I den.; iisdem omnibus
in commendatione cuilibet II den , pro offertorio III den., (choralibus
VI den. *Randbemerkung von späterer Hand*), camerariis simul II den.,
campanario V den., residuum inter canonicos praesentes dividetur.
Obiit autem anno XV̲C̲XXI, novo anno incepto, vel in anno quasi
evoluto XX, ipsa die n̄ativitatis Dom. nost. Jesu Christi."

p. 201. 18 Nov. Octava Martini episcopi.

„Item eodem die in summa missa ob memoriam domini Rodolphi de
Langen bursarius ministrabit duos florenos renenses. De his cuilibet
presbytero et levitae I den., campanario V den., organistae IIII den.,
thesaurio VI den., choralibus VI den., succentori tres den., vicario
veteris chori IX den. Pro offertorio prout in duplicibus festis."
(II den. *von späterer Hand*)

p. 220. 23 Dec. Vigilia vigiliae. (Abgedruckt bei *Erhard* Erinnerung. S. 71 f.)

„Ob memoriam quondam domini ac magistri Rodolphi de Langen,
variae eruditionis viri clarissimi nostrae ecclesiae senioris canonici
bursarius ministrabit V florenos renenses, de quibus ponetur candela
dimidiae librae cerae. In vigilia cuilibet canonico IV den. et cuilibet
presbytero et levitae cuilibet I den. Eisdem celebrantibus levitis
inclusis I den. Eisdem in commendatione cuilibet II den. Pro offertorio III den., camerariis simul II den., campanario V den., choralibus VI den. Et erit ultima memoria ante festa.

Migravit autem ab hoc exilio anno Domini XV̲C̲XXI novo anno
incepto, scilicet ipsa die nativitatis domini nostri Jēsu Christi."

[1]) Thesaurus sanctarum Reliquiarum nominatarum, quae in Ecclesia
D. Pauli Monasterii asservantur. (De Anno 1622. Nach einer Abschrift
des 17. oder 18. Jahrh.) „In statua s. Agnetis, Donata a Rodolpho
Langio, verisimile est contineri reliquias de s. Agnete virgine." Diese
Statue von Silber, 18 Zoll hoch und stark vergoldet, die h. Agnes dar-

vertrauter Umgang mit dem Observanten Theodorich Coelde, mit welchem er sich über das Rosarium besprochen hatte [1]),

---

stellend, welche in der rechten Hand einen Ring vorhält, während ein Lamm an ihrer linken Seite zu ihr hinaufspringt, befindet sich noch jetzt in dem Altar des hohen Domes zu Münster. Ihr Stand ist in der Mitte desselben, zur Epistelseite hin. Unter dem sechseckigen Fusse, wie die Statue selbst, einem Werke spätrer Gothik findet sich die Inschrift:

„Sancta Agnes.

Virginis et magnae martyris vestigia virgo
    Pia tero; hoc agnus praestitit ille mihi.
Rodolphus Langius can. maioris et veteris ecclesiarum praepositus vixit annis circiter 83 huius ecclesiae decanus (*sic*) et ornamentum."
    Soli Deo Gloria.
Als Randinschrift hat der Fuss:
    „Rhodolphi Langii Can. Mon. munus.
    Vixit annis post iubileum IA (*sic*), decessit anno Dom. milesimo quingentesimo XX. XXV Decembris."
Ausserdem trägt der Saum des Kleides der h. Agnes verschiedene Inschriften und zwar der untere über die Füsse fallende „Maria help, santa Anno (*Anna*) Jhesus." Der Saum eines über die Schultern fallenden Ueberwurfs enthält an der linken Seite die Worte: „Sant Apallo (*Sancta Apollonia*) santa Anneta ora pro no"; an der rechten. „Jhesus, Maria help uns ut. Help Got un. Die fehlenden Buchstaben sind zum Theil durch das lange Haar oder auch durch Falten des Gewandes verdeckt.

    [1]) Vergl. *Langen's* Brief an Peter Ring vom Jahre 1493, abgedruckt im Rosarium fol. 1 b. Ueber Coelde, *Corfey's* Chron. in Geschichtsq. d. B. Münst. III. 322. „Anno 1489, als zu Brüssel in Brabant die grausame pest regierte, hat der sehlige Theodoricus Coele, burtig aus der stadt Munster, Franciscaner ordens, viel miraculen gethaen und aus denen 33000 verstorbene allein 32000 zum glucklichen thot disponirt." Theodorich Coelde aus Münster, wahrscheinlich derselbe mit Theodorich von Osnabrück bei *Trittenheim* opp. hist. I, 116 und mit Theodorich von Münster bei *Raisius*, vita R. P. Theodorici de Monasterio (nur mehr bekannt in der Abschrift der bibl. Theodor. in Paderborn, die nach dem Druck des Buches in Münster 1636 gemacht ist) war 1449 Guardian der Observanten in Antwerpen und 1506 in gleicher Eigenschaft in Löwen, wo er am 11. Dec. 1515 starb. Er war berühmt durch seine Predigten in den Rheingegenden und den Niederlanden. — Auch mit andern Observanten scheint Langen in Verbindung gestanden zu haben, wenigstens nennt *Drolshagius* in seiner explanatio einen

sowie seine Aufnahme in die Bursfelder Congregation von Benedictinerklöstern [1]), und sein Verkehr mit Wessel [2]) beweisen, dass er ein tiefes Bedürfniss auch für die Hebung und Stärkung seines religiösen Bewusstseins in sich verspürte, und mit demselben Eifer und mit der gleichen Begeisterung, womit er die schönen Wissenschaften zu heben suchte, auch seine priesterlichen Pflichten zu erfüllen bemüht war.

So wirkte Langen in dem Amt des Probstes 57 Jahre hindurch, als Muster eines frommen und demütigen Priesters und seine Schriften zeigen in jeder Zeile, wie tief er von wahrer Frömmigkeit beseelt war [3]).

Neben diesen hohen sittlichen Eigenschaften besass Langen ausgedehnte humanistische Kenntnisse, welche er durch eine rege wissenschaftliche Beschäftigung und im Verkehr mit classischgebildeten Männern lebendig erhielt und stets weiter vervollkommnete. Mögen wir auch die lobende Anerkennung derselben von Seiten seiner Zeitgenossen zum Theil seiner

---

frater Arnoldus, ordinis minorum de observatione, auf dessen Veranlassung Langen carm. XXI de noctua verfasste.

[1]) Auf dem 1505 am 24. August und den folgenden Tagen zu Bursfeld abgehaltenen Jahrescapitel der Bursfelder Congregation von Benedictinerklöstern: „ad confraternitatem nostram suscepti sunt . . . . . Magister Rudolphus de Langen, Canonicus maioris Ecclesiae Monasteriensis." Nachricht aus der handschriftlichen Sammlung der recessus capitulorum annalium ad a. 1505. fol. 144. In den Excerpta ex Necrolog. Liesborn. saec. XV declinante renovata in *Kindlinger's* Handsch. (K. Staatsarch. Ms. ll, 203) findet sich eingetragen p. 66 im Monat Februar, Dominus Hermannus de Langen; und p. 70 im Monat December, Magist. Rodolphus de Langen, welches jedoch als Zusatz späterer Hand bezeichnet wird. In einer Abschrift der Intentiones primariae et secundariae des Klosters Liesborn von Wolfgang von Zurmühlen (1731) findet sich unter dem 15. Juni Memoria Dni Hermanni de Langen.

[2]) Vergl. Oben S. 69 f.

[3]) Von seiner Verwaltung der Probstei sind mir zwei Urkunden bekannt geworden. Den Inhalt der einen theilt *Erhard* Erinnerung. S. 55 mit, und diese bezieht sich auf ein Schultengut Lymborg im Kirchspiel Dodorp (Darup); die zweite aus dem Jahre 1492 (handschriftlich in der Bibl. d. Alterth. Ver. z. Münster) handelt über den Austauseh einer Hörigen der Probstei, Grete Synthoves für Elseke Bertoldynk an Hinrick Graell. Vergl. Unten Excurs I.

persönlichen Liebenswürdigkeit, oder auch seiner einflussreichen Stellung zuschreiben, so bleibt dennoch bestehen, dass der bei Weitem grössere Theil der Hochachtung und Verehrung gegen ihn auf dem Ansehen beruhte, welches seine Wissenschaft rings um ihn verbreitete. Wenn Job. Caesarius [1] von ihm sagt: « Ich bin unsicher darüber, ob ich an ihm seine Kenntniss höher schätzen soll, oder seine Tugend und seinen heiligmässigen Wandel »; wenn C. v. Rottendorf [2] ihn « eine Wundererscheinung in der lateinischen und griechischen Sprache» nennt; wenn Murmellius, Buschius und Andere seiner Zeitgenossen [3] des überfliessenden Lobes für seine Person voll sind und seine Bescheidenheit zwingen, dagegen aufzutreten [4], so sind das Aeusserungen der Bewunderung, hervorgerufen durch den Eindruck, den er durch den Reichthum seiner linguistischen Kenntnisse und seine Belesenheit selbst auf die Gebildeten seiner Zeit machte. Mit der ganzen Begeisterung der Jugend war Langen nach Italien gegangen, um dort die ersten Gelehrten seiner Zeit zu hören. Ueber seinen Fleiss daselbst kann nicht der geringste Zweifel entstehen, ebenso wenig darüber, dass er dem Beispiel seiner Lehrer folgend, ganz besonders die äussere Form der Sprache den Barbarismen gegenüber zu heben suchte. Nichts hielt ihn zurück, sich ganz dem Studium hinzugeben, den an den religiösen und politischen Streitigkeiten und Kämpfen, in welche

---

[1] Vergl. den Brief des *Caesarius* an H. v. Neuenaer b. *Cornelius* l. c. S. 73 „In quo (Langio) dispeream, si mentiar, incertum, eruditio maior, an virtus fuerit vitaeque sanctimonia. “

[2] Handschriftl. Collectaneensamml. d. Bibl. d. Alterthums-Ver. in Münster (M. 6.) p. 97:

> „. . . Rodolphus ille,
> Quem natalibus inclitis et alta
> Patrum nobilitate derivavit
> Praestantissima Langiorum origo,
> Miraculum Ausonia et simul Pelasga
> Lingua, Langius, atque vatum ocellus.“

[3] Der Zeugnisse ist im Verlaufe der Abhandlung vielfach Erwähnung geschehen. Vergl. auch *Hamelm.* p. 97—100; 270—275; 1414—1416.

[4] Vergl. *Langen's* Brief an Murmellius bei *Erhard* Erinner. S. 61.

so viele der Italienischen Gelehrten und auch Manche der westfälischen verwickelt waren, betheiligte sich Langen nicht, und das Feld der Theologie betrat er nur für seine eigne Belehrung und Erbauung, ohne dasselbe zum Tummelplatz der Leidenschaft und zum Ziele wilder oftmals ungerechtfertigter Angriffe zu machen. Er war Humanist und als solcher theilte er mit seinen Lehrern und der ganzen Richtung das Streben, classisches Latein zu schreiben, und dieses Streben, welches den Jüngling beseelte, verliess auch später den Mann nicht, sondern es ist der unsichtbare Hebel, welchem alle seine Unternehmungen der Folgezeit ihr Entstehen und ihre Ausführung zu verdanken haben.[1]) Daher schreibt sich denn auch seine bis an sein Lebensende fortgesetzte Beschäftigung mit den antiken Wissenschaften, seine Belesenheit auf ihrem ganzen Gebiete, seine Theilnahme für alle literarischen Erscheinungen seiner Zeit und seine genaue Kenntniss der Hülfsmittel, welche für den Erfolg förderlich sein konnten.

Ueber die Hülfsmittel, welche dem Humanismus in Deutschland zu Gebote standen, liefert Murmellius in seinem Scoparius in barbariei propugnatores einen äusserst interessanten Bericht, aus welchem hervorgeht, dass dieselben nicht so unbedeutend und werthlos waren, wie man sie anzusehen sich allmälig gewöhnt hat. Nachdem er dem antiken Studium das Wort geredet und bewährte Zeugen für ihre Vorzüge angeführt hat, behandelt er Fol. 12 b. die Frage: Qui commentarii maxime conducant bonarum artium studiosis, und führt zu ungefähr 50 Profanschriftstellern die Commentare an, welche er, wie aus einer Aeusserung Fol. 14 a. gefolgert werden kann, sämmtlich kannte. Als Beitrag für die Literatur jener Zeit und für die Kenntniss der Bücher, welche damals besonders im Gebrauch waren, möge der Bericht des Murmellius hier eine Stelle finden. «Divinae scripturae

---

[1]) Seine Vorliebe für humanistische Studien zeigt die Dedication seiner Horae de sancta cruce an Joannes Rincus, wo er von ihnen sagt: „sine quibus (humanitatis studiis) omnes artes bonae quasi investes sunt, mutaeque iacent et elingues."

studiosis evolvendi sunt in primis optimorum scriptorum commentarii; Origenis, Basilii, Nazianzeni, Athanasii, Cyrilli, Chrysostomi, Hieronymi, Ambrosii, Hilarii, Augustini, Gregorii, Cassiodori, Thomae Aquinatis, Pici Mirandulani, Jacobi Fabri Stapulensis, Erasmi Roterodami.

In aureos versus Pythagorae commentarii exstant Hieroclis philosophi Stoici ab Aurispa in Latinum conversus *(sic)*. In Platonis quosdam dialogos sunt commentarii Marsilii Ficini. In Aristotelem graece multi scripserunt, latine Themistium Hermolaus Barbarus interpretatus est, Alexandrum Aphrodisiensem Hieronymus Donatus. Nominandi sunt praeterea Severinus Boethius, Leonardus Aretinus, Jacobus Faber Stapulensis, Joan. Franc. Picus. In Plautum Petrus Valla, Bernardus Sarracenus, Joannes Baptista, Pius Pylades Brixianus commentarios ediderunt; Thadeus Ugoletus et Brapaldus scholia, Georgius Anselmus epiphyllidas. In Terentium Tyberius Donatus, Calphurnius, Guido Juvenalis, Petrus Marsus. In Lucretium Joannes Baptista Pius Bononiensis. In Catullum Parthenius Veronensis et Palladius Patavinus. In epistolas familiares M. Tullii Hubertinus Clericus et Martinus Phileticus. In librum de oratore Omnibonus Leonicenus. De inventione lib. II. Marius Fabius Victorius rhetor. In librum rhetoricorum ad Herennium, quos quidam Cornificii esse contendunt, Franc. Maturatius, Antonius Macinellus et Judocus Badius Ascensius. In Topica Severinus Boethius, Georgius Valla. In Orationes eiusdem Asconius Pedianus, Georgius Trapezuntius, Philippus Beroaldus et Franciscus Maturantius. In Tuscul. quaestiones Domitius Calderinus, Philippus Beroaldus. In libros de officiis Petrus Marsus et Franciscus Maturantius. In Laelium Omnibonus Leonicenus. In Catonem maiorem Martinus Phileticus, Joannes Murmellius. In Paradoxa Franciscus Maturantius. In libellum de fato Georgius Valla. In Somnium Scipionis Macrobius. In Sallustii bellum Catilinarium, qui vulgo circumferuntur Laurentii Vallae et Omniboni Leoniceni nominibus commentarii, reor ab eis non esse editos, sed adulterinos. Fortasse auditorum quispiam ea a magistro dictata parum diligenter accepit et typographis quaestui studentibus vendidit. In Jugurtham Joannes Chrysostomus Soldus Brixianus commentarium scripsit. In Vergilium Probus, Donatus, Servius, Christophorus Landinus, Antonius Macinellus, Domitius Calderinus, Hermannus Torrentinus, Servatius Aedicollius et alii. In Horatium Porphyrio doctissimus, Acron eius simia, Christophorus Landinus, Antonius Macinellus. In Tibullum Bernardinus Cyllenius Veronensis et Janus Parrhasius. In Propertium Domitius Calderinus, Joannes Cotta Veronensis, Philippus Beroaldus, Antonius Volscus. In Ovidium Raphael Regius, Bartholomaeus Merula. Antonius Fanensis, Paulus Marsus, Antonius Volscus. Ubertinus Clericus, Domitius Calderinus, Georgius Alexandrinus. In Valerium Maximum Oliverus Arzignanensis, Antonius Lenas. In Senecam tragicum Bernardinus Marmita Parmensis, Daniel Cajetanus Cremonensis, Jodocus Badius Ascensius. In Persium Cornutus, Bartholomaeus Fontius, Joannes Britannicus, Curius Lancilotus, Joannes Murmellius. In ludum Senecae de morte Claudii Beatus Rhenanus. In Lucanum Omnibonus, Joannes Sulpitius, Philippus Beroaldus. In Columellam Philippus Beroaldus. In Statium Lactantius grammaticus, Domitius Calderinus, Franciscus Maturatius. In Silium Italicum Petrus Marsus, Domitius Calderinus. In Juvenalem Angelus Sabinus, Domitius Calderinus, Georgius Merula, Georgius Valla, Joannes Britannicus, Antonius Mancinellus. In Martialem Nicolaus Perottus, Domitius Calderinus, Georgius Merula, Hermannus Buschius. In Plinii historiam naturalem Hermolaus Barbarus, Marinus Becichemus Scodrensis, Henricus Joannes Bathanus, Raphael Regius. In Quintilianum Laurentius Valla, Georgius Merula, Raphael Regius, Jodocus Badius. In Plinium juniorem Joannes Maria, Hadrianus Barlandus. In Porphyrium Ammonius, Boethius, Pomponius Bauricus, Jacobus Faber Stapulensis. In Apuleium Philippus Beroaldus. In Claudianum Janus Parrhasius. In Cyprianum de ligno s. crucis Joannes Murmellius. In Hieronymum Erasmus pulcherrima scholia composuit, quae nondum in manus meas pervenerunt, Joannes Murmellius. In Lactantii carmen: Salve . . Her-

mannus Buschius. In **Ausonium** Franciscus Sylvius. In
Martianum Capellam Joannes Pius Baptista Bononiensis
Rodolphus Agricola, Hermannus Buschius, Hadrianus Barlandus, Joannes Murmellius. In **Fulgentium** et **Sidonium
Apollinarem** Joannes Baptista Pius Bononiensis. **Severinus Boethius** de consolatione philosophiae. Scripsi commentarios in Severinum Boethium, qui Daventriae non satis
diligenter impressus fuit, sed Coloniae per Joannem Caesarium et Ortwinum Gratium viros doctissimos integritati (ut
titulus libri et epistola ad calcem adiecta testatur) deligen-
tissime restitutus. In **Catonem** Platina, Antonius Mancinellus,
Erasmus, Jodocus Badius. In bucolica *Francisci Petrarchae*
Servatius Aedicollius Aggrippinensis. Elegiae **Sabellici** Hermannus Torrentinus Suollanus. Rusticus **Angeli Politiani**
Joannes Murmellius, Nicolaus Beroaldus ».

Diese Aufzählung, welche allerdings zunächst nur die
bibliographische Kenntniss des Murmellius bekundet, lässt uns
jedoch auch einen Rückschluss auf Langen machen, dessen
Bibliothek Murmellius und auch Buschius [1]) während ihres
Aufenthaltes in Münster benutzten und welche von Hamelmann
ausdrücklich als eine glänzende und mit den besten Auctoren
versehene bezeichnet wird [2]). Ueberdies beweisen die Schriften Langen's, wie sehr er auf dem classischen Gebiet bewan-
dert war und wenn er auch nicht selbst, wie so Manche
seiner Zeitgenossen, Bücher für den Gebrauch der Schule
verfasste, so setzt dennoch die Hülfe, welche er Vielen von
ihnen erwies, eine grosse Belesenheit nicht nur der Alten,
sondern auch der von den Italienern verfassten Commentare
voraus. Die Hierosolyma zeigt es zur Genüge, welchen Gebrauch er von der Bibliothek zu machen verstand, und so
viele Reminiscenzen in seinen Gedichten, so manche Anklänge
an Verse der Coryphäen unter den alten Dichtern sind eben
so viele Zeugen davon, dass er ihre Worte seinem Gedächt-

---

[1]) *Buschius* epigr. II. (fol. II a.) V. 7 sagt ausdrücklich: „datur et
mihi copia multa codicis.“
[2]) p. 263. Vergl. p. 287.

niss getreu eingeprägt hatte, und sie mit Leichtigkeit wieder in dasselbe zurückrufen konnte [1]). Die grammatischen Werke der Italiener, welche in Deutschland ähnliche Erscheinungen hervorgerufen hatten, ihre Versuche, auf dem Gebiet der Metrik feste Principien aufzustellen, waren ihm nicht unbekannt geblieben [2]) und finden sich in seinen Gedichten an Stellen

[1]) Solcher Anklänge finden sich sehr viele in seinen grössern Gedichten und sie bezeugen genaue Bekanntschaft mit Horaz, Ovid, Vergil, Catull, Martial, Statius, Boethius u. A. So findet sich der Vers Catull. I, 4 und die Wendung Vergil's Ecl. IX. 36 in dem Dedicationsschreiben an den Dechanten Stephan von Baiern, welches der Ausgabe der Gedichte von 1486 vorgedruckt ist. Das Gedicht auctor ad librum v. 4 hat Anklänge an Martial III, 2, 5. und manche andre Stellen sind wört-lich oder mit leichter Wendung übernommen. Vergl. z. B. carm. I, 20. (Hor. carm. IV, 6, 8); I, 24 (Hor. carm. III, 11, 36); I, 30 (Hor. carm. I, 12, 21); I, 77 (Hor. carm. I, 2, 37); I, 88 (Verg. Aen. XII, 531); I, 105 (Hor. carm. III, 14, 13); I, 108 (Verg. Aen. II, 27); I, 138 (Hor. carm. I, 22, 1); I, 157 (Hor. carm. IV, 2, 36); I, 163 (Hor. carm. I, 2, 46); II, 4 (Hor. carm. I, 3, 7); III, 9 (Hor. carm. I, 2, 45); III, 17 (Hor. carm. III, 27, 74); III, 20 (Hor. carm. IV, 2, 52); IV, 81 (Catull. XXVIII, 1); VII, 1 (Hor. carm. II, 6, 1) u. a.

[2]) So bestand der thesaurus Latinae constructionis (*Cöln* 1509) des *Jacob. Montanus;* das Compendium etymologiae et syntaxis (Münster 1513) von *Timann Camener;* das Opusculum perutile de generibus nominum, de heteroclitis, de patronymicis, de nominum significationibus des *Herm. Torrentinus;* die Elegantiae terminorum (Deventer 1508); der Versilogus Antonii Mancinelli von *Joan. Murmellius* (Münster 1500); von demselben Verfasser de verborum compositis, de verbis communibus ac deponentalibus (Cöln 1507), worin sich eine längere Abhandlung über Quantität und ein Abschnitt: regulae de metrorum scansione und de metrorum generibus findet. Ferner ist zu erwähnen *Joan. Murmellii* versificatorii artis rudimenta (s. l. c. a. später mit der ratio distinguendi *Joan. Rivii* edirt Cöln 1566) in welchem nach Auszügen aus Nicolaus Perottus, Manutius Sulpicius Verulanus u. A. über Buchstaben, Silben, Versfüssen, über Hexameter, Pentameter und die lyrischen Versmaasse gehandelt wird. Dazu kommt die zu verschiedenen Zeiten aufgelegte Pappa *Murmellii*, ein Werk grammatischer und lexicalischer Natur und andere Schriften, welche die genaue Kenntniss der Quantität und der Metra, soweit dieselbe in jener Zeit reichte, zur Genüge beweisen. Dass Langen allen diesen Bestrebungen nicht fern stand, sondern metrische Eigenthümlichkeiten genau beachtete, zeigt sein Brief an Murmellius abgedr. bei *Erhard* Erinnerungen S. 61).

einzelne Verstösse gegen Quantität und Elision, oder ist die
Satzconstruction bisweilen eine etwas ungewöhnliche und
freie, so beweisst das nicht Unkenntniss auf dem betreffenden
Gebiete, sondern findet seine Erklärung oftmals in dem Streben, auch das Ungewöhnlichere und seltner vorkommende
Formen und Wendungen zu gebrauchen [1]). Uebrigens wandte
er, wie dieses seine Briefe an Murmellius beweisen [2]), bei
der Lectüre auch eine auf dem Sprachgebrauch des jedes-
maligen Schriftstellers gegründete Kritik an [3]).

Mit den Gelehrten seiner Zeit theilte er dabei das Streben, das höchste Ziel humanistischer Bildung zu erreichen,
lateinische Gedichte in möglichst vollendeter Form zu schaffen.

---

[1]) Freiheiten im Versbau finden sich auch bei den Italienern; und
Murmellius Tabulae in artis componendorum versuum rudimenta (Cöln
1566) sagt fol. 6 a, von Baptista Mantuanus, „in carmine sua saepius
usus est licentia" und warnt Anfänger, sich nach ihm zu richten. Auch
eifert er fol. 15 a, gegen die vielfach gebrauchten Leoninischen Verse:
„vitandum insuper tibi versiculorum genus est, quos Leoninos vocant."
Auch an Gedichten von Herm. Buschius hatte der Rector der Universität Rostock Tilmannus Heverlingius Fehler gegen die Quantität ge-
rügt, wie dieses aus dem Oestrum *Hermanni Buschii* (adiunct. edit.
Spicilegii E lll. der Paul. Bibl.) erhellt:
„Hoc vitium, in versu si non stet syllaba, solum
Novit Heverlingus, cetera quaeque probat."
Vergl. *Liessem* a. a. O. p. 42. Freiheiten, wie die Elision langer Silben
vor kurzen, Fehlen der Conjunctionen und des den Satz abschliessenden
Verbum, Transpositionen der Copulativpartikeln, lose Aneinanderreihung
der Gedanken ohne verbindende Partikeln, freie Wortstellungen u. a.
dergl. sind auch in Langen's Gedichten nicht selten.
[2]) Vergl. *Erhard* Erinnerungen S. 60. „Ita magnum et doctum virum (Boethium), qui hactenus in trivio multis in locis membrisque a
barbaris est narratoribus sauciatus, ut sanetur curemus." p. 61. „Non
memini in Phalaeciis plurimum me etiam occupatum et lectione simul
et editione, unquam spondeum pro trochaeo positum invenire. . . . ."
Auch die übrigen Humanisten der Münster'schen Schule beobachten
strenge Kritik, wie dieses ein Brief von Herm. Buschius an Vulfgangus
Mellerstat beweist: „Est (in manibus) Appianus Alexandrinus . . ., sed
adeo mendosus depravatusque, ut in plurimis locis ad eruendum sensum
restituendamque veram lectionem Sibylla aut coniectore aliquo sit opus."
Vergl. *Liessem* a. a. O. p. 37. *Murmellius* Scoparius fol. 13 a.
[3]) Vergl. *Hamelm.* p. 277.

Dasselbe lag so sehr in der ganzen Richtung der Zeit, dass
es kaum auffällt, wie auch solche, deren Begabung nichts
weniger als eine poetische war, dennoch den Musen irgend
ein Distichon oder eine lyrische Ode opfern zu müssen glaubten. Was die Begabung Langen's für dieses Feld der Literatur angeht, so lässt es sich nicht verkennen, dass einzelne
seiner Gedichte, z. B. auf die Belagerung von Neuss, auf den
h. Paulus, auf die h. drei Könige und auch manche unter
den kleineren, nicht ohne Wärme für den zu behandelnden
Gegenstand angelegt sind, und ein für hohe sittliche Ideale
empfängliches Gemüt beweisen. Die tiefere poetische Begabung jedoch, wie sie zum Theil Murmellius, im höhern Maasse
noch Buschius, den Langen selbst mit Ovid vergleicht, [1] aus-
zeichnet, vermissen wir in den Gedichten Langen's vielerorts.
Ganz abgesehen von den Gegenständen, welche kaum für
eine poetische Auffassung passend erscheinen, und welche
daher nur versificirte Prosa hervorrufen konnten, oder doch
nur eine kümmerliche Bearbeitung zuliessen, steht Langen
auch in poetischer Auffassung eines Gegenstandes, der Seiten
genug bietet, um Phantasie und Herz spielen zu lassen, gegen
gleichzeitige Humanisten, welche denselben Stoff behandelt
haben, bei Weitem zurück. Den treffendsten Beweis dafür
liefert das Rosarium, welches bei Langen, wie schon früher
bemerkt, [2] eine trockene, metrisch gehaltene Aufzählung,
bei Buschius dagegen ein lebendiges seelenvolles Gemälde
bietet. Färbung und Bilderreichthum in ihm schwindet gegen
die an Ovidische Schilderung erinnerude Darstellung von Buschius. Jedoch zeigt sich Langen tief und gefühlvoll, wo
seine Poesie in kurzer reflectirender Weise sich über einen
religiösen Gegenstand oder ihn tief berührende Ereignisse er-
geht, und er beweist in solchen Fällen ein Gemüt, welches
von der Thatsache ergriffen, seinen religiösen Empfindungen
Luft zu machen sucht. Im Ganzen, und das ist eine Eigen-
thümlichkeit auch der übrigen humanistischen Dichtungen,
herrscht bei Langen eine gewisse Manier, hervorgerufen durch

---

[1] *Hamelm.* p. 288 — [2] Vergl. Oben S. 120.

die beständige Lectüre der lateinischen Dichter. Dieselbe
zeigt sich besonders in der Wiederkehr gewisser Wendungen,
in dem Nachklingen besondrer Saiten, um das Bild hier zu
gebrauchen, wenn eine bestimmte Saite angeschlagen wird,
in dem Ausdruck, welcher an irgend einen alten Dichter er-
innernd, auch denselben sogleich durchfühlen lässt, endlich
in der ganzen Maschinerie, die, wie von den Römischen Ele-
gikern, auch von ihm in Bewegung gesetzt wird. Seine Belesenheit, für seine Sprachkenntniss von dem günstigsten
Einfluss, gab ihm für seine Dichtungen oft nur eine gewisse
Leichtigkeit, Verse mit kleinen Modificationen zu übernehmen.
Die Form seiner Gedichte und ihr Apparat von Bildern ist
antik, das Object christlich, allein, während das letztere oftmals leidet oder zu geringfügig erscheint, artet die Form in
gewisse Aeusserlichkeiten aus. Diesen Fehler theilt Langen
mit einer grossen Zahl der Humanisten seiner Zeit, und wenn
auch in seinen Gedichten ein echt christlicher Geist weht, so
passt sich derselbe oftmals gleichsam nur mit Widerstreben
dem Zwang antik-heidnischer Bilder an. Ohne Langen's grosses
Verdienst zu schmälern und auch selbst ohne seiner Poesie,
die einmal im Zeitgeist begründet lag, zu nahe zu treten,
darf man behaupten, dass, sollten manche seiner Gedichte
seinen Ruhm bei Mit- und Nachwelt allein, ohne seine ander-
weitigen grossen Schöpfungen begründen, sein Name, wie der
so mancher humanistischen Dichter vielleicht vergessen wäre.
Jedoch in seiner Wissenschaft und in seinem Wirken für die
Schule besteht das Verdienst des grossen Humanisten, welches
noch gehoben wird durch die kindliche Bescheidenheit, die
tiefe Frömmigkeit und die zarteste Sittenreinheit, Eigenschaften, welche, da sie selten an einer Person vereint in so hohem Grade hervorleuchten, und in jener Zeit auch einzeln
nicht gerade das Eigenthum Vieler waren, den Ruhm des
Mannes um so höher erheben, als er selbst in seinem Wirken
ihn niemals gesucht hat. Was er Grosses geschaffen, mag
eine dankbare Nachwelt als das Werk eines gelehrten und
frommen Mannes ansehen und stets in Ehren halten.

EXCURS I.

Die Familie von Langen.

Wenn Hamelmann in der Einleitung seiner Rede über R. von Langen[1]), nachdem er zwei Familien dieses Namens erwähnt hat, zum Schluss hinzusetzt: „Ex utra familia sit hic noster Rodolphus Langius oriundus? de eo non anxie disputabo; interim eius gloriam censeo ad utramque familiam redundare"; so geht er in seiner gewöhnlichen oberflächlichen Weise einer Schwierigkeit aus dem Wege, welche nicht so sehr in der Bestimmung, welcher Familie Rudolf v. Langen angehört, als vielmehr darin liegt, eine auch nur in etwa genaue Stammtafel der Familie aufzustellen. Es gibt zwei verschiedene in Münsterland, Geldern und an der Ems unter diesem Namen vorkommende Geschlechter, welche sich durch ihre Wappen und ihren Ursprung von einander unterscheiden. Während nämlich die Einen fünf schräg liegende Rauten im Schilde führer., haben die Andern eine aufrecht stehende Tuchmacherscheere.[2]) Die Familie, welche die fünf Rauten in ihrem Schilde führte, besass in Westfalen den Sitz Langen bei Westbevern, und. ausserdem Everswinkel, Köbbing, und nach *Fuhne* auch Nienborg, Rheine; und sie scheint auch in Osnabrück ansässig und begütert gewesen zu sein. Die Kirche in Everswinkel, nach der gut erhaltenen Jahreszahl 1489—90 erbaut, hat das Langen'sche Wappen, die fünf schräg liegenden Rauten viermal. In dem Schlussstein des östlichen Gewölbes des nördlichen Seitenschiffes findet sich das Langen'sche Wappen in Verbindung mit dem Wappen von Rump, einem mit der Spitze nach oben gekehrten Winkel. In dem entsprechenden Schlussstein nach Süden sind zwei Doppelwappen, das eine Langen's und Merveldt's[3]); das andere Langen's und wahrscheinlich Voss oder Beverförde. An einer Console des Chors befindet sich neben einem andern Wappen auch das Langen'sche. Es kann daher keinem Zweifel unterliegen, wie es auch das Siegel ausweisst, dass Rudolf von Langen zu der Familie gehörte, welche im Kirchspiel

---

[1]) *Hamelm.* S. 261.
[2]) *Hamelm.* S. 261. *Fahne* Geschichte der Westf. Geschlechter (Cöln 1858) p. 260 ff. und Geschichte der Kölnischen, Jülich'schen und Bergischen Geschlechter (Cöln 1848) I, 259 und II, 84.
[3]) Mette von Merveldt Tochter von Bernd und Alheid kommt in einer Urkunde des Jahres 1488 als Frau eines Heinrich von Langen, Dirick's Sohn, vor. Vergl. *Kindlinger's* Handschr. (Manuscriptensammlung II. im Königl. Staatsarch.) 18, 177 (*Regest.*).

Everswinkel die beiden landtagsfähigen Güter Langen (jetzt im Besitz des Erbdrosten) und Köbbing (jetzt eine Twickel'sche Familienstiftung), ferner Walgern (jetzt Schulzenhof) im Kirchspiel Freckenhorst und Haus Langen bei Westbevern (Beverförde gehörig) besass. Dieselbe Familie war auch im Gelderschen begütert, wie dieses das Wappen und eine Memorienstiftung der Kirche in Everswinkel pro defuncta virgine Metta ab Eyl: ob. 1659, bekundet. Dort besass sie Eyl, Vinckenhorst und Sauernburg(?) [1]), und sie gehörte demnach zu den ausgebreitetsten Familien Westfalens. Verwandt mit ihr, weil dasselbe Wappen führend, ist die Familie v. Keppel [2]).

Eine fortlaufende Stammtafel der Familie zu liefern, ist wegen der Gleichheit der Vornamen in vielen Fällen kaum möglich, und Fahne [3]), welcher dieselbe von einzelnen Linien zu geben versucht, bietet für ihre Richtigkeit nur insofern Gewähr, als er eine Zusammenstellung der auch anderweitig bekannten Glieder gemacht hat. Wenn ich es versuche, aus dem Urkunden-Material, welches mir zu Gebote stand, indem einestheils der Geheime-Archiv-Rath, Herr Dr. *Wilmans* freundlichst die Benutzung der reichen Quellen des hiesigen Königlichen Staatsarchivs gestattete, anderntheils der Herr Pfarrer *Heising* in Everswinkel sein Pfarrarchiv eröffnete und auf meine Anfragen Erkundigungen einzog, eine genealogische Tabelle zu entwerfen, so gestehe ich zugleich, dass ich mich nur auf die nothwendigsten Nachweise beschränken kann und bereitwilligst dieses Feld geübteren Federn überlasse.

Die ältesten Nachrichten, welche wir über die Familie von Langen besitzen, reichen bis in das Ende des zwölften Jahrhunderts, indem ein Herimannus de Langen, canon. mai. eccles. Mon. im Jahre 1184 genannt wird, welcher eine Urkunde über eine Praebende unterschreibt [4]); und im Jahre 1198 ein Rodolphus de Langen als Zeuge in einer Urkunde des Grafen Simon von Tekeneburg über Schenkungen an das Kloster Osede auftritt [5]). In den folgenden Jahrhunderten fliessen die Zeugnisse reichlicher und ich hebe aus ihnen im Folgenden die wichtigsten aus.

Im Jahre 1261 prid. Kal. Julii belehnt Hermannus nobilis vir de Holte seine Tochter Jutte, den Ritter Hermann von Langhen und dessen Sohn Hermann, den Gemal Jutte's, mit der „area quondam castri in Holthe, quam vulgariter Hovestad dicimus." Unter den Zeugen findet sich, wahrscheinlich Brüder Hermann's, Johannes de Langhen et filius suus Rodolphus und Lutbertus de Langen. [6])

---

[1]) *Fahne* Gesch. d. Köln., Jülich. u. Berg. Geschl. I, 239.
[2]) *Fahne* Gesch. d. Westf. Geschl. p. 242.
[3]) *Fahne* a. a. O. p. 260 ff.
[4]) *Nissert* Beiträge S. 328. *Erhard* cod. dipl. II, Nro. 441, p. 170.
[5]) *Erhard* Reg. hist. Westf. II, 2417, p. 92.
[6]) Abschr. *Kindlinger's* Handschr. (Königl. Staatsarchiv) 18, 121.

Vier Gebrüder Langen, Lubertus, Gerhardus, Hermannus, Ludolfus, wahrscheinlich Söhne des obengenannten Ritters Hermann theilen im Jahre †29** fer. ♉ ante Caeciliae ihre Güter. [1])

Es entsteht somit die Stammtafel:

Johann   Hermann   Lutbert.
  | |
  | ┌──────────┴──────────┐
Rodolphus   Lubert,   Gerhard,   Herm.,   Ludolf.
                                   (Jutte).

Von Lubert, dem Sohne Hermann's, werden 2 Söhne genannt, Rodolphus de Langhen, filius Luberti de Langen, der im Jahre 1348 vigil. Crispini et Crisp. als Bürge für Gerh. Zasse genannt wird[2]) und Wildekin de Langen, dem sein Bruder Rudolphus de Langen im Jahre 1357 zwei Stück Landes verhypothecirt.[3])

Von Gerhard, der sich in Urkunden der Jahre 1303, 1316, 1318, 1327, 1328, 1344 vorfindet, werden als Söhne erwähnt Hermann und sein Bruder Gherd[4]), welchen im Jahre 1340 vigil. s. Matthei Hermann Luste von Langhen, Gerd und Ludeke seine Söhne, das boergerichte over die borscop toe Westbeueren verkauften.

Von Hermann, dem Gemal Jutte's, finden sich als Söhne genannt Lubert, Hermann (Gemal. Regenwice) und Ludolf; und die Söhne dieses dritten Hermann sind Gerhard und Ludolf, und wahrscheinlich muss auch Heinrich als solcher angesehen werden. [5])

Dieser Heinrich von Langen, der im Jahre 1402 schon gestorben war, wie da eine Urkunde dieses Jahres in profesto b. Martini ep.

---

[1]) *Wilmans* Westf. UB. III, 1, S. 846.

[2]) *Tegeder* lib. rub. fol. 153. b (Königl. Staatsarch. MS. I, 69.) Vergl. über Rudolf von Langen: *Kindlinger* Handschr. 18, 105 f. zum Jahre 1356; *Tegeder* a. a. O. fol. 281 zum Jahre 1358; und *Kindlinger* a. a. O. 18, 119 zum Jahre 1365. Als seine Söhne finden sich Hermann in einer Urkunde 1365 die b. Georgii martyris (Abschr. *Kindlinger* Handschr. 18, 119) und Lubbertus in einem Lehnsbrief von 1374, 12 Febr. (*Tegeder* fol. 407.)

[3]) *Kindlinger* Handschr. Bd. 187.

[4]) Abschr. *Kindlinger* Handsch. 18, 126. Wie Hermann Luste von Langen zu den übrigen Langen's steht, ob er ein Sohn Hermann's oder Ludolf's ist, das ist nicht klar auszumachen; in einer Urkunde von 1342 S. Andreas heisst es: „Ghert van Langen unde Hermann Luste van Langen synes broders son." Er findet sich nebst seinen beiden Söhnen in Urkunden von 1352 bis 1377. Hermann der Sohn Gerhard's (Gemalin Grete) und sein Bruder Gherd findet sich in Urkunden von 1340 bis 1374. Herm. Luste siegelt mit den Rauten, s. *Kindl.* Handschr. 18, 126.

[5]) *Kindlinger* Ms. 187. „1371 Hermannus de Langen et eius filii Gerhardus et Ludolfus iudicialiter vendiderunt . . . domum tor Mersche cum appertinentiis." Ludolf findet sich ausserdem noch in einer Urkunde von 1401. Vergl. *Niesert* U. S. V, 357. Dem Hinrike van Langhen weiset der Bischof Heydenrich für einen Hengst, den derselbe in Dienst des Bischofs verdorben hat, 2 Malter Korn an 1387. crast. nat. Joh. Bapt. Vergl. Excerpt bei *Kindlinger* Handschr. 18, 169.

et confessoris über einen Verkauf des Hauses ton Brinke Krchsp. Everswinkel beweist, hatte nach derselben Urkunde zwei Söhne Rolef und Johann [1]), allein wie aus andern Stellen zu folgen scheint, sind auch Dietrich, Engelbert, Heinrich, Hermann und vielleicht auch Lutbert als solche anzusehen.

Dyderich von Langen verkauft 1435 crastino die post festum Blasii den raetluden der kerken to Everswinkel für 20 Mark Pfennige eine jährliche Rente von einer Mark aus seinem Erbe de rode wold Kirchsp. Everswinkel Bauersch. Bernevelde (wohl *Vornevelde*). [2])

Im Jahre 1446 fer. 5 p. Judica unterschreiben Engelbert von Langen, Dyderick van Langhen, Johann van Langhen to Everswynkel .... die Münster'sche Landesvereinigung [3]).

Im Jahre 1466 unterschreiben Rolef van Langen ..., Dirick van Langen ..., Henrich und Hermann van Langen Gebrodere die Münstersche Landesvereinigung [4]).

Engelbert von Langen findet sich verschiedentlich neben Dietrich und andern Brüdern erwähnt. Im Jahre 1450 steht derselbe auf Seiten der Münster'schen gegen Walram von Mörs [5]).

Der seit 1484 in Urkunden vorkommende Engelbert ist der Sohn des Vorigen [6]). Als solcher findet sich noch genannt: Roleve van Langen sel. Engelbert's Sohn, der im Jahre 1484 fer. 3 p. Dom. Reminiscere von Conrad von Retberge belehnt wird [7]); und Lambert van Langen, Engelbert's Sohn, der 1466 auf Vincentius Tag die Münster'sche Landesvereinigung unterschrieb [8]).

Johann von Langen und sein Sohn Hermann findet sich in Urkunden, in welchen der letztere als Zeuge aufgeführt wird, aus dem Jahre 1462 am Donnerstag nach Andreae [9]), und von 1477 am Freitag nach Cantate [10]). Auch erhält Johann van Langhen und Ide sine echte Vrowe to Everswinkel vom Domcapitel 1439 die Erlaubniss, 6 Goldgulden jährlicher Rente mit 120 Goldgulden einlösen zu können [11]).

---

[1]) Auszug *Kindlinger* Handschrift. 18, 170.
[2]) Original im Pfarr-Archiv Everswinkel Nro. 33. Siegel fehlen.
[3]) *Kindlinger* Beiträge I, 122.
[4]) *Kindlinger* a. a. O. I, 148.
[5]) Geschichtsq. d. Bisth. Münst. I, 247. 255. 257.
[6]) Königl. Staatsarch. Fürstth. Münst. 2269. Im Jahre 1484 fer. 3 p. Reminiscere belehnt Conrad von dem Retberghe Engelbert von Langen sel. Engelbert's Sohn. Derselbe findet sich noch in einer Urkunde von 1487 (abgedr. bei *Niesert* U. S. VI, 172. und ferner in einer Angabe von Gütern bei *Tegeder* lib. rub. (Ms I, 10.) p. 93 b.
[7]) Urkunde im Archiv zu Westerwinkel.
[8]) *Kindlinger* Beitr. I, 148.
[9]) *Tegeder* fol. 303 b.
[10]) Königl. Staatsarch. Fürstth. Münst. 2086.
[11]) *Kindlinger's* Handschr. 18, 170.

Rolef von Langen tritt in Urkunden des Jahres 1432 [1]), 1466 [2]),
1468 [3]); sein Sohn Engelbert (sel. Roleuen sohn) und dessen Bruder
Roleve in einer solchen aus dem Jahre 1494 auf [4]).

Die Brüder Lutbert und Heinrich von Langen bekunden im Jahre
1458, 25. April ihrem Schwager Albert Vyncke und Fyen seiner Frau,
ihrer Schwester, 40 Goldgulden jährlicher Rente zu schulden [5]).

Ueber Hermann von Langen, den Domdechanten vergl. Excurs II.

In der ganzen Zeit, und in dem Theile der Familie, aus welcher
Rudolf von Langen stammte, findet sich der Vorname Herbord gar
nicht. Derselbe kommt nur einige Mal und zwar dort vor, wo nach-
weisbar die Träger desselben zu den Langen gehören, welche eine
Scheere im Wappen führen. Daher ist es ausser Zweifel, dass Hamelmann in der Angabe, der Vater Rudolf's habe Herbord geheissen, irrt
und Namen verschiedener Familien confundirt. Der Vater hiess Dietrich;
denn der Probst Hermann von Mauriz nennt Rudolf seinen Bruder;
(vergl. Urkunde von 1472 bei *Tegeder* fol. 270 und Excurs II.); er heisst
aber selbst in einer Urkunde von 1484 (*Kindlinger* Handschr. B. 163)
Herman van Langen seligen Diderichs sonne. Dietrich hatte mit seiner
Frau Fye [6]) vier Söhne, Heinrich, Hermann, Rudolf (und Mateus?).

Von diesen findet sich Mateus als Zeuge in einer Urkunde von 1490
up St. Apollonien dag, wonach Godeke ton Deipenbroke und Else, seine
Frau, dem Pfarrer zu Everswinkel Kort Nipper unde den vorwarern
der broderschap Sunte Antonius unde Sunte Katherinen einen halben
Goldgulden Rente für 10 Goldgulden verkaufen [7]).

Hinrich van Langen, selighen Dyderich's sone, to Euerswinkel
kommt in Urkunden sehr häufig vor. So verkauft er 1477 in profesto
Viti martyris mit Mette, syn echte Husfrouwe, für 90 Goldgulden
5 Goldgulden Rente dem Priester Hibbe Kotte für den Altar der hh.
Alexius und Basilius in der Margarethenkapelle up dem domhoue [8]).

---

[1]) Königl. Staatsarch. Fürstth. Münst. 1447.
[2]) *Kindlinger* Beitr. I, 148.
[3]) Königl. Staatsarch. Fürstth. Münst. 1960.
[4]) Arch. zu Westerwinkel.
[5]) Königl. Staatsarch. Fürstth. Münst. 1731. Heinrich und seine
Frau Jutte finden sich noch in einer Urkunde v. 1470 (Königl. Staatsarch. Fürstth. Münst. 1982).
[6]) Dieselbe heisst Fye nach einer Urkunde bei *Tegeder* fol. 475 zum
Jahre 1449, fer. 4 p. Scholastice: Dideric van Langhen und Fye seine
Frau wechseln mit dem Vicar des Marienaltars zu Mauriz Mette ton
Schufüte geboren zu Everswinkel gegen Aleken ton Brinke geboren im
Kirchspiel Cappeln.
[7]) Original im Pfarr-Arch. zu Everswinkel Nro. 26. Als Stifter
einer Vicarie in der Kirche zu Everswinkel wird der selige Matheus
van Langen in einer Urkunde von 1510, deren Abschrift im Pfarr-
Archiv daselbst Nro. 5 sich befindet, genannt.
[8]) Königl. Staatsarch. Fürstth. Münst. 2090.

1483 fer. 3 p. decoll. s. Joh. wird er vom Probst Hermann von
Langen zu Mauriz mit Höfen im Kirchspiel Billerbeck und Coesfeld
belehnt [1]).

Am 29. Juli 1488 verspricht Hinrick van Langen, so lange er Schloss
und Amt Dülmen vom Bischofe besitzt, die eigenen Leute des Domkapitels zu schützen [2]).

In demselben Jahre ist Hinric van Langhen, schulte und manne der
Prauestie, Zeuge bei einer Belehnung durch den Probst von St. Mauriz [3].

Im Jahre 1492, sabb. post Blasii mart. wird der strenuus Henricus
van Langen armiger et eius uxor durch den Pastor von Everswinkel
vor den Official des Hofes zu Münster geladen [4])

Nach einem Copiar des Hospitals zu Freckenhorst verkauft Hinrick
van Langen und sein Sohn Herman 1510 eine jährliche Korngulde an
den Rector des genannten Hospitals; und in demselben Jahr eine Rente
von 4 Goldgulden an eine Vicarie in Everswinkel [5]).

Ausser seinem Sohne Hermann, welcher in Urkunden von 1494 bis
1535 vorkommt, findet sich ein Joannes van Langen, wahrscheinlich
auch ein Sohn Heinrich's, mit seinem Sohne Hermann als Zeuge bei
einem Vermächtniss der Kirche zu Everswinkel [6]).

Von den beiden andern Söhnen Dietrich's ist Hermann später Probst
von St. Mauriz. Derselbe leistete den Eid als solcher am 9. Januar
1472 [7]), und setzte im Jahre 1474 den Kanonicus Martin Fabri von
Mauriz zum Kellner ein [8]). Im Jahre 1477 fer. 2 p. Francisci conf.
schliesst Hermann einen Vertrag mit Joh. van dem Bussche ab [9]). In
demselben Jahre den 6. October kündigte Hermann van Langhen,
Domher to Munster und pravest der Kercken sunte Mauricii, in camera
infeudationum einen Lehntag auf den Montag nach Remigii an [10]). Bei

---

[1]) *Tegeder* fol. 399 b.
[2]) Königl. Staatsarch. Fürstth. Münst. 2399.
[3]) *Tegeder* fol. 606 b. Ausserdem findet er sich mit seiner Frau
Mette von Merveldt in zwei Urkunden desselben Jahres. Vergl. *Kindlinger* Beitr. I, 68. Handschr. 18, 177.
[4]) Orig. in d. Bibl. des Ver f. Gesch. u. Alt. Westf.
[5]) Abschr. Pfarr-Arch. in Eversw. Nro. 5.
[6]) Orig. Pfarr-Arch zu Eversw. Nro. 95.
[7]) *Tegeder* fol. 259.
[8]) *Tegeder* fol. 160 b.
[9]) *Tegeder* fol. 280.
[10]) *Tegeder* fol. 134 b. Unter den Zeugen befinden sich Rodolphus
de Langhen, Hermannus de Langhen. canon. eccl. Mon. Es waren damals also drei Hermann von Langen im Capitel, der Domdechant, der
Probst von St. Mauriz und der Canonicus. Letzterer ist ohne Zweifel
der spätre Domdechant Hermann von Langen, von dem das Necrologium III. eccles. Monast. (K. Staatsarch. Ms. 1, 10.) p. 76 zu seinem
Todesjahr 1508 bemerkt: Hermannus de Langen ex Rheine. Vergl. auch
Excurs II.

der Abhaltung desselben sind gegenwärtig die Domherrn Rodolphus van Langen, Hermannus van Langen, filius Bernhardi[1]).

Im Jahre 1479 p. Mariae Magd. stellt Euerd van Mervelde dem Probst Hermann van Langen eine Urkunde über den Hof to Dulle aus[2]).

Im Jahre 1481, 10 Kal. Jun schreibt Pabst Sixtus an den Dechanten des alten Domes, Probst Hermann von Langen habe sich beklagt, dass Johann von dem Busche und andre Geistlichen und Laien die Güter der Probstei von St. Mauriz schädigten. d. Romae[3]). 1483 fer. 3 p. decoll. S. Joan. belehnte der Probst Hermann den Hinrick van Langen mit Gütern bei Billerbeck und Coesfeld[4]).

In demselben Jahre am 30 Decemb. ersuchte er den Domdechanten Hermann für ihn die Wahlen des Kapitels zu Mauriz zu bestätigen[5]).

Im Jahre 1484 S. Gregor. belehnte Bischof Heinrich von Schwarzburg den Probst Hermann van Langen mit der Fischerei in der Aa, welche durch den Tod des Dechanten Hermann von Langen an ihn zurückgefallen war[6]).

In demselben Jahre Saterdages na S. Bartholomei siegelt Probst Hermann von Langen für Johann von Ascheberg[7]).

Im Jahre 1485 ist der Probst Hermann Zeuge bei einem Gütertausch zwischen Heinr. Moneke und dem Domherrn Heinr. Wulff[8]). Ebenso tritt er als Zeuge im Jahre 1488, 20. Sept. in einer Urkunde des Joh. Hake auf[9]).

1488, 28. Nov. schlichtet Joh. Stael, Domdechant zu Osnabrück als gewählter Schiedsrichter den Streit zwischen Probst Hermann von Langen und Joh. von dem Busche[10]).

1489, 24. Januar verpachtet Herm. Grevynckhoff, Vicar am Dom zu Münster, mit Zustimmung des Probstes Hermann von Langen, Collators der Kapelle St Michaelis, seinen Hof Rodinchoue an Bernd Vos[11]).

Im Jahre 1491, 22. October starb Probst Hermann. „Anno Domini MCCCCXCI° Octobris XXII ab hac luce migravit"[12]).

Unser Probst Rudolf von Langen, der, wie es scheint, der jüngere unter den vier Brüdern war, findet sich ausser in den zwei Oben S. 143

---

[1]) Königl. Staatsarch. Fürstth. Münst. 2095 (Copie).
[2]) *Tegeder* fol. 303.
[3]) *Tegeder* fol. 261 b.
[4]) *Tegeder* fol. 399 b.
[5]) *Tegeder* fol. 211 b. Vergl. Oben S. 97 und Excurs II.
[6]) *Kindlinger* Handschr. 163.
[7]) Königl. Staatsarch. Fürstth. Münst. 2285. Der Helm im Siegel trägt zwei längliche Rauten, der Schild fünf Rauten.
[8]) Königl. Staatsarch. Fürstth. Münst. 2311.
[9]) Königl. Staatsarch. Fürstth. Münst. 2405.
[10]) *Tegeder* fol. 278 ff.
[11]) Königl. Staatsarch. Fürstth. Münst. 2412 (Copie).
[12]) Necrol. III. Eccles. Mon. (M. I, 10) p. 187.

genannten Urkunden, als Zeuge bei einem Vertrag des Probstes von St. Mauriz mit Johann von dem Busche im Jahre 1477 Oct. 2. Neben dem domdeken wird er aufgeführt als heer Rolef van Langhen, doemher to Munster [1]).

Im demselben Jahre 1477 Octob. 6. war Rodolphus van Langhen canon. eccles. Mon. zugegen, als Hermann van Langhen einen Lehnstag ankündigte [2]), an welchem er auch Theil nahm [3]). Auch hatte er neben seinem Oheim Hermann bei der Schlichtung des Streites zwischen der Sunger Bauerschaft und dem Domkapitel am 27. Septem. 1477 als Zeuge eine Stelle [4]).

Im Jahre 1488, 28. Nov. ist Mgr. Rodolphus de Langen, vet. eccl. mon. praepositus, zu Greven Zeuge bei der Schlichtung des Streites zwischen dem Probst Hermann und Johann van dem Busche [5]).

Im Jahre 1489, Sabb. p. Quasimodogeniti ist her Roleff van Langen, domher, Zeuge bei einer Verhandlung des Kapitels von St. Mauriz mit Joh. Kerckerinck über den halben Hof Darvelde [6]).

Im Jahre 1498 Mittw. nach Cantate schliessen Wy Wennemar Voit, vicedominus; Roleff van Langen, provest tom aldendome die Eheberedung des Jasper Korff gen. Schmising mit der Anna von Merveldt zu Merveld [7]).

Im Laufe des 16. Jahrhunderts sind die Nachrichten über die Familie Langen in Everswinkel dürftiger. Im Jahre 1539, Dinstag nach Mauritius ist Johann van Langen, vielleicht der Sohn Heinrich's, Zeuge bei einer Gerichtsverhandlung vor Diderik Louwermann Gogreven zu Telgte und Everswinkel [8]).

Für das Jahr 1572 berichtet das Visitations-Protokoll d. d. Donnerst. 7 Februar: „Pastor in Everschwinkel respondit, quod sibi nomen sit Everhardus de Langen, quadragenarius, ex Nobili prosapia de Langen legitime natus ... Pastor in Everschwinkel dixit, se diaconum solummodo esse et Paderbornae statutis temporibus a Suffragio ordinatum" [9]).

---

[1]) *Tegeder* fol. 280.
[2]) *Tegeder* fol. 134 b.
[3]) Königl. Staatsarch. Fürstth. Münst. 2095 (Copie).
[4]) Königl. Staatsarch. Fürstth. Münst. 2094.
[5]) *Tegeder* fol. 278 ff.
[6]) *Tegeder* fol. 383 b.
[7]) *Kindlinger* Handschr. 18, 155 (Auszug).
[8]) Orig. Pfarr-Archiv zu Eversw. Nro. 15.
[9]) Nach dem Visitationsprotokoll von 1613 war Everhard de Langen im vorhergehenden Jahre gestorben. Nach einem Bericht des Pastorat-Archivs in Everswinkel: „1593 obiit Everhardus a Langen, pastor in Everswinkel, sepultus in ecclesia Everswinkel a cornu epistolae altaris septentrionalis, cui successit Hermannus a Langen. Hic obiit 1613", scheint es, als enthalte das Visitationsprotokoll einen Irrthum und confundire die Lebenszeit zweier Pfarrer des Everhard und Hermann von Langen.

Im Jahre 1592 up Dag Andree d. h. Apostels cediren Dyrych van
Langen to Kobbink und seine Frau Yost den Kirchenprovisoren zu
Everswinkel ein kleines Haus (Gadem) am Kirchhofe daselbst [1].

Bald nach 1613 scheint die Familie von Langen in Everswinkel
erloschen zu sein. In der dortigen Kirche befindet sich ein im Jahre
1614 verfertigtes sogenanntes Hungertuch, auf welchem die Wappen
von Voss und Droste vorkommen. Wahrscheinlich tritt dort um diese
Zeit die Familie Droste-Vischering (*Erbdroste*) [2] in den Besitz des Hauses
Langen, während das gleichnamige Besitzthum bei Westbevern schon
früher zuerst an die Familie von Lethmate, später an Böverförde,
Elberfeld fiel [3].

---

[1] Orig. Pfarr-Archiv in Everswinkel Nro. 25. Papier mit eigenhän-
digen Unterschriften und gut erhaltenem Oblatensiegel. 5 Rauten, darüber D. v. L.

[2] Eine Eheberedung zwischen einem Sohne Hermann's von Langen
und einer Tochter Albert's III. (*von Wulfheim*) fand schon im Jahre
1285 statt. Vergl. *Wilmans* Westf. Urk.-Buch S. 664.

[3] Die Stammtafel, soweit sich dieselbe mit Wahrscheinlichkeit herstellen lässt, wäre demnach folgende:

Johann.   Lutbert.   Hermann.   Gerhard.   Ludolf.
  | | | | |
Rodolphus. Rodolf, Wildekin. Hermann.   Hermann Luste, Hermann, Gert.
                                (Jutte)
  | | |
Hermann, Lubbert.   Lubbert, Hermann, Ludolf.'   Hermann.
                        (Regenwice)
                          |
              Gerhard, Heinrich, Ludolf.
                          |
Dietrich.   Engelbert.   Johann. Roleff. Heinrich. Hermann. Lutbert.
(Fye)   (Ida) |
                                  Engelbert.
  | |
   Roleff, Lambert, Engelbert. Hermann.
  |
Heinrich, Hermann, Rudolf, Mateus (?).
(Metta)
  |
Hermann, Johann.
             |
          Hermann.

EXCURS II.

Der Domdechant Hermann von Langen.

Die Geschichte des Domdechanten *Hermann von Langen*, welcher auf die Entwicklung seines Neffen Rudolf von Langen durch seine Stellung und seine Bildung den grössten Einfluss ausübte, kennen wir, obgleich sie in eine der bewegtesten Zeiten des Bisthums Münster fällt, dennoch nur mangelhaft aus einzelnen Urkunden und dürftigen Notizen der Chronisten jener Zeit. Im Jahre 1446 Scholasticus des Doms zu Münster[1], war er bei der Wahl Walram's von Moers im Jahr 1450, die in Dülmen vor sich ging, als thumbdechant zugegen[2]; und bei einer im Juni 1452 in Zütphen unter den Parteien für und wider Walram gehaltenen Versammlung comparuerunt dominus Hermannus de Langen, decanus, et plures alii[3]. Im Jahre 1456 den 8. April entstand in Coesfeld gegen ihn ein Auflauf, veranlasst durch ein unglückliches Gefecht der Einwohner gegen den Grafen von Hoya[4] Am 10. December desselben Jahres wählte der Domdechant Hermann von Langen und der grössere Theil des Domkapitels in Ahaus den Conrad von Diepholz zum Bischof von Münster[5], und sie enthielten sich auch bei dem Vertrag, den Johann von Baiern, der vom Pabst ernannte Bischof, am 28. October 1457 einging, sowie bei der Inthronisation desselben am 11. November des Jahres 1457 zugegen zu sein[6]. Am

---

[1] Vergl. Oben S. 63 Anm. 1. Auch im Jahre 1447 war er noch Scholaster, denn unter diesem Namen besiegelt er am 13. Decemb. dieses Jahres eine Sühne zwischen dem Bischof von Münster und seinen Ständen einer-, und Grafen Everwin von Bentheim andrerseits. Das wohlerhaltene Siegel mit 5 Rauten trägt die Umschrift: S. dni hermani de Langen. Die Urkunde befindet sich auf dem Königl. Staatsarchiv zu Münster, Fürstth. Münster 1627. Im Jahre 1449 crast. nat. Mar. virg. heisst er als Zeuge bei einer Verhandlung des Kapitels von S. Mauriz: Hermannus de Langen, licentiatus in legibus, eccles. maior . . . . decanus. Vergl. *Tegeder* fol. 444.

[2] *Forts. d. Chronik* des *Arnd Bevergern* in den Geschichtsq. des Bisth. Münst. I, 309.

[3] *Chronik* eines *Augenzeugen* a. a. O. I, 214.

[4] A. a. O. I, 232 . . . „etiam seditiosus tumultus oppidanorum Coesfeldensium concitatus in venerabilem et egregium dominum Hermannum de Langen, decanum ecclesiae Monasteriensis.“

[5] A. a. O. I, 234. 274. 314.

[6] A. a. O. I, 237 f.

20. December .... „venerabiles domini decanus et canonici ecclesiae Monasteriensis ... ipsam civitatem et ecclesiam cum gaudio et gloria reintraverunt" [1]). Am 1. Juli 1458 vermittelte dann der Domdechant den Vertrag zwischen dem Bischof und der Stadt [2]).

Ausser diesen Nachrichten, welche seine politische Thätigkeit betreffen, finden wir in Urkunden den Domdechanten Hermann von Langen noch öfters erwähnt, und dieselben mögen hier zur Vervollständigung des Gesammtbildes des hervorragenden Mannes eine Stelle finden.

Im Jahre 1471 den 2. December wählte das Kapitel nach dem Tode des Heinrich Francois (st. 25 Nov. 1471) den Domdechanten Hermann von Langen zum Probst [3]).

1472, 9 Januar. Hermann von Langen legt den Eid als Probst von S. Mauriz ab. Unter den Zeugen: domini et magistri Hermannus de Langen, legum licentiatus, decanus, Rodolphus de Langen canonicus eccl. Mon. [4]) Das verwandtschaftliche Verhältniss dieser drei erhellt aus einem Bericht, welcher einer Klageschrift des Probstes Hermann von Langen zu S. Mauriz gegen Joh. von dem Busche angehängt ist: „Item so als Johan van dem Bussche vnd ouermyddest vnser beyder vrunde als nemptliken den Erwerdigen unde Erberen leuen heren *vedderen* vnde *broder*, Her Herman van Langen domdeken, her Roleff van Langhen, domher to Munster, vp myne syet .. " [5]).

1474, fer. 2 p. festum Phil. et Jac. Senior und Kapitel der Kirche zu Münster bekunden, dass ven. et discr. viri. dni Hermannus de Langhen, legum licentiatus, Otto Korff, scholasticus eccles. Mon., Bernardus de Schedelike Baliuus in Stenvorde ...., manufideles ac testamenti executores ... Henrici Fransoys can. eccl. Mon. zu einem Altar oder Beneficium Mariae, Eligii et Antonii in der Michaeliskapelle für einen Priester hinreichende Einkünfte geben [6]).

1474, fer. 2 post Philippum et Jacobum. Hermannus de Langen, legum licentiatus, decanus, Otto Korf scholasticus, Bernhardus de Schedelik, Balyuus in Stenforde et Ludolphus Hechelen, canon. eccl. Beckemensis, Johannes Bock et Alhardus Droste, cives Monasterienses, als manufideles und Executores des verstorbenen Domherrn Henric. Fransoys dotiren den Altar S. Eligii et Antonii in der Michaelis-Kapelle [7]).

1475. s. Polycarpi (26 Jan.). Hermannus de Langen, in legibus licentiatus, decanus ecclesiae Monast., bekundet, dass Hinr. Boecwinckell,

---

[1]) A. a. O. I, 239. 315 f.
[2]) A. a. O. I, 240.
[3]) *Tegeder* fol. 255.
[4]) A. a. O. fol. 259.
[5]) A. a. O. fol. 270 b. Vergl. fol. 297, wo sich der Dechant Hermann und Probst Hermann *vedder* nennen, und Oben S. 157.
[6]) Königl. Staatsarch. Fürstth. Münst. Nro. 2050.
[7]) Königl. Staatsarch. Fürstth. Münst. 2087 a. (*Copie.*)

Priester der Münster'schen Diöcese, nach dem letzten Willen des verstorbenen Joh. tor Mollen, vic. perp. paroch. eccl. in Telget, eine Vicarie s. crucis et Margar. et Barbarae am neuen Altar in der Margarethen-Kapelle gestiftet [1]).

1475. Domdechant Hermannus a Langen bestätigt eine Capelle zu Merveld [2]).

1477, die Servatii. Hermannus de Langen, Decanus eccl. Mon. executor ultimae voluntatis quondam dm. Engelberti Francoys, ejusdem eccl. can., bekundet, da der Altar s. Eligii in der Michaelis-Kapelle infra emunitatem eccles. Mon. von ihm und den übrigen Executoren des Heinr. Fransois neu dotirt sei, gebe er zum Seelenheile Engelbert's zum selben Altare 2 Rhein. Gulden jährlich mit dem Willen, dass der Rector des Altars an allen Tagen, an denen er nach der Fundation vor dem genannten Altar die Messe feiert, memoriam habeat Engelberti praedicti, und drei Vigilien von 9 Lectionen für Engelbert lese (dicat) [3]).

1477, September 27. Hermannus de Langhen, in legibus Licentiatus, decanus, . . . Rodolphus de Langhen canonicus sind zugegen, als gewählte Schiedsrichter einen Streit zwischen der Sunger Bauerschaft und dem Domkapitel (Mansus Velthus) schlichten [4]).

1477, in profesto Petri ad cathedr. Hermann von Langen Domdecken und andere Hantgetrouwen sel. Herrn Heinrich Fransoys urkunden über Wechsel von Eigenhörigen [5]).

1480, crast. s. Elisabeth vid. (Nov. 20.) Herman van Langen domdeken und Otto Korff scholaster Hantgetruwen sel. Domherrn Hinrik Fransois übergeben für den Petri Altar im Dome 5 rheinische Gulden [6]).

1481 Montag 2 April führt Hermannus de Langen, in legibus licentiatus, decanus eccl. Mon. den Vorsitz in der sancta synodus generalis. Vergl. Copiar. der Ludgeri-Kirche zu Münster (grösstentheils von Everwin Droste gegen Ende des 16. Jahrh.).

1483. 30 Dec. „Hermanno de Langen, legum licentiato, decano eccl. Mon. Hermannus de Langen, eiusd. eccl. can. et praepositus eccl. collegiatae s Mauritii extra et prope muros civitatis Mon." In dem Briefe bittet der Probst von S. Mauriz den Domdechanten, er möge,

---

[1]) Königl. Staatsarch. Fürstth. Münst. 2059.
[2]) *Kleinsorgen* II, 286. *Hobbeling* Beschrbg. d. Stadt Münster S. 456.
[3]) Kön. Staatsarch. Fürstth. Münst. 2087. (Zu vergl. eine Urkunde des städtischen Archivs von 1478 Sabb. p Palm. über eine Schenkung an die Kapelle zu Venne, wonach Hermann Pernyck, Vicar am Dome, bekennt, dass vom Domdechanten Hermann von Langen eine jährliche Rente von 1 Mark an die Kapelle gegeben sei, damit dafür der Rector bei jeder Messe für Engelbert und Heinrich Francoys bete.
[4]) Königl. Staatsarch. Fürstth. Münst. 2094. (Copie.)
[5]) Originalurkunde der Bibliothek des Ver. für Gesch. u. Alterth. Westf. in Münster.
[6]) Königl. Staatsarch. Fürstth. Münster 2161.

da er selbst in Geschäften seines Bischofes und seiner Kirche oft ausser Stadt und Land müsse, Wahlen und Postulationen in seinem Kapitel bestätigen [1])

Noch einmal begegnen wir ihm in Verbindung mit dem Probst Hermann von Langen bei *Tegeder*: „Hermannus de Langhen, in legibus Licentiatus, decanus eccl. Mon., Commissarius ad infra scripta a ven. viro dno Hermanno de Langhen, praeposito eccl. S. Maur. . . . specialiter deputatus" [2]).

In frommen Stiftungen finden wir den Namen des Domdechanten Hermann von Langen so oft erwähnt, dass wir gewiss zu dem Schlusse berechtigt sind, derselbe sei ein eben so religiöser Mann gewesen, wie er ein einsichtsvoller und gebildeter war.

In dem *Memorienbuch des Schwesterhauses Agnetenberg zu Dülmen* [3]) findet sich unter „de namen der ghener daer de susteren vor bidden sollen" verzeichnet: „Heer Herman van Langhen Doemdeken gaf V gold' gl."

Im *Gedächtnissbuch des Fraterhauses zu Münster* [4]) heisst es: „Dns Hermannus de Langen, Decanus Mon. Hic ad fabricam novae ecclesiae nostrae primum lapidem iecit et XX aureos obtulit. Hic fratri nostro Gerhardo Beringen vicariam contulit in altari S. Eligii capellae S. Michaelis."

Tegeder führt in seinem *liber ruber* eine Stiftung Hermann's von Langen an [5]):

Vigilia Matthiae apostoli. „Hermannus de Langen, decanus ecclesiae Monasteriensis, qui dedit ecclesiae nostrae XX flor. ren. aur. quibus comparati redditus unius flor. ren.; qui in hoc eius anniversario per bursarium ministrabitur, de quo cuilibet vicar. celebr. II den."

Auch das *Necrologium* des alten Domes [6]) hat unter dem 27. Februar eine Stiftung, welche vielleicht von seinem dankbaren Neffen gemacht ist: „Anniversarius dni Hermanni de Langen, decani ecclesiae Monasteriensis: I florenus ren. de bursa, de quo cuilibet vicario praesentias non habenti in armario incluso, officianti chori et custodi et thesaurario II den."

Das *jüngste Necrologium* des Domes [7]) enthält mehre Memorien, von denen es bei einzelnen nicht mit Sicherheit auszumachen ist, ob sie sich auf den Onkel Rudolf's von Langen, oder auf einen spätern Domdechant Hermann von Langen de Reyne beziehen, welcher am 20 November 1508 starb [8]).

---

[1]) *Tegeder* fol. 211 b.
[2]) Fol. 545.
[3]) Original im Besitz des Herrn Caplan *Rulle* in Dülmen.
[4]) Abgedr. in der Zeitschr. f. Gesch. u. Alt. Westf. VI, 117.
[5]) Fol 10 b.
[6]) Königl. Staatsarch. MS. I, 65.
[7]) Königl. Staatsarch. MS. I. 10.
[8]) A. a. O. p. 76: „Obiit (Hermannus de Langen de Reyne) anno XVC octavo vicesima mensis Novembris die".

Zum 25 Januar Conversionis S. Pauli heisst es [1]): „Item ob memoriam domini Hermanni de Langen, quondam decani etiam pro melioratione praetacti festi de bursa ministrabitur unus florenus renensis."

Ebenso unbestimmt sind die beiden folgenden Notizen, die eine [2]) zum 16 April. Festum commendationis beatae Mariae virginis. „Item pro melioratione huius festi ob memoriam dni Hermanni de Langen, quondam decani, dabitur de bursa dominorum unus flor. ren. Vicario (veteris *später*) chori ad eius lumina VI den."; die zweite zum festum transfigurationis domini [3]): „Item ob memoriam Hermanni de Langen decani ad meliorationem praesentis festi unus florenus renensis ministrabitur."

Sicher von dem Onkel Rudolf's von Langen sind dagegen die beiden folgenden Berichte desselben Necrologiums zu verstehen:

21 Februar. „Item crastina die s. Petri ad cathedram anno Domini MCCCCLXXX quarto obiit egregius vir, dominus Hermannus de Langen, legum licentiatus, aliquando huius ecclesiae decanus; ob cuius memoriam de bursa dnorum quinque floreni ren. ministrabuntur, de quibus dimidiae librae candela cerea ponetur, den. duo offerentur; tres den. camp." [4])

Feria secunda ante festum Margarete [5]): „Cum sacrosancta eucharistia per hanc urbem circumfertur, ob memoriam venerabilis viri domini Hermanni de Langen, licentiati in legibus, huius ecclesiae aliquando decani, ad honorem divinissimi corporis Christi ac animae eius salutem ministrabuntur de bursa dominorum quinque floreni renenses, inter dominos nostros in processione et missa diei illius praesentes et infirmos debilesque dividendi."

Auf diese wenigen Angaben beschränken sich die urkundlichen Nachrichten über einen Mann, welcher 36 Jahre hindurch die Pflichten seiner Stellung in der gewissenhaftesten Weise wahrnahm, und nicht nur von seinem Neffen und seinen Freunden [6]) mit der grössten Ehrfurcht genannt wurde, sondern auch bei dem Bischofe Heinrich von Schwarzburg, wie bei seinem Vorgänger Johannes von Baiern im höchsten Ansehen stand [7]). Dass jedoch auch er dem Neide nicht entging, beweist das Gedicht Langen's in aemulos [8]).

---

[1]) Pag. 11. — [2]) Pag. 60. — [3]) Pag. 147.

[4]) Pag. 24. Es ist also das Todesjahr Hermann's das Jahr 1484, und danach Oben S. 63 zu ändern.

[5]) Pag. 128.

[6]) *Rudolphi Langii* carm. dedicat. und carm. LI. *Murmellius* Eleg. mor. IV. 8.

[7]) *Schaten* Annal. Paderb. II, 515: „Eminebat per id tempus, Henrico Schwartzenburgico Episcopo, Hermannus Langius decanus tam generis claritudine ex prisca Langiorum familia, quam religione et doctrina clarus. Quippe qui utriusque iuris laurea publice decoratus cleri decus et forma erat."

[8]) Carm. LII.

RUDOLF'S VON LANGEN

GESAMMELTE GEDICHTE.

I.

RHODOLPHI LANGII CA. MONASTERIENSIS

CARMINA.

———————

*Inclyto Roperto, Baioariae duci et sanctae Coloniensis
ecclesiae decano, se commendat et felicitatem dicit Rodolphus
Langius canonicus Monasteriensis.* Hortatus ab amicis saepenumero, princeps illustris et clarissime decane, qui ineptias
meas numerosque aliquid esse putant, uti, quae hactenus seu
lyrica seu alternis versibus epigrammata vel etiam heroica
scripsimus, in ordinem aliquem componeremus imprimendaque
his, qui divinam pene hanc nostro saeculo litteratis operam
navant, contraderemus, ut eo pacto velut e tenebris in lucem
erumperent et inter litteratos vel contemnenda vel saltem toleranda legerentur, ut ante paucos annos Hierosolymam prosa
oratione contextam celebris memoriae domino Hermanno de
Langen, Monasteriensi decano et patruo meo dedicatam emisimus, quae rapta ab impressoribus licet non satis adhuc matura eius nomine exivit in publicum; (sed is vir, in cuius interitu non mediocrem respublica nostra iacturam fecit, diem
suum obiit, cui merito id meum qualecunque ingenium omni
sua fetura enitens desudasset), circumspiciendum mihi fuit,
cuius nomine fultus et praesidio has meas lucubratiunculas
manumitterem ac libero paterer perfrui coelo. Tu unus occur-
ris illustris et docte princeps, cuius et sanguis, qui te illustris-
simus genuit: insignis, quo ferves litterarum amor et, qua fulges, clarissima virtus, invitant trahunt impellunt, ut tibi pu-
silla haec non modo et inepta inscribam, verum grandia et
eminentissima, quae a summis elaborata sunt ingeniis, tibi
iure optimo deberi censeam. Ita enim natura seu moribus in
omni nobilitatis est comparatum ordine, ut inferior eius ordi-

nis literarum studiosus summam nobilitatem admirans suspiciat, cui vel sua dedicet, vel ab iniuria crassae rusticitatis defensa conservet. Modestissima igitur summae nobilitatis tuae virtus patiatur quaeso, se his meis ineptiis impeti, feratque, ut vilis anser inter olores, quos multa sublimes evehit aura, raucus interstrepam, donec excellentium ingeniorum te merces, ut probe meritus es, locupletent. Tu interea, ut facis egregie, litteras a situ et fuligine vindices hortor, et hanc maiorum tuorum stemmatibus, quae vel amplissima tota sunt Europa, gloriam adiicias velim. Felix princeps optime vale et mihi deditissimo tibi clienti, quae placent impera; sed et audaciunculae huic meae ex ingenita tibi virtute et humanitate ignoscas rogo. Ex Monasterio MCCCC⁰ VI. et LXXX.

AUCTOR AD LIBRUM.

I nunc parve liber tremensque nasum
Vulgi, sed, ducis aula si decani
Admittit placidi favore vultus,
Gaude; non piperis crocive turis
5. Scindent te lacerum ut sies cuculla.
Nam is fonticulas amat puellas,
Quo nemo melior dabit patronus,
Evadas manibns salariorum.

I.

d illustrissimum principem et reverendissimum patrem, domi-
num Hermannum, sanctae Coloniensis ecclesiae Archiantiste-
tem: rerum a se fortissime gestarum Rodolphi Langii ca-
nonici Monasteriensis deditissimi sibi clientis panegyricon
carmine lyrico: Sapphico et Adonio.

Clara quem virtus superumque rector
Reddit excelsum patriae parentem,
Bellico cuius studio beata
    Nussia fulget:
5. Te canam, primum rapidos morantem
Principis saevi Caroli triumphos,
Dum nimis bello violenter urbis
    Moenia pulsat.
Orte sublimi generose sanguis
10. Stirpe maiorum, celeres magistri
Litterae et virtus tibi dant celebrem
    Sternere famam.
Rite delectus caput in senatu,
Rebus ut lassis animo sagaci
15. Consulas, armis patriae ruenti et
    Belliger adsis.
Fama fert, Gallos acuisse ferrum,
Qui ducis magni comitantur arma,
Nussiae muros gravioris irae
20.   Cuspide vertant.
Induis fidens clipeum decora et
Arma commotus, trepidoque cingi
Oppido passus, et in omne princeps
    Nobilis aevum.
25. Tam ducis clari caput intuentur
Milites laeti, glomerantque cives
Tela, quae forti iaculentur ausu
    Pacis in hostem.

Irruens saevae similis procellae
30. Proeliis audax inimicus heros
Nussiae admovit validas cohortes
    Fulminis instar.
Magnae dux urbis legioque victrix
Tela torquetis valide lacerto
35. Urbis e muris, inimica torpent
    Agmina fossis.
Proruens portis animosa virtus
Militum, castris vehemens initur
Proelium. Galli cecidere noti
40.   Pulvere Rheni.
Omne quod Galli lacerando callent
Urbium muros, studio vel Anglus,
Itali fossas penetrantis ima
    Nussia sentit.
45. Machinae in coelum sonitu boantes
Verberant turres quatiuntque muros.
Strenue nitens operosa pubes
    Fracta reponit.
Consecras summae patriae parenti,
50. Virgini et matri, superam tuenti
Oppidi portam: vocitetur almae
    Porta Mariae;
Italo Rheni populante portam,
Hanc salus urbis metuendus hosti
55. Occupat voto populi Quirinus
    Nomine iugi.
Dura sors rebus, generose princeps,
Est equus bello generatus acer
Omnibus gratus cibus in salutem, et
60.   Moenibus urbis
Splendide perstas iuvenesque duri,
Nunc famem sueti tolerare saevam,
Moenibus nunc et iaculante Gallo
    Vulnere laedi.

65. Te ducem Chalcis superata Turco
    Heu tua fultum legione fida
    Nacta vidisset: rueret sub ausu
        Bellua pugnax.

    Cingeris castris nimium propinquis,
70. Abditae muros acies perurgent,
    Irruat fossae latebra silenti
        Hostis in urbem.

    Obviant fortes iuvenes: liquata
    Tela, cementum buliens profundunt
75. Desuper; Gallos liquidus repellit
        Foetor et ardor.

    Jam nimis longo satiate bello,
    Caesarem spectas cupide vocantem
    Copias, hostem iubeant ducemque
80.   Cedere campis.

    Nomen Agrippae referens celebre
    Civitas caris opibus nec auro
    Parcit, in Gallos validas cohortes
        Cogere pergens;

85. Fida trans Rhenum sua figit unde
    Castra, Burgundos iaculante crebro
    Machina, et puppes vario lacessat
        Turbine saxi.

    Ex ea fortes peditum phalanges
90. Inclitus Caesar equitisque duri
    Copias ducit, tibi quo superbum
        Detrahat hostem.

    Talis o staret Calabris in oris
    Militum virtus cruce sub decora,
95. Pelleret foedum Getici tyranni
        Agmen Idrunto.

    Grande Burgundis aquilae minantur
    Caesaris bellum, positisque castris
    Grata Germani fremitu tremendi
100.   Proelia poscunt.

Caesaris sceptro minitante solvit
Castra Burgundus pavefacta, belli
Nussiam tanto studio petitam
    Laedere cessat.

105. Hic dies vere tibi festus atras
Exuit curas, populoque laetus
Nussiae, qui nunc spatiatur hostis
    Visere castra.

Urbe victrici tua celsa virtus
110. Et situs squalor patuere cunctis,
Caesari et magnis ducibus potenti
    Gaudia fundis.

Tuque dum vadis, iuvenes secuti
Gloria et armis cumulata virtus
115. Bellicae lauri meruere serto
    Cingere frontem

Laetus Agrippae gradiens in urbem,
Perferens festam patriae salutem,
Personat qua vadis: Jo triumphe,
120.   Vita salusque.

Gloriam summo referas Tonanti,
Angelum fortem nitidae cohortis
Qui dedit coelo, caperent feri ne
    Moenia Galli. ·

125. Submovens hostes aquilae rebelles
Caesaris alti manus arma ponit,
Te gubernandae patriae relinquens,
    Nobile munus.

Interim quassae sapiens et acer
130. Publicae curae meditaris arte
Rector optatam populo benignus
    Reddere pacem.

Nunc minax bellum posito furore
Te fugit, cum tu moderator adsis
135. Durus armorum placidusque legum
    Optime praesul.

Pastor excelsa residens cathedra
Integros morum scelerisque puros
Adiuves, pergant iter institutum,
140.   Admoneasque.
Ordini reddes misere caducas
Legibus sacris animas reponens.
Sic pios actus imitaris almi
    Samaritani.
145. Parce subiectis populis labore
Bellico fessis, tumidosque fastu
Frange, consuescant domiti superba
    Subdere colla.
Imperi grandis Latii senator,
150. Foeda nunc ardens animo volutes
Arma, quae nobis truculenter infert
    Barbarus hostis.
Caesar et magni proceres, conare,
Belluam turpem meditentur armis
155. Mahumeth Jesu radiante signo
    Pellere ab orbe.
Quo nihil maius meliusve magnus
Nunc deus terris miseris dabit, quam
Pestifer Christi et ferus ille Turcus
160.   Concidat armis.
Arte nunc celsa hac docilis labora,
Dum ruunt aetas fluitansque vita.
Laetus intersis populo superno
    Sede beata.
Inclite mordaces praesul mitissime curas
    Disiice tantisper carmina nostra legas.
Si lyrico quidquam nostro hoc in carmine laudis,
    Non mihi, sed Jesu gloria cuncta siet.

II.

Ad praeclarissimum iuvenem Johannem Listhigum, Romam patria sua repetentem, Rhodolphi Langii amici sui pro faus felicique itinere comprecatio.

Metro dactylico Asclepiadeo hendecasyllabo,
quarto Glyconico.

Tobiae Raphael ductor ad ardua,
Summi qui medicus angelus es dei,
Egressum patria protege Listhigum,
     Servans incolumen, precor.
5.   Carum qui puerum montibus horridis
Munis, fluminibus belua tetrior
Ne surgens iuvenis pectora territet
     Tuti consilio sacro,
Thesaurum ut repetat muneris abditi,
10.   Gabelo senior quem credidit pater,
   Formosa reducem coniuge ductitans
     Victo daemone pessimo:
Ad Rheni properans Listhigus impetum
Adverso superet tramite concitus,
15.   Et saevus metuat, maxime Raphael,
     Hostis tangere Listhigum.
Tutusque scopulos permeet Alpium,
Horrendis nivium molibus impera
Ductor, ne iuvenem terrificus pium
20.   Fragor turboque dissipet;
Decursu violens culmine montium
Qui torrens rapido labitur, invidus
Intrantum pedibus, sternere Listhigum
     Ne possit Raphael bonum.
25.   Afflatum capiet naribus integrum
Cernens Italiam faucibus Alpium,
Non tristes nebulae, glebave lubrica
     Tardent te duce Listhigum,

Appennini iterum transeat aspera
30. Formosum ad Latium Listhigus ambulans,
Romani populi moenibus inclitis
    Curas pellere cogitet;
Serves quem medice Raphael optime
Cunctis, ex animo floreat integer,
35. Morborum asperitas fataque tristia
    Laedant ne male Listhigum.

Ad peram eidem Jo. Listhigo dono datam distichon.

Ausonio redeas distentum follibus auro
Cum domino munus, nobile marsupium.

III.

Rhodolphus Langius Salutem P. D. Conrado Polman, viro docto atque praestantissimo. Noscis vir praestantissime, quia ad proxime venturam lunae diem divinissima Christi Eucharistia per hanc urbem veteri more circumferetur, pulla ac humili religionis veste omni huius praeclarae civitatis praecedente clero, senatu plebeque humiliter devoteque sub- sequente. Decoravi idcirco ante hoc biennium meis opibus, id est qualicunque et tenui musa, celebrem hanc sanctam- que pompam hexametris pentametrisque labenti epigram- mate. Incidit nunc cupido, ut lyricorum versuum, quae Sapphica appellantur, periculum faciens aliquid et nunc meis studiis devotioni publicae afferam, quae urbanam hanc lustrationem summo omnium et maximo sacramento quot- annis laudabiliter riteque institutam observat, colit, adorat, eique diligentissime religioseque obsequitur. Hos igitur versus te precor pro tua singulari humanitate et magna quam erga me tenes amicitia suscipias, non quo sint in- genio conditi, sed cuius laudi laborent et gloriae studeant, contempleris, tuoque favore ac vultus laetitia editi in lucem exeant. Vale, ex meis aedibus novis MCCCCLXXX ad VIII. Julii diem.

Metrum Sapphicum hendecasyllabum quarto (sententiam explente) dimetro, Adonio.

Quem sinu patris superumque regno
Virginisque alvo nitido morantem
Traxit ad terras amor infinitus
  Sumere carnem,

5. Solveret captum misere diu quem
Perdidit tristem paradisus alta,
Stravit immanes Erebi tyrannos
  Sanguine fuso,

Splendido in coelum rediens triumpho,
10. Candidi portans populi catervas,
Consulit terris, animae relinquens
  Nobile pignus,

Sacra, quae dextra baiulat sacerdos
Urbe nunc toto praeeunte clero
15. Seque praebente comitem senatu
  Moenia lustrans.

Ferte singultus, manibusque passis
Tendite ad coelum, genibusque terram
Frondibus festis dabitisque Jesu
20. Tura benigno:

Ut bonam pacis placide quietem
Donet, ac nigras animas serenet,
Carnis et mundi macula caducas
  Daemonioque;

25. Laetior coelo videatur aura,
Clarior Phoebi radius feracem
Inferat messem, rubeantque vina
  Foenore largo;

Ne minax pestis violensque morbus
30. Sternat incautos, miserosque perdat
Morte longaeva, rogitemus omnes
  Pectore ab imo,

Vertat in Turcos potius trisulcum
Vindici dextra iaculante telum,
35. Impii ut discant fidei superba
    Tradere colla.
Hos potens Jesu deus o deorum
Nunc modos sacro lyricae Camenae
Labilis vita tibi supplicando
40.   Paupere gaza.

IV.

*Divo Paulo, electionis vasi, ecclesiae urbis ditionis nostrae
praesidi optimo, sanctissimoque patrono, hendecasyllaborum
Phaleuciorum hymnus.*

Non hanc, quae bibit ungulae liquorem
Trans auras celeri volantis Euro,
Nunc Musam ad sacra nobilis profanam
5. Pauli carmina quaero personanda;
Sed, qui sidereo throno ruentem
Sternis fulmine, mitis in fideles,
Saulum, maxime gratia superna
  , Jesu in carmina largiare vires.
Jacob, longanimis parensque magnus
10. Sedes. Elysii petat piorum,
Duri legibus actus instituti,
Illustres iubet admovere natos
Aurem mysteriis sibi futuris.
Rachel pulchrior edidit patri quem
15. Praesens illico Beniamin; at heros:
O gnate es lupus horride vorax, qui
Praedam diripies manu rapaci
Ardens vespere dividunda rapta.
Fatus haec senior, petens Averni
20. Sedem, quo pia turba congregatur,
Exspectat cupide redemptionem.
Alvo virginis exiens in orbem
Jesus, proelia commovens tyrannis,

       Surgit tunc Erebo potens amicos
25. Laetos sidereas refert ad oras.
       Sed dum exercitus inclitusque miles
       Castris manserat, abcedente Jesu,
       Victrices generans duci catervas,
       Ingens signiferum gravisque pugna
30. Invadit Stephanum. Ferox in arma
       Evadit lupus, aestibusque Saulus
       Irarum vehemens minasque spirans
       Intendentibus unicae saluti,
       Praedam ut faucibus ingerat severis.
35. Sed per nubila maximus suorum
       Rex non immemor acriter furentem
       Saulum concutit fulmine minacem.
       Vi celsa ruit actus in stuporem
       Vastator pecorum Jesu magistri
40. Saeve diripiens lupus piorum.
       Audit terribili sono Tonantem:
       « Cur me Saule ferox pium cruente
       Oppugnas? » labat et triforme fulmen;
       Agnoscit subiens ad alta cernens
45. Arcanum docilis poli stupendum.
       Exundans aliter refecit igne
       Pectus gratia iam viri sacratum;
       Miro nam proceres stupore damnans
       Sacro concinit ore veritatem,
50. Victorem emicuisse mortis atrae,
       Ut noscant homines deique natum.
       Mordax sed dominatur in virorum
       Livor pectoribus furorque caecus,
       Infelix nimis atque gens cruenta
55. Heu missum generi tuo repellens.
       Mox verbi gladio per omne gentis
       It nomen pugil, ad Jesu reducens
       Regnum, quos tenuit feri potestas
       Captos daemonis, idola triumphans,
60. O quam fulmineo sonat boatu

Mundi concutiens superba regna;
Pervadens Asiam benignus infert
Vivae pectoribus deum salutis.
Hinc fluctus superat maris profundi,

65. Expertus mala navigationis,
Europae ad populos fide coruscans.
Proh Cyprum, Veneris nefanda regna,
Invadit Macedum minaxque sceptrum,
Iam mundi sapientiae magistram

70. Verbo Cecropias movens Athenas,
Ignotum docuit Jesu trophaeum:
En hic est deus, inquiens, deorum
Vitae mortis et arbiter futurus.
Victrix gratia provocans Eoa,

75. Graeci regnaque victimas inanes
Linquant numina fictiles deosque.
Hinc Romae ingreditur potentis arcem
Ac septem iuga bellicumque Tibrim
Et mundi imperium fremens Nerone.

80. Falsi o monstra dei deaeque turpes,
Inferni comites, cohors inanis,
Quos servat Capitolio senatus,
Vos pugnax docet imminensque Paulus,
Vani supplicium timere cultus.

85. Nam gentes crucis inclitae trophaea
Nunc magni imperii colent in arce.
Nondum gurgite pestilens vorago
Subiectus scelerum Nero cruenta
Commovit bella Jesu ministris.

90. Vates interea, movens ad oras
Nunc mundi occiduas, ferociores
Mollescant populi Jesumque adorent,
Hispani trucis urit igne pectus,
Ut magnae titulo crucis refectum

95. Horrendum necis exuat timorem.
Post ortus obitusque fulminatos
Lingua, quam docuit sedens Olympo,

Romam se occidua plaga reducit.
Matricida Nero genusque monstri
100.   Ingens pestiferi furoris infert
Jesu militibus nefanda bella.
Quo contra stetit, ac magum Simonem
Stravit daemoniis ad alta vectum,
Mandans praecipiti interire casu
105.   Monstrum; quo Nero saevus in furorem
Se mergens rapidum, ducis triumphos
Nostri belligeros ad alta mittit.
At defessa labore membra solvit,
Mater quo gladius prior iacebat.
110.   Vertex protinus utque humum per ipsam
Caesus desiliit Jesuque nomen
Blando murmure dulce personabat,
Risit, qua cecidit, Neronis iram.
Salve dux fidei, parens salutis,
115.   Scandens corporea solutus aura
Ultra sidera flammeumque solem
Assistens solio Jesu propinquus,
Inter purpureum potens senatum,
Victor perpetuus deo beate!
120.   Terram respicias memorque gentis,
Quam verbi gladio Jesu parasti;
Iam foede lacerat cruentus ausu
Heu saevo Mahumeth; Getaeque viles
Et mundi capiti iugum minantur
125.   Romae; quae cineris sepulcra sancti
Servat nunc tua, te colens in arce!
Sternas fulmineo furentis agmen
Quo fulges gladio, precamur; audax
Quam sis armipotens, Arabs nefandus
130.   Discat, iam populus Jesu fidelis!
Nostrum hinc aspicias patrone coetum,
Quem victor gladius Jesu subactum
Excelso tibi principi dicavit.
Collapsos populi repone mores,

135. Quos florens caro daemonisque livor,
     Fallax gloria dissipatque mundi;
     Et sub te duce te iubente pacis
     Altae muneribus ligemur omnes,
     Nec sordere sines malo et perire
140, Egressos miserae labore carnis,
     Sed tunc ianua prosperumque limen
     Coeli suscipiat throno beatos.

V.

d Adolphum Rischium, virum clarissimum apud illustrem
Helvetiorum urbem Argentinam officinae librariae princi-
pem, qui coelesti instinctu et mentis magnitudine immensum
bibliae opus aggressus cum ordinaria glossa sub triplici
charactere non tam mundissime quam castigatissime prae-
stantissimo illo suo impresserit ingenio, et tam divinum
munus in christianum emiserit orbem, gratulatio.

Carmine Alcaeico iugi et continuato.

Nunc nunc Adolpho magnanimo tibi et
Cedat magistro sidereo labor,
Mortalium sceptro imperiosior,
Pugnacis orbem qui petit Herculis
5.   Bello triformen sub iuga mittere.
Tu namque sacros impiger arduo
Aggressus audax pectore, codices
Formis decoros fingere, splendidis
Quos sponsa Christi, sidere pulchrior,
10. Graeco vocabat nomine bibliam.
Quem non parantem clara volumina
Victum repellat sub triplici stilo,
Magnis Gigantum ceu manibus foret
Congesta moles: o labor inclitus;
15. Omnesque nostrum puppibus uberi
Pontum prementes remige navigant,
Sed tu sequaces navibus ingredi,

Tam vasta ponti murmura sustinens,
Invictus audes Oceani minas.
20. Quae digna mentis laus erit arduae?
Felix Adolphus, Teutonicae decus
Gentis, minantem quae iuga liberis
Ter vicit hostem vix superabilem;
Cur fabulosus dormiat Herculis
25. Clavae trinodis nunc strepitus feri?
Ducis triumphum, victor amabilis,
Nullo rubentem sanguine gentium,
Reges catenis stringere renuens,
Duro ligatos carcere codices
30. Dextra resolvis, liberi ut exeant.
Vitam Rhodolphus sed tibi Langius
Ingens Adolphe expostulat integram,
Coelestis ut te gratia confovens
Clarisque tandem sedibus invehat.

Insinuationis versuum epigramma.

Argentina potens seu te, quam moenibus altis
    Struxisti, villa pulcher Adolfe tenet,
Suscipe iucunda lutulenta haec carmina mente,
    A qua ceu magnum numine fluxit opus.

VI.

Illustri Henrico Schwartzburgensis comitis filio, Maguntinen.
ecclesiae per Eiecksfeldiam aliquando provisori, dum re
rendissimi patris et illustris principis Monasteriensis e]
scopi et Bremensis administratoris in Delmenhorsti obsidia
vicem strenuissime navaret, tormentalis ictu teli confoss
tertio postquam vulneratus est die animam exhalav
Epitaphium.

Illustri genitus domoque celsa,
Swartzburgi comitis decora proles,
Quemque Eiecksfeldia diligentiorem
Provisorem animi tulit valentis,

5. Duris magnanimi tenens in armis
Germani loca praesulisque magni,
Saevam perfidiae obsidentis arcem,
   Ut sese gradiens probus viator
Ducat non pavidum, gravesque merces
10. Ne iam diripiat maligna tellus;
Heu durus nimium gravisque casus;
Vasto dum premit aere bellicosus,
Quassans moenia saeva Delmenhorsti,
(Stridet quod violens ab arce), telo
15. Armis heu cecidit potens iniquo.
Aegrotans animam deoque tradens
Membra hoc condita nobili sepulcro;
Quique haec limina conteris viator,
Orato veniam precesque funde,
20. Tutas qui peperit vias cruore.

VII.

*1 clarissimum virum Johannem Listhigum amicum suum,
patria sua Romam versus abeuntem, propempticon.*

   Listhigus celsas aditurus arces
Arduae Romae, properatque summi
Patriae sacra stupidus parentis
     Ora tueri;
5. Quem novus summa meritusque sede
Nunc honos Christi posuit potentem,
Legibus sacris populum domare et
     Pascere verbo.
Maximum cuius tenuare nomen
10. Musa nec versu memorans valebit,
Quae licet belli resonet per ora
     Fulmina novem;
Ductor Eoi iuvenis sed alme
Raphael ductu medica potensque
15. Arte, securus abeat tuoque
     Munere felix,

Saeva tempestas pluviaeque tristes
Tabidum virus iter institutum
Praedo ne vexet patrio meantis
20.   Rure Sigambri.
Rhenus Europae fluvium venustas,
Cui dedit victrix iuga non ferenti
Roma terrarum, placido quiescat
        Numine iussus,
25.   Listhigus donec superet minaces
Amnis anfractus adeatque laetus
Alpium tristes rigidos perenni et
        Frigore montes;
Imber absistat fugiantque nubes,
30.   Haereat saxis niveaque mole
Lympha, durescant Aquilonis atque
        Flatibus Alpes;
Et Padus gaudens Phaetontis amnis
Listhigum puppi celeri reponat
35.   Italum campis, iter expeditum
        Inferat urbi
Maximae, cuius pater atque princeps
Imperi sanctus residens in arce
Listhigo mitis reducique laetos
40.   Porrige vultus.
Gentis humanae pater atque custos,
Quem novum mundo micuisse solem
Orbis exultat, veneratur acris
        Ora Sigambri;
45.   Sis pius nostro iuvenique felix,
Quem fovens tutum placidus remitte,
Post iter dulci patriae remensum
        Reddito alumnum.
Hoc duces urbis rosea micantes
50.   Purpura coelo Petrus atque Paulus,
Supplices nobis veniam precantes,
        Listhigo donent.

VIII.

*agistro Lubberto Zedelero Monasteriensi, clarissimo legum
doctori apud Rostochium Baltici litoris oppidum, saeva et
indigna lue peremto positum epitaphium.*

*Vixit annis novem et XXX. Anno MCCCCLXXXV pridie
Kalen. Octobris.*

Hoc sub marmore frigido scholaris
Legum deliciae iacent viator,
Aetas florida, dignitasque formae,
Sermo purior, erudita lingua,
5. Felix ingenium, gravesque mores,
Virtus integra, nobilis pudore;
Iam cocco nitidae comae rubebant,
Ardebant digiti virente gemma.
Heu tantum tetricae tulere febres
Et languor hiemis invidensque pestis.
Tota proh cecidit schola dolente,
Cuius gloria, lumen et Camena.
Lingua nec veniet tacendus ulla.
Sed Jesu pia tura iam precesque
Pro tanto date supplices magistro,
Mundet sanguine gratia sepultum.
Tu marmor violis rosisque sperge,
Qui doctos homines amas probasque,
Fac crebro tepeat vapore turis.

RHODOLPHI LANGII
ECCLESIAE MONASTERIENSIS CANONICI
EPIGRAMMATA.

IX.

In laurum dono datam, sed illico repetitam.

Laure virens socios petiisti munere vates.
    Quos ducibus similes laude corona premit;
Ut Maro collegis tete adventasse salutat,
    Sic gemit abductam teque valere sinit.

X.

De Phrisiorum pictura in ecclesia Monasteriensi restauratu
epigramma distichon heroicum.

Suspice maiorum virtutes Phrisia dives,
    Ad memores oculos studio reparata vetustas.

XI.

Ad frontispicium paradisi ecclesiae Monasteriensis.

Pro templo aeterno stabat paradisus Olympi,
    Felix quam nimium, si coluisset homo.
Ite per hanc miseri mortales, plangite culpas,
    Ad templa excelsa, reddite vota Deo.

XII.

In corruptissimos nostri temporis primae iuventutis mores.

O foedi mores iuvenum: proh tempora nequam,
    Semina virtutum quis iugulare labor.

XIII.

In impressorem quendam egregium, sed Hierosolymam detr-
ctantem imprimere.

Cur non arte potens pressisti Ulrice libellum,
    Qui Solymas tradit igne iacere solo?
Si tantum altiloquos tibi mens est sculpere versus,
    Ilice sub grandi nostra myrica valet.
5. Si genuino aliquis meditatur vulnera dente,
    Desinat et fronte bella patente gerat.

XIV.

In Jesu Christi, Optimi Maximi, domini nostri vertice montis Thabor transfigurationem, qua in corpore adhuc passibili tribus Apostolis gloriam ostendere voluit triumphantis.

Sustinet excelso splendentem vertice Jesum
Felix ascensu Thabor in orbe Dei.
Hic stetit assumptae formosus corpore carnis,
Sidereum fundens lumen ab ore sacro.
5. Quam niveo radiat vestis candore serena,
Fullonis stupeat texere docta manus!
Qualis in aeterno victurus corpore, dura
Vulnera passurus, cernere dat proceres.

XV.

Hextichon lustrationis urbanae divinissimo Christi sacramento.

Rex coeli terraeque potens nunc emicat alte,
Flecte, precor, genua plebs miseranda sibi.
Quos mittit, refugis·, dura virtute coruscos
Atque avide spectas, qui tibi blanda canunt.
5. Ex alto videat lacrimas pro crimine fusas,
Ne te consumat fulmen et ira Dei.

XVI.

In luxum et detrectationem, pessimas conviviorum nostri temporis pestes.

Cur gula nos turpis Venerisque incendia mergunt,
Qui ferimus celsum sidera ad alta caput;
Quidve iuvat linguae fratrem lacerasse veneno,
Turpior aut similes quos sua culpa gravat?

XVII.

Ad lactantem filium divae Mariae virginis imaginem.

Candida virginei nato dans ubera lactis,
Exundans tua nos gratia virgo iuvet.

XVIII.

In Johannem Telgedensem.

Promtus in egregia metrorum luce Johannes
Scis quantum exulto compatriota meus,
Nos non Aoniis, sed tu perfusus in undis
Cum pede luctamur, plurima metra canis.

XIX.

Ad sanctam Annam.

Magna parens audi fecundae virginis Anna
Praegnantes utero, quae tibi vota ferunt.

XX.

Ad divae Mariae virginis partum foenoque iacentem pueru

Qui solem et stellas finxisti maxime regum,
Quam vili recubas stramine factus homo.

XXI.

Deo devoti hominis, mundi illico peritura contemnentis van abdentisque sese Jesu vulneribus, sub allegoria noctua die latentis sed volantis nocte descriptio.

Noctua Phoebeos importunasque volucres
Effugiens radios cognita lustra petit;
Sed volucris postquam languescit garrula somno,
Nocte volans laetos excitat illa sonos.
5.   Sic vanos mundi strepitus lucemque perosus
Gloriolae a turbis seque reducat homo,
Ut post cum duro clauduntur lumina somno,
Antra crucis subiens gaudeat ille Deo.

XXII.

Ad arma Christi.

Horrida languentes cum mors invaserit, arma
Sanguine nos firment, quae maduere tuo.

XXIII.

d emortuam vi frigoris laurum et Johannem Telgedensem,
summi et amoeni ingenii virum, phthisi consumptum.

Tristia praesagit lauri mors fata Johanni
    Hei tibi, surgenti sedulo ad omne decus;
In tua sublimis Parnasia tempora crevit
    Ingenii, gaudens implicuisse comas;
5. Hanc necat exurens brumae violentia, cum te
    Heu phthisis absumens fortia membra coquit;
Sed terris linquens polluta ergastula, coelo
    Laurigeros inter liber agis proceres.

XXIIII.

d Dei et domini nostri Jesu imaginem plagis et cruentissimis
confectum vulneribus.

Hei mihi quam lacerum crudeli vulnere corpus,
    Gloria maiestas quo latuere Dei.
Quo te Christe potens miserorum culpa creator
    Deduxit, flagris candida terga dares,
5. Utque latus ferro; sed acutis cuspide spinis
    Heu caput et clavis dilacerare manus,
Et terebrare pedes sacros, qui sidera calcant
    O dolor, o pietas! sanguine cuncta madent?
Ipse crucis durae properabas laetus ad aram,
10.   Aethereas scandat pulvis et umbra domos.
Funde igitur gemitus sudantia vulnera cernens,
    Et scelera hoc studeas fonte lavare miser,
Terribilis ne te vestitus fulmine iudex
    Ingratum sternat, mucroque vulnificus;
15. Ignivomos ponat vultus, sed morte, precare,
    Egredientem animam fronsque serena ferat.

XXV.

'agistri Jo. Mechilinensis, summi verique theologi, epitaphium.

Hic veneranda premit summi lapis ossa Johannis,
    Immortale iubar quem Mechilina dedit.

O quam sublimis scandebat lumine mentis
  Doctor in amplexus theologia tuos,
5. Maximus interpres morum, flammantia reddens
  Corda, pio affectu quo caluere Deo.
Intuitu mentis penetravit liber Olympum,
  Virtutis magnae hinc nobile gessit opus:
Ambiit accinctus lectum Salomonis et ense
10. Belliger intrepide munit ovile Dei;
Agrippinensis vicecancellarius altae
  Atque scholae insignis splendida lampas erat.
Sollicito populi versabat pectore curas
  Atque aedis pastor sancta Columba tuae;
15. Utque sui memores pius inter sacra quotannis
  Sint quater ad Jesum maxima constituit.
Sed nunc virgo parens vivat, cui mente profusa
  Sacravit Davidis carmina sancta lyrae.

XXVI.

*In Fridericum Mormannum, Emedensem, clericorum et fratrum
domini et Dei nostri Salvatoris in commune viventium
institutum apud Monasterium Westfaliae metropolim pro-
fessum, ac nuper apud Marburgum Hassiae vita functum
clarum et doctissimum iuvenem ac Christi sacerdotem
epicedion.*

Pallida mortifero quae morsu nata parentis
  Mors iuvenem doctum quam truculenta rapis.
Non tibi virtutis magnae reverentia tristi
  Obstitit, ingenii nec vigor ille sacri,
5. Quin fera surgentem virtutis ad ardua vatem
  Praecipites, summis insidiosa viris.
Heu tecum Friderice iacet tam prona facultas,
  Alternis blande ludere versiculis:
Gesta per excelsos duxisses inclita versus,
10. Seu lyricos plectro contraheres numeros.
Splendida Romanae sectatus fulmina linguae
  Munere dicendi vel Cicerone tonans:

Haec super effulsit tam sani pectoris alta
Sede tua virtus, noxia cuncta domans:
15. Summa sacerdotis gessisti munia digni,
Maxima in altari mystica conficiens.
Hassia servabat, genuit quae Phrisia tellus,
Tot bona. Tam parvus sumpsit ab orbe dies.
Sed luteo felix animus de carcere liber
20. Ignea virtutis cessit in astra via:
Denuo et aeternos laetus revirescet in annos,
Cum novus e vili pulvere surget homo.
Interea vernent albentia lilia busto
Nec floris desit gratia purpurei.

XXVII.

*Magistro Johanni Berckensi, sublimiter theologiam professo,
epitaphium.*

Quod reliquum magni saxum tegit ossa Johannis,
Hoc pede suspenso mollius, oro, premas.
Socratico veluti gremio Platona fovendum,
Agrippina parens quem tibi Bercka dedit,
5. Alberti evexit sectatum fulmina magni,
Quam stupidum celsis theologia scholis.
Consilio illustri dives, frontisque verendae
Maiestate gravis, floridus eloquio,
Orator Sicula dixit facundus in aula,.
10. Consilio accitur Gallica sceptra iuvans:
Huius academiae vicecancellarius altae,
Hic iubar aeternum canonicus fuerat.
Interea fumos spirent sua busta Sabaeos,
Scandat in aeternas dum generosus opes.

XXVIII.

*In Bernhardum Tegederum Monasteriensem sub horrenda im-
brium ac ventorum tempestate e Colonia Agrippinensi itinere
laborioso ac difficili patriam suam repetentem.*

Cum furerent venti reserato carcere saevi
Et Rheni undosus volveret Auster aquas,

Stagnaret imis praeceps in vallibus imber,
    Una salus tantum, repere culminibus,
5. Exspectate viam carpsisti, moenia linquens
    Aurea, deliciis quae fluitare solent.
Nec te sacra tenent veteris Saturnia divi,
    Cum tetrici ponunt triste supercilium.
Dulichii praeferre ducis saxa aspera regni
10.   Virtus alta, deum vult tua deliciis.

XXVIIII.

Ad Johannem Listhigum in patriam Roma reversum.

Quem sua fert Roma virtutis fama reverti,
    E domina rerum perstitit incolumis.
Italiae sudans sub divo pertulit aestus
    Frigora et Alpinis dura cacuminibus;
5. Tristem belligeri descendens flumine Rheni
    Vim tempestatis suscipit imbriferae.
Laeta tenens patriae repetitae munera gaudet,
    Quae mea sunt capiat munera, versiculos.

XXX.

In Smideverhardum, idoneum sane virum et N. eius sponsam
breve et extemporali paene excogitatum impetu epithalamion
Ad doctum et valentissimum iuvenem magistrum Bernhar
dum Tegederum.

Foeda recede Venus, longe tua numina sunto
    Turpia, quae vulgi plurima turba colit;
Nec puer alatus, caeco qui fingitur arcu,
    Sauciet auratis pectora vulneribus;
5. Et Paphiae Charites, dictae aspirare decorem,
    Este procul vanae, sanctior afflet amor.
Regnatrix sed tu, natum quae fundis ab almo
    Virgo parens utero, sancta Maria veni:
Ac tu nate potens rerum connubia firmes,
10.   Imperio cuius fluxerat unda merum:
Et lateris sacro Jesu torrente profusa
    Gratia nunc iuvenum pectora tange face.

Ambos verus amor seros producat in annos,
Legibus ut Christi prolificare queant.

XXXI.

In doctissimi viri magistri Lubberti Zedeleri, Romanarum legum consultissimi doctoris, peregrinationem, qua a Balthici maris litore ad Aquasgranni profectus, Agrippinensem contemplaturus Coloniam.

Caesareas avido complexus pectore leges,
    Grande sophos clamat cui studiosa cohors,
Venit·ab Arctoo stridentis litore ponti,
    Balthica Rostochium quo ferit unda minax,
5. Festinus patriae penetravit limina, fervens,
    Moenia Romani celsa videre ducis.
Ast tua virgo parens septennia sacra requirens
    Belgica adit lymphis quae caluere loca;
Agrippae Lubicam nunc quantum clara superbam
10.   Urbs superet, Rhenus Wernoviam didicit.
Barbara Cimbrorum non turbant murmura cives,
    Hic neque Sauromatum stridet in urbe sonus,
Sed sua praestantes commiscent verba Sigambris
    Et Batavis Suevi, Sarmata nullus adest,
15. Huc veluti summam Germania mittit in arcem,
    Quod tenet Eous orbis et Occiduus.
Balthica dum tellus reducem fulgentia doctum
    Accipiet Rheni tecta subisse iuvat.

XXXII.

Ad superam quae nunc divae Mariae apud Nussiam est portam.

Me superam florens formoso schemate portam
    Nussia dicebat, moenia celsa tenens;
Horrida Burgundi quateret dum machina, cepit
    Me in sua defensam nomina virgo parens.

XXXIII.

Ad Rheni quae nunc sancti Quirini est portam.

Nomen erat portae praeclaro a flumine Rheni,
　　Burgundus donec sterneret armipotens;
Magne Quirine tuum loquar hinc per saecula nomen,
　　Servabar cuius coelipotentis ope.

XXXIIII.

In Papinii Silvarum codicem commentariosque Domitii Calderini,
　　qui cum lauri plantariis Roma pariter adducti sunt.

Non decuit Domiti monimenta insignia vatis
　　Ire per Alpinas incomitata nives, ·　·
Sed te silvarum viridis plantaria codex
　　Deducunt lauri, ne sine honore mees.

XXXV.

In iam dictae lauri arbusculam, Roma adductam, aegre hic
　　coalescentem: quasi tamen in illustrissimi Ducis Austriae
　　futuras laetasque victorias sub hoc frigido germinat coelo;
　　quam et circumsatum ocimum basilicae, herba exuberan-
　　tissime pullulans, magnam frondosamque fore promisit.

Roma potens dederat quamvis plantaria viva
　　Germinet ut dura hac inclita laurus humo:
Sub tetrico magni valeat coalescere coelo,
　　Laurigerae ducis hoc commeruere comae:
5.　Regia quae cingit Grai cognominis herba
　　Exuberans docuit, quanta futura siet.

XXXVI.

In difficilem et laboris plenam divae Mariae virginis
　　Monasterii Transaquas reformationem.

Vicit opus durum pietas tua Christe benigna,
　　Qua tandem obluctans hostis ab arte cadit.
Nunc postliminio reduces hic sistite longo
　　Virgo sacrumque parens et benedicte pedem.
5.　Difficili reparata manu iam claustra tueri,
　　Cura sit vestrum, quae subiere iugum.

XXXVII.

Ad novam eiusdem claustri portam.

Dum nova collapsi renovantur limina claustri,
  Virgo tuum reparas et benedicte locum;
Invehat ut Christi porta hac sua pondera vector,
  In gregis obsequium structile surgit opus.

XXXVIII.

In quendam mihi pecuniam debentem mentientemque mihi
centimetrum dedicasse ac misisse.

Metra mihi centum iactas scripsisse poeta,
  Perfidiae insignis dissimulator iners.
Haud numeros mendax tete misisse referto,
  Debita sed verax restituisse cane.

XXXVIIII.

e trabibus, quibus altissimum Monasteriensis ecclesiae turris
tectum parabatur.

Quae steterant imis ingentia robora silvis,
  Pyramidis mole hac nubila celsa petent.

XXXX.

De eiusdem, quod fabricabatur, turris tecto.

Cedite pyramides penetrantes aera Memphi,
  Haec propius surgent ardua tecta polo.

XXXXI.

In stultitiam nostram, qua vino gulaque distenti celsa
aeternaque negligimus.

Negligit infelix promissum munus Olympi,
  Exagitat multo quem gula iuncta mero;
Aestuat hinc spurco distentus pondere venter,
  Actibus obscoenis vincere quadrupedem.

XXXXII.

Ad depictas quinque in rota bestiarum imagines, quibus saeculi
nostri mores exprimuntur.

Asinus in rotae medio oneratus sacco suspiciens vulpeculam:

Adspiro ad celsum stolidus male vulpis honorem,
Quamvis arte via est cognita nulla mihi.

Vulpes in summo stans rotae:

Fraude potens sedeo sublimis culmine regni,
Saecula qua nostri temporis arte vigent.

·Canis fidem notans volubili quasi rota descendens
leoni loquitur:

5.   Alma fides, quondam cunctis venerata popellis,
Esurit. Heu liceat morte perire leo.

Leo supinus sub nobilitatis imagine in infimam
quasi deiectus rotam:

Nobilitas fideique decus consumta laborant,
Vulpinae ut fraudes invaluere nimis.

Simia fraudis et simulationis artibus confidens ad
vulpem conatur ascendere:

Astu summa petam, congesto dives ut auro
10.   Perfruar, interitu si modo cuncta ruant.

XXXXIII.

In magistrum Arnoldum Hildensemensem, virum quidem opti-
mum, sed qui Graecorum sciolus litterarum Rhodolphm
Langium nunc insalutatum relinquat, cuius aliquando
tenues licet ac modicas Latinas litteras amavit coluitque.

Graeca iuvat doctum spectat quem laurea vatem
    Quid Latii tenuem posthabuisse virum?
Cuius academiis hausit quae pauca Latinis,
    Talis in Arnoldum nec sua Musa fuit.

XXXXIIII.

Epitaphion. E. W.

Parce, precor, gravius pedibus contingere terram
    Formosa Elisabeth quae tegit ora sinu;
Sed sua praeteriens ne spernas ossa viator,
    Quin cinis hic dicas pulchra puella fuit.

XXXXV.

Epitaphion. S. R.

Aetas, forma, pudor, florentis munera vitae
    Virginis, exiguo pulvere rapta iacent;
Sanguineos adhibe flores et lilia busto
    Fac decus exornes casta puella tuum;
5. Spiritus aeternae complexus praemia vitae,
    Iam tua deridet toxica saeva lues.

XXXXVI.

*Inclito Maximiliano Austriae, Brabantiae cet. ac magnis ae-
quando regibus' duci, qui insignem tetramque pontificibus
apud Leodium Traiectumque iniuriam irrogatam iustis piis-
que ultus est armis, cui et de Romano vaticinatur auctor
imperio.*

Quando magis dignos licuit spectare triumphos,
    Induit aut quisnam iustius arma ducum;
Cum scelus infandum, quo non et tetrius ullum
    Vindicat invicti principis alta manus?
5. Desine turba minax voces iactare nefandas
    In christos domini ob vincula pontificum.
Caesa virum Leodi multorum milia iuvit
    Sanguine Burbonio quid maculasse manus?
Aut tibi, Traiectum, constrato moenia prosunt
10.   Quid, patriae indueres vincula saeva patri?
Macte nova virtute potens sic concidet olim
    Barbarus a summo te duce victus Arabs,
Dum tua Romanas frenabunt sceptra cohortes
    Et patrio dignus nomine Caesar eris.

XXXXVII.

In horrendam ventorum sub lunae deliquio tempestatem Rho.
Lan. somno ob terribilem fragorem excussi lecto meditatum
. *epigramma.*

Thessalidum magicas spectas nunc Aeole vates,
    Dum chaos umbrosum Cynthia pulchra subit;
Utque laboranti succurrant, aera fatigant,
    Tu vento horribili ferre paratus opem.
5.   Sed sternas rabidos patris omnipotentis alumne
    Ventos, quem fugiunt numina ficta deum,
Ut proceres inter, dum te sopor altus habebat,
    Evigilans nutu cuncta silere iubes.

XXXXVIII.

Epigramma in porticu ecclesiae Mcnasteriensis defigendum in
eo potissimum loco, quo hinc mortui imago Christi cruæ
demittitur, hinc divae Mariae sacellum veneramur.

Desine polluto sacra incestare viator
    Limina sermone haec qui spatiosa teris.
Quo roseo cernis stillantia sanguine membra
    Utque refiguntur de cruce pallidula.
5.   Sed procul hinc moneo procul hinc absistito gressu,
    Murmure qui Veneris furta nefanda tegis;
Terreat hinc natus perfusus sanguine largo,
    Parte alia candens virginitate parens,
Languida ne miserae linquens ergastula carnis
10.   Spiritus amborum destituatur ope.

XXXXVIIII.

In crucem altissimae turris superimpositam pyramidi, hon-
bilique ventorum tempestate inclinatam, et in eam, quæ
nunc rursum erecta est, priori robustiorem.

Quae superimpositae stabat crucis ardua moles
    Pyramidi, saevo turbine quid premitur?
Aeolus, haud Steropes, Brontes nec Lemnius, inquit,
    Arte deus favit, iam mea praeda fuit.

5. Sed modo quo Phoebus radianti laeditur auro
    Crux alta assurgeus clarius astra videt.
    Haec Siculis tandem veluti conflata caminis
    Viribus obluctans stat veneranda meis.

L.

De illatione frondium vernalium in urbem quotannis fieri
consueta a scholasticis.

Utque altum spirans nemorum frondentia vates
    Saxa manu movit, tangit ut ipse chelym;
Fronde parens virgo moverunt carmina silvas
    Per tua, quando urbem turba scholaris ovat.

LI.

Hermanni de Langhen, aliquando ecclesiae Monasteriensis
decani, epitaphium.

Iermannum de Langhen, civilis professione iuris insignem,
huius ecclesiae venerabile decus et lumen inclitum, cui annos
fere sex et XXX moribus suavissimis, amplissimo pruden-
tissimoque consilio decanus praefuit et praesedit, usu mul-
tarum rerum ingentiumque negotiorum omnium aetatis suae
virum cordatissimum, purpureo illo, quo pro nobis sangui-
nis manduisti torrente, piatum sedibus piorum recipe Jesu
Optime, Maxime, Benedicte.

Qui teris hic humile saxum perpende viator,
    Quantus erat, cuius paucula membra tegit:
Perpetui nunquam virtus moritura decani
    Hoc reliquum terris liquit in astra means.
5. Ecclesiae columen, patriae decus, eximii fons
    Consilii exundans, relligionis amor;
Sermo gravis fluxit placidoque serenus ab ore,
    Moribus excultis namque suavis erat.
Excipit ecclesiam nutantem pondere belli
10.   Septennis, magno consilio relevans;

Horrida prospectans iam celsa mentis ab arce
     Semina bellorum dispulit egregius:
Deprendat suprema dies ne turbine rerum,
     Sponte decanatu cesserat ante sua.
15. Heu quantum cecidit clero venerabile lumen,
     Relligio auxilii copia quanta tibi.
Regna tenens superum, Jesu miserante, rogemus
     Gaudeat hic, longo tempore duret honos.

LII.

Aliud in aemulos.

Qui teris hic humile saxum, quo membra teguntur
     Parva viri insignis, respice quantus erat.
Laudibus accederet firmanti legibus urbem
     Cecropidum, peteret Cypria regna Paphi,
5. Nec Xerxis victore minor sua gloria staret,
     Arsacidum supplex si petiisset opes;
Scipiadae poterat componi pondere laudis,
     Urna paludosa si latuisset humo.
Celsae haec virtuti redduntur praemia vulgo
10.   Indocto haud aliter crassaque turba sapit.
Niteris in vanum populatrix invida pestis
     Virtutum, superat inclita fama viri.

LIII.

*Nesae nepti dulcissimae, quae dum sese ludens cursu concitat,
obtuso, quod e cingulo pendebat, cultello incidit teneraque
praecordia fodiens aegram illico teneramque animulam
exalavit, Rho. Lan. consanguineus posuit.*

     Vixit annis quatuor, mensibus octo, diebus aliquot.

Infelix Stygiae ferrum tinxere lacunae,
     Quod pectus poterat tam lacerasse pium,
Infaustum tenero caluisti vulnere telum,
     Debuit haec caedes non licuisse tibi.
5. Iustius in saevi maduisses corde latronis,
     Viscera fodisses vel scelerata viri,

Inscia Nesellae foderes praecordia fraudum
  Quaeque hiemes nondum quinque puella tulit.
Patri laeta nimis proles matrisque voluptas
10.   Et iocus et lusus deliciaeque fuit.
O quotiens teneris stringebat colla lacertis
  Et titubans blaeso murmure dulcis erat.
Flete decus pueri vestrum, conspergite busto
  Lilia et ardentes, munera vestra, rosas!
15.   Terra levis tenerum violis contegito corpus
  Et fulvos spirent parvula membra crocos.
Spiritus ex alto coelesti nectare pastus
  Iam ridet lacrimas et tua vota parens,
Nec fas est, clamans, coelestia regna tenentem
20.   Seque suam lacrimis ingemuisse necem.

LIIII.

e campana sancto Lamberto fundenda, cuius infectus labor
in irritum cessit.

Cum tuba terribilis nigroque invisa Plutoni
  Funditur et vastis ignibus aera fluunt,
Haud credas nostro decoctos igne liquores,
  Sed Phlegethonteis exiluisse vadis;
5.   Ignea dum formis moles influxerat aeris,
  Sub terris sonitu detonuisse putes.
Difflua laxantur contemtis igne metalla
  Heu formis; tantus deperit inde labor.

LV.

maximam candelam (centum enim et quinquaginta librarum
ferebatur) ab illustrissimo duce Austriae divis Magis apud
Coloniam Agrippinensem erectam dedicatamque.

Victrix causa ducis Latii, quem gloria regni
  Et dominum rerum celsaque sceptra manent,
Collocat ingentis flagrantia lumina cerae
  O sancti haec vobis nunc sua dona Magi.

LVI.

Animabus sancti nominis tui confessione defunctis requie
corda convertens peccatorum, moestis consolationem trib
Jesu benedicte et misericors domine.

Da veniam functis vita miserator ab alto,
Impia convertens cordaque moesta levans.

LVII.

Ad illustrissimum nobilitatis vindicem Maximilianum ducem.

Ordinis eversi mores, proh tempora saeva!
Sulla potens cecidit, lex Mariana furit.
Ossibus exoriens Sullae qui pontica frenas
Rura, laborantes respice Scipiadas.

LVIII.

Ad clarissimam Coloniam Agrippinensem, quae cum mult
praeclara consecuta sit antiquitatis et parentis suae Roma
monimenta et hac nostra aetate excellat plurimum, sol
vates et poetas humanitatisque professores, qui res su
sempiternae memoriae tradere possint, in pretio non habea
auctor miratur.

Haec mihi causa latet, cur magnae filia Romae,
     Quam ducis Hesperii constituere manus,
Ardua ab antiquo gradibus Capitolia servans
     Et frueris totiens Caesaris ore sacro;
5.   Quemque parens quondam varia in certamina duxit
     Roma potens, Indum nunc elephanta vides;
Quique ferox dudum Nilo torrente natabat
     Moenibus excelsis iam crocodilon habes;
Et nova nunc Latii cernens auspicia regis,
10.   Fortia quae Caesar in sua membra tulit,
Ut titulos in te quondam moderator Iberus
     Aulae Traianus sumpserat Ausoniae;
Atque ille infestos submovit Tigride Parthos,
     Utque Indum, rubras classe fatigat aquas;

Sic Mahumetheas Germano milite Caesar
    Nunc acies nostro pellet ab orbe novus;
15. Hactenus in parvis acuit animalibus ungues,
    Sed leo terribilis nunc fera monstra petet;
Hanc inter qua se rerum tua gloria tollit
    Fortunam, admiror nec mihi causa patet,
Nullus honor studiis vatum, non carmina curas,
20.   Res regumque ducum quis vel in astra meant.
Non hos Persarum domitor prolesque Philippi,
    Scipiada aut Caesar nec modo Roma fugit.
Non sine Pieriis vivunt ingentia plectris
    Carmina, cur nescis, carmine digna gerens?
25. Si rebus servandus honos, quas maxima liquit
    Roma tibi, Musis cur sua dona negas?

LVIIII.

n sanctos ac venerabiles Magos et Gloriosos quondam apud
Orientem reges, qui (ceteris ob nimiam Romanarum rerum
felicitatem gentibus Caesari Octaviano, novorum veluti tem-
porum deo nuper exorto, ingentia dona mittentibus) apud
Bethlehem Judae Jesum Christum, Dei filium, virgine Maria
natum, sacris mysticisque muneribus adoraverunt; quorum-
que augustissimo templo clarissimae Germaniae nostrae
metropoleos, firmissimum urbis tantae praesidium, sacra-
tissimi cineres et toti mundo venerandae servantur reliquiae:

    Ad illustrem Coloniae Agrippinensis senatum
      Rhodolphi Langii Ca. Mon. silva.

Ausonii mirata ducis felicia dives
India, quae premerent reliquum sub legibus orbem
Sceptra, Dei summum numen quod nuper ab alto
Corde patris missum virguncula fudit ab alvo
5. Diva parens, nescit sub vili quaerere tecto;
Sed formidatus Tarpei culminis heros
Gentibus, auratae Caesar qui prasidet arci,

Creditur esse deus, qui tanto foedere pacis
Tam variae populos linguae terrasque sub uno
10.   Imperio positos armis dedit esse quietos.
Huic velut exorto renovati temporis Indi
Ferre deo properant ingentia munera; Seres
Vellera, dona Scythae virides misere smaragdos;
Et Latio reddit sudantia signa cruore
15.   Parthia, quae rapuit miserando vulnere Crassi.
Falleris heu nimium, quae auro flammantia cernens
Gens habitare deum credis Capitolia natum
Et saevo peritura iugo sibi condere regna;
Sed mirus commendat amor quem gloria pacis,
20.   Iamque Magi exciti populis regionis Eoae
Oppidulo natum longe felicius arto
Lumine sidereo festine quaerere pergunt,
Maximo adorato promant quae mystica regi
Dona vehunt puero coelo terraque potenti.
25.   Claro igitur ducti felices sidere reges
Longum iter invadunt, superant quaeque aspera l
Virgineo videant gremio colludere matris,
Quem loca nec metae rerum, non tempora claud
Ut Solymas subiere pii tot regna tot urbes
30.   Emensi reges, quo Davidis occupat atrox
Herodes regnum, Chaldaea gente profectos
Attonitus nati cunas sibi tradere regis
Admonet, ac tetrum virus sub pectore versat,
Ut miser exstinguat (metuens succedere regno)
35.   Progeniem coeli, clarum quam sidus adorat.
Magnorum interea doctis oracula vatum
Quae latuit stellae subito lux candida fulsit;
Hancque ducem laeti, coelestia signa secuti,
Usque humiles tetigere casas, quo regia virgo
40.   Mulcebat roseo reptantis ad oscula nati
Ore caput, spirans divina charismata matri.
Constitit et puerum monstrabat ab aethere sidus,
Cui non angelicae splendenti culmine coeli
Defuerant acies, regique exercitus orto

45. Gloria in excelsis, nobis quoque munia pacis
Concinit et magna promissae dona salutis.
Hicque introgressi curvato poplite magni
In terram proceres, iam sanctum numen adorant
Non auro positum fulvo, nec gemmea vernant

50. Fulcra toris, non purpureum pulvinar ad aures;
Sed foeno genitrix coelestia membra reponens
Pulcra Dei nudum pannoso tegmine vestit.
Sic dominus rerum vagit praesepibus artis.
Maiestas o summa Dei quam paupere cultu

55. Te cohibes, miseri deplorans crimina mundi
Parvus adhuc; iuvenis perfusus sanguine quanto
Vulnere coelestis reserabis limina regni
Victor et aeternae monstra obluctantia mortis
Idola confringes totoque fugabis ab orbe! —

60. Interea promunt thesauros, mystica dona,
Regi aurum magno, cuius superabile regnum
Non hoste ullius metuens incendia belli;
Uni tura Deo fumantia nube Sabaea,
Omnis ad imperium cuius pavet ardua virtus

65. Coelorum et terris quaecunque potentia magna est
Et quod sub terris horrendo carcere stridet;
Mirrha datur puero crucis ut post vulnera durae
Pro nobis heu vita volens occumbere morte,
Marmoreo foveat victricia membra sepulcro,

70. Victor ab infernis donec nos vindicet oris
Spiritus, immensa et relevabit gloria corpus.
Utque ducum implevit visus coelestis imago
Tam sancti pueri iugisque puerpera virgo,
Admonet in somnis iam numen ab aethere summo,

75. Invidia fugiant liventia pectora saevi
Regis, nec repetant violenti moenia regni.
Magnanimi proceres tam sancta oracula laeto
Corde legunt veterisque viae vestigia linquunt
Per nova iam docti monitis sua regna petentes.

80. Salvete o proceres iterum salvete corusci,
Sideris exortu properantes visere solem

14*

Iustitiae, quem diva ferunt praesagia patrum.
O quam felices quos non Iove disque superbum
Imperium ad Romam traxit, vel Caesaris alti
85. Florentis peritura fugaxque potentia sceptri,
Sed Bethlemitici rurisque et gloria parvi
Summa trahit, quo virgo parens praesepibus arts
Claudit, qui vastum late complectitur orbem,
Virgineo reptare sinuque hunc cernere digni,
90. Qui doceat, captum quanta sub morte iaceret
Heu totum mortale genus. Vos iussit ab alto
Muneribus sanctae fidei praeludere magnis,
Quam tuba terribilis summique tonitrua verbi
Gentibus infundent quocunque sub axe creatis.
95. Nunc Latii fabricata ducis sub nomine florens
Agrippina tenes sanctorum moenibus altis
Sacratos cineres atque ossa eximia regum,
Qui tribus Aurorae regno fluxere beatis
Sedibus invecti, donec Germania tandem
100. Romanas aquilas servansque ingentia sceptra,
Ardua marmoreis surgunt quo tecta columnis,
Augusto hoc reges veneratur maxima templo.
Gaude ergo aeternum tam divo munere felix,
Praesidia observans tua iam dignissima cultu,
105. Quae nullo infesti pepulerunt sanguine nuper
Arma ducis, nec fulmineos tua moenia magni
Viderunt hostis conatus, Thessala quondam
Castra velut Romae metuebant tangere muros
Aeacidae, postquam regum conspexerat urbem;
110. Atque graves motus superas quibus, horrida bel
Visceribus peperere suis quae, magne senatus,
Pestiferi cives atque audacissima turba
Comprimis, et sceptro moderaris cuncta benigno.
Sic modo grassantes intra tua moenia morbos
115. Atque famis dirae pellant incommoda reges
Et festa in longum faciant te pace virentem,
Inque feros adigant Turcos et barbara regna

Fulmina, quae tribus his iaculis vibrantur ab alto,
Maxima regnantis spernunt quae numina Jesu,
120. Quem cunis docuere Magi iam ture colendum.

Rho. Lan. Ca. Monasteriensis. carmina
finiunt.

Johannes Limburgus Monasterii Westfaliae impressit feliciter
M.CCCCLXXXVI. Julii XXIX.

Regnante gloriosissimo Maximiliano pio felice Augusto.

Eiusdem Rhodolphi Langii in artem imprimendi et impressoris
laudem epigramma, quo haec cunctis et sculptoribus et
pictoribus ars longe anteferenda censetur.

Tinxerat haec formis sculptores arte Johannes
Limburgus superans, nec Polyclete negas:
Hoc sibi Pellei iuvenis tribuisset Apelles
Pictor, et ex auro, qui dedit ora ducis.

Laus tibi et gloria Jesu Christe Benedicte Optime Maxime.

Registrum huius libelli:

A.	B.	C.	D.	E.
Rodolphi	Rodolphus	Rhenus	Socratici	Sub terris
Tuorum	Laetior	Legum	Foeda	Utque Indum
Ad illust.	Fatus haec	O foedi	Me superam	Ferre Deo.
Magne	Heu miss.		In gregis	

II.

RHODOLPHI LANGII

ROSARIUM.

Rosarium triplicium florum varietate liliorum scilicet rosarum violarumque contextum beatissimae virginis gloriosissimaeque Dei matris Mariae per ingenuum ac illustrem virum dominum Rodolphum Langium maioris ecclesiae Monasteriensis canonicum, instar praedicationis devotissimi fratris Theodorici Coelde Monasteriensis Ordinis fratrum Minorum de observantia. Ad egregium virum utriusque iuris professione praeclarum Magistrum Petrum Rinck civem urbis sanctae felicisque Coloniae.

Quod Mahumethea rabie tibi virgoque nato
Deperit, hocque rosis reddis et ipsa tuis.

*Magnifico urbis Agrippinensis civi praestantissimo Petro
Ring, iuris utriusque professione praeclaro, salutem p. et fáé-
citatem dicit Rhodolphus Langius Canonicus Monasteriensis.*

 *Virginis optimae maximae Dei genitricis Mariae rosarium,
vir clarissime Petre Ring, sub triplici lyrici carminis genere
ludens compegi perstringens, qua potui versuum brevitate con-
tractioribusque numeris, singula pene sacrosanctae illius ineffa-
bilisque historiae membra; ut liliis rosisque ac violis singula
sub numero quinquagenario sua redderem. Sub quibus si
minus culti elegantesve hi nostri decurrunt versiculi nec amplissimae rerum maiestati respondent, non tam huius ingenii
crassitati, quam brevitati, qua constringenda res fuit, candidus ac lividus minime lector attribuat velim. Satis enim me
fecisse sum arbitratus si numeris nostris, licet incultis in con-
cinneque labentibus, ad ea, quae hos inter virginis flores sunt
meditanda, pii lectoris memoria concitetur. Verum etsi non
est apud me dubium doctos quosdam homines virginique devo-
tos alternis vel heroicis hexametrisque numeris hos, qui rosario
continentur articulos mundius elegantiusque conscripsisse, me
tamen, ut reor, non improbanda voluptas incessit ut lyrica
varietate, etsi rudi, virginis tamen psalterium luderem, quoniam illud sanctissimi David spiritus sancti verbis sententiisque
super omnem humanam aestimationem exuberans, non heroica
tuba non mollioribus elegiae versibus sed pulcerrima variaque
profluit et incedit lyra. Hinc divus Hieronymus, unus omnium
maximus eruditione, qui omnem antiquitatem accurate per-
mensus ac universa ingenio studioque penetravit, tribus lyris
e graecis ac e latinis tottidem commemoratis: David, inquit,
Simonides noster Pindarus et Alcaeus, Flaccus quoque et Catullus et Serenus Christum lyra personat et in decachordo
psalterio excitat resurgentem. Qua in re plurimum illud ad-
mirari soleo; quod cum longe ante Graecorum lyricos, quos
novem Fabio auctore fuisse constat, apud Hebraeos sanctissimi*

viri fuerunt ac pleni Deo, Job, David et omnes denique, qui
cantica scripturarum edidere, et, ne Hieremiam omiserim
threnos canentem, qui omnes nunc in morem nostri Flacci,
Graecique Pindari et Alcaei et Sapphus fluere ac delabi cen-
sentur; ut non solum divus est auctor Hieronymus, sed et
Philo, Josephus, Origines Caesariensisque Eusebius. Unde
facile patere potest, metricam orationem numerisque ligatam
non aversandam adeo vel contemnendam ab his, qui suis nimium dediti studiis, haec nostra velut abiecta contemnunt.
Quoniam gentiles, qui vanos coluere deos, ac, ut ipsi aiunt,
poetas primos harum inventores rerum fuisse, non constat,
verum sanctos illos, quos commemoravi, viros qui pleni spiritu
Dei nulliusque expertes doctrinae, eodem, ut par est credere,
spiritu, quo divina pronunciaverunt oracula, hoc lyricum scribendi genus instituebant, approbabant; qui longe, non ante
lyricos modo, sed et ante sapientes philosophosque Graecorum,
mira inter mortales sanctitate sapientiaque floruere. Sed de
his forte alias; nunc ad institutum revertamur. Expectabat
haec nostra lyra clarissime Petre iam diu religiosum ac de-
votum Deo fratrem, Theodoricum Coelde Monasteriensem, ex
divi Francisci vera et germana familia disseminatorem divini
verbi efficacissimum, tibi haud dubium abunde cognitum, cuius
hortatu, cum inter nos de virginis rosario mentio haberetur,
rem sumus aggressi. Exire idcirco ianuam et sese hominum
oculis ingerere formidabat, priusquam emendationis suae lima
formata ac sanctae in virginem devotionis castigata censura
fidentior evolaret e nido. Maioreque idcirco viri illius desiderio
tenebamur, uti viliores hae pelliculae nostrae, quas indigni ad
virginis tabernaculum offerimus, eius fierent obsecrationibus
piissimae maxime acceptae virgini. Verum postquam hunc, ut
inter nos conventum fuit, ad nos per sanctas occupationes
redire non licuit, tu clarissime Petre, qui munificus et obser-
vantissimus in divi Francisci legitimam es familiam devotusque
plurimum virgini, recte mihi visus es occurrisse, cui has rosas
floresque inscriberem; cuiusque auspicio favore tutela tandem
in lucem erumperent, hominumque paterent obtutibus, quos, si
tibi acceptos et abs te probatos sensero, abundans tu mihi

theatrum es, quo probentur, ac censor idoneus, in cuius gravi iudicio acquiescam. Felix vir humanissime vale, civitatis tuae decus et ornamentum, et amantem tui Langium dilige. Ex Monasterio

XVIII Marcii MCCCCXCIII.

Titulus operis.

Rosarium virginis beatissimae gloriosissimaeque Dei matris Mariae ad virum egregium, magistrum Petrum Ring, utriusque iuris doctorem, per Rodolphum Langium Canonicum Monasteriensem.

Feliciter.

Pro liliis ad virginem.

In sertum redolens albentia lilia flores
Hic legimus numeris nunc tibi virgo parens.

Lilia virginis.
Alcaico iugi et continuato.

Pater noster.

Concepta virgo libera criminis,	Ave M.
Iam nata mundo gaudia conferens,	Ave
Templum subis virguncula nobilis.	Ave
Matrem salutat te Gabriel Dei.	Ave
Turbaris alti numinis angelo.	Ave
Sed virgo felix ne timeas, ait.	Ave
Quo fiet hoc? quae nescio sum viri.	Ave
Te foetat almo gurgite spiritus;	Ave
Cognata praegnans en sterilis parit.	Ave
Ancilla, reddis, sumque humilis Dei.	Ave.

Pater noster.

Devota scandens aspera montium,	Ave
Nec sola vadis tuta vel angelis.	Ave
Fessa in via dum forte resederas,	Ave
Templum revisis virgo sacrarium.	Ave
Festina quaerens Elizabeth domum.	Ave
Quam dum salutas numine fervida	Ave
Matrem stupescit mater ad inclitam	Ave
Exultat infans inque utero pius.	Ave
Tum virgo mater magnificas deum,	Ave
Natus Joannes; hinc loquitur senex.	Ave.

Pater noster.

Sponsus parat te linquere territus;	Ave
Sis virgo praegnans quo, docet angelus;	Ave
Credens adorat te gravidam Deo.	Ave
Censum subis quum inclita Bethleem	Ave
Quam fidus adstat servitio tibi!	Ave

O virgo gaude parturiens Deum.	Ave
Iam natum adoras virgo puerpera	Ave
Mellita figens oscula parvulo,	Ave
Pannis tegensque vilibus inclitum,	Ave
Praesepis antro vagiit abditus.	Ave.

Pater noster.

Pastor puellum visitat impiger.	Ave Ma.
Infans tenello vulnere caeditur.	Ave
Defert Eoa munera iam Magus.	Ave
Ulnis puellam dum Symeon tulit,	Ave
Stas virgo gaudens pignore nobili.	Ave
Egyptios hostem fugiens petis,	Ave
Idola sternens Hermopoli manet.	Ave
Florensque rursum Nazareth incolit,	Ave
Templo repertus patris in actibus.	Ave
Post virgo mater quam tibi subditus.	Ave.

Pater noster.

Jordanis unda crimina deluit;	Ave M.
Patris sonat vox, diligo filium,	Ave
Descendit alba spiritus alite.	Ave
Ieiunat. hostis vincitur invidus.	Ave
Hinc unda vino mutat originem.	Ave
Fulget Thabor mons vertice gloria.	Ave
Mortis reducit pulvere Lazarum.	Ave
Mortem triumphans rex asino sedet.	Ave
Urbis ruinam cum populo gemit.	Ave
Templo severus deiicit impios.	Ave.

Pro rosis ad virginem.

Quas lyra nostra tibi nectit rutilante corolla,
Candida sanguineas accipe virgo rosas.

Rosae virginis.
Endecasyllabo Phaleucio.

Pater noster.

Nummis veniit hostibus decem ter.	Ave
Ritus tum veteres abire iussit,	Ave

Pignus constituens perennis arrae.   Ave
Iudae sacrilegum scelus notavit;   Ave
Sermone edocuit suos profundo.   Ave
Cedrorum ast aqua transmeatur inde,   Ave
Tristis nunc anima est ad usque mortem,   Ave
Sanctum percutitur pavore corpus;   Ave
Orat, mi pater auferatur hora   Ave
Mixtus sanguine defluitque sudor.   Ave.

Pater noster.

Pergens hostibus obviamque mitis,   Ave M.
Quem qnaerant, rogitat, benignus ipse;   Ave
In terram cecidit cohors cruenta,   Ave
Heu Judas petit osculo magistrum.   Ave
Tum Petrum gladio vetat ferire.   Ave
Hinc saeve nimium ligantque natum.   Ave
Noctis sunt tenebrae haec, ait, nefandae.   Ave
Quaerit dogmata tum pii sacerdos;   Ave
Respondet: docui loco frequenti;   Ave
Servus tum faciem ferit benignam.   Ave.

Pater noster.

Vinctus ducitur ad domum Caiphae.   Ave M.
Pernox opprobrium furentis aulae,   Ave
Ad signum veluti patens sagittae.   Ave
Petrus denegat heu pavens magistrum,   Ave
Lux pellit tenebras negationum.   Ave
Ad falsos tacet improbosque testes,   Ave
Adiurat tacitum furens sacerdos;   Ave
Iudex nubibus inclitus videbor.   Ave
Tum vestem lacerans scidit prophanus   Ave
Est legis reboant reusque mortis.   Ave.

Pater noster.

Horrendo hinc strepitu datur Pilato;   Ave
Frendunt in dominum velut Gigantes;   Ave
Hinc missus tumido feroque regi,   Ave
Accusant variis pie tacentem.   Ave
Spretur: vesteque candida remissus   Ave
Flagris heu lacerant nimis cruente.   Ave

Tum cocco induitur; corona pungit,	Ave
Tollunt sacrilegas ad astra voces.	Ave
Iussus terribilem subire mortem	Ave
Atollitque humero crucis tropheum.	Ave.

Pater noster.

Orat pro miseris cruce elevatus;	Ave
Latroni patet aula confitenti;	Ave
Matrem discipulo dedit Joanni.	Ave
Clamat, me deus et pater relinquis.	Ave
O quam nos miseros amans sitivit.	Ave
Impletum est, ait neci propinquus,	Ave
Tradit cum lacrimis patrique vitam.	Ave
Hinc torrens latere effluitque sanguis,	Ave
Ligno depositum gemens adoras;	Ave
Condunt, ut decuit, novo sepulcro.	Ave.

Pro violis ad Virginem.

Has modo coelestes numeris lex Sapphica donat
In sertum violas maxima virgo tibi.

Violae virginis.

Sapphico, VI⁰ Adonio.

Pater noster.

A crucis cornu rapuit malignum,	Ave
Alligat vinclis trucibusque flammis.	Ave
Tum pii hortantur, tumulo resurgat.	Ave
Milites terret, tremit utque tellus,	Ave
Virgini matri venit ipse victor	Ave
Mortis ab ora.	
Emicat flenti Mariae ad sepulcrum,	Ave
In via inventas alias salutat,	Ave
Abstulit Petro lacrimas neganti	Ave
In via tristes gelidos fovetque,	Ave
Abditis, pacem simul ipse promens,	Ave.
Gaudia miscet.	

Pater noster.

Inserit Thomas lateri manusque,	Ave
Rete mittenti micuitque Petro,	Ave
Montis apparet speciosus arce,	Ave
Affuit laetus Solymisque vescens,	Ave
Ducit e porta proceres ad alta	Ave
Montis olivae.	
Ampla tunc patri referens trophea,	Ave
Hinc suam linquens tribuitque pacem,	Ave
Iubilo ascendit, resonant tubaeque	Ave
Nubium tractus superatque coelum.	Ave
Dexteram patris residens ad altam	Ave
Cuncta tenentis.	

Pater noster.

Angeli postquam docuere fratres,	Ave M.
Iamque congaudens Solymas redisti,	Ave
Spiritus vasto sonituque venit,	Ave
Ignea vertex radiatque lingua;	Ave
Audiunt Cretes Arabes Deique	Ave
Dicere laudes.	
Ebrios musto reputant maligni,	Ave
Spiritu Petrus docet esse doctos,	Ave
Mille ter credunt dominoque Jesu;	Ave
Claudus exultat pariterque sanus,	Ave
Plebis accedunt fideique signis	Ave
Milia quinque.	

Pater noster.

Primus e sanctis Stephanus triumphat,	Ave
Concutit Saulum faciens piumque,	Ave
Jacobum coelo gladius coronat.	Ave
Linqueris terris nimium diu, sed	Ave
Plurima scribas doceas relicta	Ave
Quattuor almos.	
Natus invitat veniensque matrem	Ave
Inclitam digne super astra ducens,	Ave
Cuncta quo visu rutiloque cernis.	Ave
Quodque sperasti, frueris bonoque.	Ave

Hocque regnatrix retines in aevum	Ave
Maxima coelo.	
Pater noster.	
Gloria iudex veniens ab alto,	Ave M.
Parcat ut nobis, veniam precare.	Ave
Corde contritos faciat misellos,	Ave
Ore confessos penitusque mundos.	Ave
Sacra nos firment sua cumque nati	Ave
Chrismate corpus.	
Mortis appare miseris in hora,	Ave
Conterens virgo rabiem draconis,	Ave
Efferos vultus adimasque nobis;	Ave
Iudicis confer tenuisse dextram.	Ave
Vindicem nostrae, petimus, salutis	Ave
Sentiat hostis.	

Auctoris de psalterio

et floribus ad virginem.

Epigramma.

Hoc tibi psalterium virgo dans, murmure parvo
Necto lyrae violas lilia cumque rosis.
Lilia virgineam testantur candida vitam,
Qua terra aut coelo purius estque nihil.
Purpureo sanguis signatur murice floris,
Quem nati effundunt vulnera sancta pium.
Coelestis violae suspirant gaudia vitae,
Quam super astra potens maxima virgo tenes.
Lilia nos purgent, rosa patri debita solvat,
Ad superos violae nos per inane vehant.

Feliciter.

III.

HORAE DE SANCTA CRUCE

PINDARICIS VERSIBUS,

A C

ELEGIA DE EADEM

RHODOLPHI LANGII

Canonici Monasteriensis.

––––––––

*'hodolphus Langius, canonicus Monasteriensis, S. P. D. Joanni
Rinco, egregio Agrippinensis Coloniae civi et fautori studiorum.*

*Legi nuper, optime Joannes, Rhodolphi illius nostri Agri-
ilae, piae et inexstinctae memoriae, ad Barbirianum de stu-
iorum institutione epistulam, praeclaram sane ac Rhodolpho
iso dignam. In qua non semel cum laudis praefatione tui
ientionem facit, addubitabam, quisnam esset Joannes ille
incus, cuius tam honorifice meminisset. Verum isto nunc
nno es mihi ab amicis, qui vir sis, festive ac probe declara-
is, quia iuvenilis aetatis flore virens, auctus fortunis egregie,
oniugem aetate forma et moribus iuxta claram habens, ex
aque proles specie et indole praecipuas consecutus. Sed his
uod omnibus supereminet, quodque fortunae ambiguitas auferre
t labefactare non valet, audio te virtute praestare ac in Deum
pt. Max. devotione fervere et ab humanitatis studiis nequa-
iam abhorrere, sine quibus (audaculus loquor) omnes artes
mae quasi investes sunt mutaeque iacent et elingues. His tot
otibus cum non possem non gratulatum iri, et cum accepis-
m, florea mea virginis serta te aliquid facere et in sacris
ibere deliciis, te quoquo modo aggrediendum putavi, sed ta-
ien vacuis te manibus adoriri salutareque pertimui, Cordu-
nsis illius philosophi sententia pavefactus, qua Parthorum
ges absque muneribus salutare non liceat vel adire. Quid
go extra nudam tibi offerrem epistulam, homo ingenio parum
ilto, eruditione sterilis, facundia et oratione ieiunus, substiti
inctabundus. Subiit illico animum, ut his de sancta cruce
ersiculis, quos emittendos propediem statui, te salutans ado-
irer. Hos nunc ea, qua polles humanitate, tibi dicatos et in
icem erumpentes suscipe, et ab animo tibi dedito emanasse
ersuasum habe. Qui etsi humiles, ut sunt, et humi serpunt
ssurguntque minime, ut apud tragicos huius genus carminis
olet, res tamen ipsa, quam canunt, sublimis est, sancta, di-
ina et quae omnem seculi altitudinem tragicosque boatus*

exsuperat, deliramentaque et hominum stultitias sub pedibus sternit ac sua proterit ineffabili virtutis maiestate.

Describunt enim hi nostri versiculi vel perstringunt verius anapaestico Pindarico metro dominicam passionem in septem, ut appellant, horas de sancta cruce partitam. Hoc autem carminis genere in ea re describenda potissimum uti placuit, quod chorus, qui apud tragicos inducitur, tristia et indigna regibus eo soleat deplorare dolorisque tragici gesta deflere. Nec sane immerito, ut ego quidem sentio, eo carminis genere crux ipsa pendentisque in ea passio, vulnera morsque defletur, quando, Firmiano teste, nulla verborum rerumque instructa copia nec ulla tanta affluentiae ubertate decurrens oratio satis deflere possit ac deplorare crucem, quam mundus iste et tota luxerunt elementa. Adiunximus demum quasi pro corrolario elegiam suis etiam numeris incedentem, crucis laudem virtutesque canentem, quibus salutifera illa est alloquenda, salutanda ac devotius adoranda, ut saluberrimo, quod in ea pependit, pretio ducti vitae huius miseriarumque altissimum gurgitem enavigantes aeternitatis adpellamur in portum. Vale felix vir insignis et amantem te diligas precor. Ex Monasterio anno MCCCCLXXXXVI.

Langius in versus de sancta cruce
Joanni Rinco dedicatos.

Etsi vos tenues, rudes, inepti
Estis versiculi minusque culti,
Audaces tamen et probo Joanni
Rinco praecipites abite munus.

5.   Rinco mellifluo, beant opes quem,
Virtus ardua, litterae, iuventus;
Rincus diligit et novem sorores
Dat solatia vatibusque doctis.
Ne vos proiciat, vel in culinam,

10. Aut guttae faciat sinus Sabaeae,
Praestat, quod canitis crucis tropheum,
Tinctum sanguine, gratia, decore,
Descendit quibus hunc salus in orbem,

Securos igitur manu fovebit
15. Rincus vos bonus, absque vel nitore
Incultos venerabitur ineptos.
Illi dicite nunc meam salutem
Opto Langius; id mei valete
Sanctam versiculi crucem canentes.
Telos est.
Soli   Deo   Gloria.

*icratissimae ac saluberrimae passionis Domini et Dei nostri
Jesu Christi in septem horas de sancta cruce meditandas
versiculi Rhodolphi Langii, Canonici Monasteriensis, ad praestantissimum Johannem Rincum, Agrippinensis Coloniae
civem egregium studiisque faventem. Feliciter.*

Praemittatur horis singulis: „Christus Dominus factus est
ro nobis obediens usque ad mortem." *Post horae cuius-*
bet finem versus: „Adoramus te Christe et benedicimus" cet;
ıllecta de sancta cruce: „Respice quaesumus Domine super
ınc" cet; collecta item de Domina: „Interveniat pro nobis
ıaesumus Domine" cet.

Ad Completorium et Matutinas.

Avido Dominus pretio venditus
Pius a Juda scelerato nimis,
Veteris coenae agni post ultima
Sese inclinat dominus gloriae,
5. Humilisque pedum sordida diluit,
Vitae instituens dona perennis.
Superat torrentem cedrorum
Oratque patrem, cadit in faciem.
Coelo hunc veniens roborat angelus,
10. Fluit hinc sudor, sanguis et unda.
Patris aeterni sophia Christus,
In mensa Dei summa quae veritas,
Hora capitur matutina.
Rabidis traditur hostibus osculo,

15. Vinctus saeva ut latro cohorte.
Trepidant, trepidant fugiuntque metu
Duce discipuli, dominum linquunt,
Pavidus negat et dominum Petrus;
Lapsum relevat pius aspectu
20. Taurosque feros vulgi indomiti.
Quum pestiferos silet ad testes,
Furor adiurat tacitum praesulis.
Iudex nubibus adero splendidus,
Ait, hinc lacerat vestem, et impius
25. Reboat populus morte necandum.
Duris trahitur funibus impie,
Oculosque tegunt, lumina vitae,
Palmis tunditur aedibus Annae
Atque Caiphae.

Ad Primam.

Hincque Pilato traditur hora
Prima. Saevo strepitu iudici
Stant in dominum, frontibus horridi
Rabioso velut ore Gigantum.
5. Dure hinc nimium vinctus Herodi
Mittitur agnus pius et sistitur.
Falso accusant crimine sanctum,
Tacet ad solium principis invidi,
Vulpi indignae negat alloquium.
10. Veste illusus tegitur candida.
Properant spretum furiosi canes,
Referant sedibus utque Pilati.
Flagris lacerat nobile corpus
Ac deformat vulnere multo.
15. Caput et spinis mite coronat
Turba furentum.

Ad Tertiam.

Hora spinas tulit et tertia
Chlamyde indutus veteri regum

Beryti, illusus, dextra calamum.
Velut regem miles adorat.
5. Sacer est vertex caesus arundine,
Tacite perstans humili vultu
Ante tribunal sanguinolentus
Sputaque perfert ore decoro.
Furit hinc clamans rabie concio,
10. In cruce figas, in cruce figas.
Poenae addictus crucis est horridae,
Necis indicitur ultio flentibus.
Baiulat humeris victor suaque
Sancta trophaea.

Ad Sextam.

Cruce tenditur alta suffixus
Sexta elatus Jesus in hora,
Mundi pretium, vita salusque,
Grataque patri victima pendens.
5. Cruce stat titulus ille triumphi.
Pater ignoscat miseris, orat.
Latro meruit regnum confitens.
Modo virgineae iuvenem matri
Cruce dat celsa, iuveni virginem.
10. Pater ut quid me sancte relinquis,
Clamat. Sitio populi vitam,
Felle et vino est acido potus.
Consumatum est, moriturus ait,
Languida pallent facies oraque,
15. Pectore cervix sancta recumbit
Morte propinqua.

Ad Nonam.

Nona clamat lacrimans hora,
Trado potentem iam tibi spiritum
Pater. Hinc haurit miles apertum
Latus, et cruor ac effluit unda,
5. Pretium simul et lotio culpae,

Iam terribili quatitur motu
Terra. At tenebris cuncta teguntur,
Templi fugiunt adyto praesides,
Scissum est velum, petra dehiscit,
10. Centurio Dei vocat. et filium,
Sanctisque patent tumuli mortuis
Vita obeunte.

Ad Vesperas.

Cruce defixus vespere mortuus
Dominus vitae mortisque potens
Iacet, heu, tristi gloria morte.
Latet in corpore gelidoque Deus,
5. Animus victor domat infernum,
Pia laxatur turba fidelium;
Corpus ab alta cruce depositum
Mater adorat, nobile pignus.
Fovet amplexu, vulnera lambit,
10. Gemit extinctum dominum vitae
Virgo parensque.

Ad Completorium.

Condunt hora completorii
Nobile funus plenumque Deo.
Unguine curant myrrha et aloe,
Munda obvolvunt sindone flentes,
5. Caeso claudunt monte sepulcro,
Habitat celsae rupis in antro.
In pace locus factus et illi,
Quatiet qui mox cuncta resurgens.
Quem vis feriet magna timoris
10. Ferus et miles tumulum servat,
Propria donec virtusque Dei
Suscitat illum.

Telos est.

Soli   Deo   Gloria.

Elegia auctoris ad sanctam crucem.

O lignum vitale crucis quam pondere felix
    Aeternum dulci germine, flore virens,
Ara tenens agnum, fallax quam polluit unquam
    Nec caro nec mundus. Tartarus ipse vorax;
5. Terram interque polum lapsi pro crimine mundi
    Fers pretium, pietas, quo cadit ira patris.
Ostia tu vitae reseras, quae clauserat ignis
    Flammea, restringens sanguine tela pio.
Infernae cedunt vires, hostisque superbus
10. Te fugit et perdens mors sua regna gemit.
Te fracta est ingens et formidata potestas
    Hostis et imperium saecula cuncta premens.
Omnia traxisti spatiosi partibus orbis
    Saecula, restaurans quae periere diu.
15. Agmina, quae coelo steterant victricia, firmas,
    Dum caderet pestis inde superba furens.
Tu forma es mundi quadrato schemate fulgens,
    Qua cedit princeps efferus orbe fugax.
Fulget ab Eoo vertex tua sancta benigno
20. Aspectu, innumeros viribus ipsa trahens.
Firmantur plantis sacratis regnaque mundi
    Occidua, ut populi hinc ad tua iura meent.
Dextra tenens Arcton glacialis frigora mundi,
    Succendas fidei corda calore pio;
25. Respicis a laeva gentes, quas Auster adurit
    Fervidus, hos foveas rore perennis aquae.
Quam multis tua forma patet expressa figuris,
    Hanc avis ostendit, dum per inane volat,
Ast homo dum manibus exsertis coelica pulsat
30. Ostia, vel liquidis brachia iactat aquis,
Aequora dum sulcat vasto ratis improba vento
    Impulsa, antennis exprimit illa crucem.
Ne gladio feriat natum pater ardua dumis
    Vervecem haerentem cornibus ara tulit,
35. Angelus Aegypti vastat cum caede nocentes,

Sanguine crux munit limina sancta domus;
 Dura vomit cautes ligno percussa Moisi,
  Ut biberet populus, qui sitiebat, aquas;
 Nec quae Sidoniis collegit ligna sub oris,
40. Lecythus aut olei damnave sentit anus;
 Quum populum fluvius sensu torqueret amaro
  Ast ligno immisso mellea fluxit aqua;
 Taph crucis et signum nobis monstrasse salutis,
  Serpentis docuit aenea forma satis.
45. Nunc roseo stillans miseros de vulnere sanguis
  Abluat, et qui te corpore, sancta, fovet.
 Dextra lavet duri quae fixa est vulnere clavi,
  Cuncta opera admisit quae scelerata manus.
 Vulneris in laeva fixi virtute mucronis
50. Sintque quae obmisi sanguine facta pio.
 Plaga pedis dextri tergat quaecunque locuta
  Lingua procax verbo quaeve nefanda tulit.
 Atque pedis reparet confixi plaga sinistri,
  Mens siluit laudes quaeque vel ore tuas.
55. Militis aperuit mucro quod pectore vulnus,
  Quae peperit cordis pessima gaza lavet.
 Hinc miserosque benigna fove cum venerit hora
  Mortis et impendet cumque suprema dies.
 Te servante animam cadit indignatio patris
60. Heu miseram, sed te frangitur ira potens,
 Mors fugit et longe cedunt tibi noxia cuncta,
  Terribilem faciens hostibus ipsa metum;
 Et quae numquam odiis fessa, exsaturata quiescit
  Pestis saeva tuo numine victa iacet.
65. Protege nos, salva, morbos averte furentes
  Corporis atque animae; vis inimica procul.
 Iudicio fulgens signum concede salutis,
  Cernamus tuti iudicis ora Dei.

Telos.

Soli Deo Gloria.

IV.

CARMINA VARIA.

I.

In quendam luxuriose convivantem, seque invitantem reprehensio.

Dic mihi Bolande, dic hospes somnia sentis,
Dic, Bacchi impune fundere vina licet?

II.

Ad imaginem Virginis gloriosae in secreto confabulationis
loco positam.

III.

In magnum Albertum, venerabilem raraeque virtutis pontificem,
Epitaphium.

Hactenus ingressus sacra haec subsiste viator,
Ad tumulum magni qui tegit ossa viri.
Graecia iactabat magnum qui vicerat orbem
Clara ducem, virus quem Babylone necat;
Pompeio tumit magno pulcherrima Roma,
Abscidit Phario cui puer ense caput.
Sustulit hos bello saeva et formidine magnos
Mors, dedit infernis volvier hosque focis;

. . . .
. . . .

IIII.

In divos tres Magos Ode Sapphica.

Nunc Magis carmen pariterque virgo
Maximi mater domini Deique
Contraham plectro numeri minoris,
Inclita confer,

5. Si prius nato puero ferentes
   Dona perflare studui camena
   Si magis silvae cecini tubaque
       Carmine reges.
   Ortus ex alto generosus infans
10. Aurea nascens abiensque porta
   Virginis, parvo modicusque cultu
       Emicat orbi,
   Bella moturus Phlegethontis oris;
   Carne maiestas cohibetur alta,
15. Prodit immensus latitansque tetrum
       Parvus in hostem.
   Hunc sinu matris Mariae sedentem
   Uber et candens niveum per artus
   Ora volventem tenera atque pectus
20.   Cernit, Eoo
   Ut Magus prudens locuplesque rerum
   Sideris fulmen rutilumque vidit.
   Signa coelestis comitatus aurae
       Movit ab ortu,
25. Ceu potens quondam nimium calentis
   Dulce regina et Meroes aroma
   Devehens aurum cupideque gemmas
       Dat Salomoni.
   Ocius pergunt iter aestuosum
30. Sideris ductu per inhospitales
   Gentium terras glomerante regem
       Visere cursu;
   Regias arces Solymas Hebraeae
   Expetunt gentis puerique cunas,
35. Clara quo templo micat inter omnes
       Urbs Orientis.
   Scriba tum doctus tumidique pectus
   Regis, e coelo micuisse sidus,
   Contremunt: Christus potuitque nasci
40.   Carmine vatum.

Quo loco monstrent, petiit tyrannus,
Bethlehem, qui res hominum Deique
Temperat, nasci memorant, in urbe
  Davidis alma.

45. Hinc, tegens iram rabidumque virus,
Rex monet, pergant iter institutum,
Seque venturum, ut potiore cultu
  Numen adoret.
Impii linquunt scelerata regis
50. Urbis et doctos penitusque sceptra,
Signa, quae coelo repetunt ab alto,
  Laeta sequuntur.
It novum coelo radiatque lumen
Sideris, nati stabulum supraque
55. Grandius sancto vomit ecce flammas,
  Numine viso.
Fulgur hic terris fera ceu cometes
Bella non flammis ratibusque ventos
Regibus mortem radiis minatur,
60.   Nobile sidus,
Pacis auctorem placide sed almum
Nuntiat, vitae tumuloque putres
Reddet, insani tumidique sternet
  Murmura ponti.
65. Stat Magus gaudens stupidus metuque
Persicam supplex aperire gazam,
Mystica ut nato puero Deoque
  Munera fundat.
Aedibus cernunt humili thoroque;
70. Vilibus mater pariensque virgo
Maximo fructu cumulata sedit
  Pignoris alti.
Procidunt laeti fluitantque dulces
Ora per regum lacrimae; Deusque,
75. Quem vident, parvos hominis puelli
  Fluxit in artus.

Tus Deo fundunt, lacrimam Sabaei
Stipitis, promunt hominique myrrham,
Maximo regi cumulantque fulvo
80.   Munus in auro.
Tum vemens pestis furiata cavas
Despicit terras stabulumque coelo,
Sideris fulmen strepitumque regum
     Anxius horret.
85. Hinc, adorato pueroque coeli
Rege, qui cunis humilis videtur,
Horrido nubes tonitruque vastum
     Concutit orbem,
Ne Magi coelo, monuit, sopore
90. Numen ex alto scelerata rursum
Impii regis repetantve tecta
     Caede furentis.
Numinis sancti proceres Magique
Iam Dei afflati radiante vultu
95. Inferunt laeti fidei salutem
     Persidis orae.
Hosce tu reges veneraris alto
Aurea et templo monumenta servans,
Urbs ducis Romae manibus locata
100.   Litore Rheni,
Caesaris postquam cecidit sub armis
Contumax poenas Medioquelanum
Iam dedit magno domitum triumpho et
     Hos tibi reges.
105. Ossa magnorum et diadema regum,
Virginum sanguis, niveusque candor
Martyrum dant te rutilans cruore
     Turma celebrem.

V.

Rhodolphi Langii ca. Monasteriensis in Prudentii Aurelii Clementis versus, hymnos et lyram.

Pierios ductor lyricae nunc cede cohortis
Et cantus differ Pindare laude deum;
Tuque lyrae sileas nosti qui tendere chordas
Spectantum lacrimae largius ore fluant;
5. Molles siste, procul cantas, quae Lesbia amores,
Quam rupe excelsa Leucadis unda tulit;
Langueat et nostri Flacci Venusina lucerna,
Qua primus Latios tollit in astra duces!
Hic sanctam venerare lyram, non falsa deorum
10. Numina laudantem, quam, pie lector, habes.
Sed canit ut patris corde omnipotentis ad ima
Venit, ut erigeret iam ruitura, Deus.
Ut nostra vestitus erat iam earne caduca
Dorsa dedit flagris, cetera membra cruci,
15. Vicit ut invictus mortis loca tristia saevae
Ad superos vinctos et sua regna ferens.
Purpureas late rutilanti sanguine turmas
Personat, ac quantus militis ardor erat;
Virginis et magnae matris vestigia quoque
20. Prima terit, sponsam dulcius inde sonat.
Quae iuvenis pertaesa viri, sitit oscula sponsi,
Ore novum cuius lac quoque melle bibit.
Armat et in vitium claro certamine turmas,
Compugnans animus vincat ut ipse sibi.
25. Symmachus infernis aram referebat ab oris,
Contudit hanc; vani numinis ara iacet.
Non Venus incesta hic, Mars saevus, turpia Jovis
. Stupra patent, veterum turbaque foeda deum;
Sed pia, sed casta, sed fortia sanctaque lector
30. Omnia securo sanctius ore legas.

VI.

Rhodolphi Langii ca. Monasteriensis in Hermanni Buschii,
equestris ordinis, docti praeclarique adolescentis, suavissimi
conterranei sui carmina imprimenda congratulatio.

Castalios linquens saltus per Messidis undas
    Musa fugit, Turco proh superante fero.
Nec valet Italiae sceptrum Romaeque potentis
    Imperiumque ingens hanc retinere sinu;
5.   Pomponi postquam sacrato pectore regnans
    Eloquii nectar fudit in ora virum.
Ausoniam ditans quin pleno gurgite doctam
    Aeternas superet vastaque saxa nives.
Hanc tu Pomponi Laeti, qui maximus orbe
10.   Musarum antistes praesidet, ore trahens,
Ad nostros perdocte vehis velut ungula pendens
    Fonte cadis, celeri hinc Hessula turget aqua.
Hessula, quae corvi montis a vertice torret,
    Sentit Apollineam nomine mentis avem.
15.   Ad quam te genuit felici sidere vatem
    Buschia militiae stemmate clara domus.
Hic rite inflastique tubam, qua maxima proles
    Prodiit in mundum virginis atque Dei,
Atque tuba fratrem cecidit per vulnera quique
20.   Fortia magnanimi principis inde tonas.
Hinc tu dulcifluo manans elegia lepore
    A Sulmonensi nec procul ipsa cheli est.
Macte nova iuvenis vena, senioque verendus,
    Quanta canes Phoebi tangere doctus ebur.

VII.

In Henricum de Schwarzburg, episcopum Monasteriensem,
epitaphium.

Aenea pontificis spectans monumenta viator,
    Nosce aquilas magni Caesaris arma tuli;
Viribus Harpstedium cepi, praedone fugato
    Et Delmenhorsti moenia saeva nimis.

5.   Senserunt Phrisiique truces mea tela, vel armis
       Edocui vinci quod potuere meis.
    Hinc morior laeto successu; quisque superbis.
       Disce mori! properat mors cita, disce mori!

VIII.

In eundem.

Caesareas aquilas infestaque signa viator
    Suspensa ad tumulum praesulis, oro, vide!
Principis haec meruit virtus, cum Nussia dura
    Burgundi quatitur obsidione ducis;
Quae ferat in magnum (ni credat) Caesaris hostem
    Esse et in imperio disceret arma viros.

VIIII.

In eundem.

Laetus adesto	Candide lector
Quisquis amator	Principis alti;
Inclita gesta	Praesulis huius
Aere perenni	Fama loquetur,
Livide tuque	Tristis abito.

X.

*Adversus capitalia mortiferaque crimina septem, pestilentissimos
animae nostra morbos, ex septem benedicti et sacratissimi
sanguinis Jesu Christi, domini nostri, effusionibus deprompta
remedia ad doctissimum probatissimumque virum M. Gerardum Harderwicensem, philosophum acutum et theologum
eminentem, Laurentiani apud Coloniam Gymnasii rectorem et
principem Rhodolphus Langius Can. Monast. carmine lusit.*

Adversus miserae carnis luxum et libidinem.

Dilue sancte puer, Jesu pie, sanguine caesus
    Crimina, quae carnis spurca libido tulit.

Adversus gulae ebrietatisque sordes.

Qui tibi passuro fluxit de corpore sudor
  Sanguineus purget sordida vota gulae.

Adversus odii invidiaeque venena.

At cruor expressus sancto de corpore flagris
  Invidiae pestes atque venena lavet.

Adversus superbiae tumorem.

Consertum spinis quod te diadema coronat,
  Rex pie, confringat corda superba, Deus.

Adversus avaritiae rapacitatem.

Quemque manus ligno 'tensae fudere tenacis
  Laxet avaritiae turpia vincla cruor.

Adversus acidiae tristitiam.

Quae pedibus currens fluxit sacri unda cruoris
  Acidiae morbos tristis et ipsa lavet.

Adversus iracundiae furorem.

Qui latere effluxit sanguis simul unda salutis
  Sopiat ardorem, quem parit ira furens.

Telos.

Soli   Deo   Gloria.

XI.

Epitaphium domini gratiosi, episcopi Monasteriensis ecclesiae,
Conradi de Rittbergio comitis.

Hac ego Conradus contectus mole quiesco,
  Retburgi comitum stemmata clara ferens,
Romuleas arces ac celsa palatia regum
  Pervidi, mores tam varios hominum.

5.   Hanc sedem decimum possedi laetus in annum
       Principis imperii functus honore sacri.
     Arces Paule tibi restaurans moenibus altis
       Cetera structurus, sed cita mors vetuit.
     Corporis egregii forma, vultusque decorus
10.   Aetatis firmae quia mihi robur erat,
     Pacis eram cultor vel dapsilitate profusus
       Nunc sit apud superos pax quoque facta mihi.

MDVIII. V. Idus Februarii.

XII.

Doctissimi viri, domini Rhodolphi Langii, canonici Monasteriensis in opus subsequens (vita divi Ludgeri) *Hexastichon.*

     Quam bene pontificis Ludgeri gesta coegit,
       Cui patriam fluvius Luppia clara dedit,
     Cincinnus studio vigili. Cultuque decoro
       Concinnat sparsa, qua iacuere prius.
5.   Ludgeri innumeras virtutes optime lector
       Perlege. Sed meritas redde vel ipse grates.

XIII.

In imaginem Dei matris.

     Quam perstas generosa parens, simul inclita virgo,
       Sustentans ulnis pignus et alma sacrum.
     Ecclesia exultat prudentum lampade victrix
       Sed fatuae tristes et synagoga gemunt.

Soli Deo Gloria MDXVI.

Das auf Pergament geschriebene Jurament Rudolf's von Langen, welches er als Probst des alten Domes leistete, (Original im *Königl. Staats-Archiv Fürstth. Münster* 1849 und abgedruckt bei *Erhard* Erinnerungen I, 54 f.) trägt an seinem untern Rande, nach der Angabe der Zeit: „Datum anno Domini Millesimo quadringentesimo sexagesimo secundo feria tertia post decollationis sancti Johannis Baptistae," folgendes im Ganzen wohlerhaltene Siegel:

Nachweise zu den Gedichten Langen's.

I. *Rhod. Langii can. Mon. carm.*

Die Sammlung enthält die von Langen im Jahre 1486 durch den Druck veröffentlichten Gedichte nach einem Exemplar dieser editio princeps.

Ueber die Widmung der Gedichte an Rupert von Baiern vergl. Oben S. 112 Anm. 2.

Carm. I. findet sich gedruckt bei *Cornelius* d. Münst. Hum. S. 52 ff. — Ueber die Zeit des Gedichtes vergl. Oben S. 54; 133 f. — In V. 34 steht valide im Text, *Cornelius* liest valido. — Zu V. 49 ff. und V. 53 ff. vergl. Carm. XXXII und XXXIII. — Zu V. 57 ff. vergl. Oben S. 54 Anm. 1. — Zu V. 93 ff. vergl. Oben S. 113 Anm. 1.

Carm. III. ist abgedruckt und übersetzt bei *Cornelius* a. a. O. S. 49 ff. — Vergl. Oben S. 57 Anm.

Carm IIII. Vergl. Oben S. 118.

Carm. V. ist abgedruckt in *Naumann's* Serapeum XIII, 137 f. — Vergl. Oben S. 61 f.

Carm VI. Vergl. Oben S. 58. — In V. 10 hat die editio princeps diripiet.

Carm. X. Vergl. über das Friesenbild, worauf sich das Epigramm bezieht, *Perger* Zeitschr. f. vat. Gesch. u. Alt. XX, 373 ff. — Das Gedicht muss später als Inschrift auf dem Bilde angebracht gewesen sein, denn in der Schrift: De origine, situ, qualitate et quantitate Frisiae, et rebus a Frisiis olim praeclare gestis libri tres .... auctore *M Cornelio Kempio*, Docominensi, Frisio; Colon. 1588 (Orig. auf der Bibl. in München) p. 302 findet sich folgende Stelle: „Monumentum huius rei (pietatis) in summa ecclesia Monasteriensi ostenditur in pariete et antiqua pictura Frisonum offerentium D. Paulo munera supra ianuam septentrionalem versus occidentem inscripta, quam picturam, superioribus aliquot annis fere obliteratam et deletam ab anabaptistis, nostra videt aetas per reformationem egregie instauratam et carminibus sequentibus illustratam a viro doctissimo Rodolpho Langio, canonico eiusdem ecclesiae:

„Suscipe virtutes maiorum Frisia dives,
Ad memores oculos studio reparata vetustas,
Quam bis tincta novo destruxit turba furore,
Arte repurgatam nitidoque colore politam."

Die beiden letzten Verse sind unverkennbar nach der Wiedertäuferzeit
bei der Restauration zugesetzt; die beiden ersten mögen schon früher
dort angebracht gewesen sein. Jetzt ist jede Spur von ihnen verwischt.
Ueber die Inschrift, welche sich in einer Linie über das ganze, 40 Fuss
lange, Bild hinzieht, vergl. *Perger* a. a. O.

     Carm. XIII. Vergl. Oben S. 107.

     Carm. XV. Vergl. Oben S. 57.

     Carm. XXI. Das Gedicht ist abgedruckt und commentirt von
Petrus Nehemius Drolshagius: In horas dominicas illustris Rodolphi
Langii, poetae laureati ornatissimi, explanatio. (Zwoll 1505) *Drolshagius*
fügt als Erklärung für dasselbe hinzu: „Causa, quare Rodolphus noster,
vir Deo devotissimus, istud carmen effuderit, fuit religiosus in Christo
frater Arnoldus cognomento n o c t u a, ordinis minorum de observatione,
qui, quum noctua cognomento appellaretur, eflagitavit istud in com-
mendationem et laudem noctuae, sui cognomenti." — In V. 5 liest
Drolshagius v a r i o s für v a n o s; und V. 6 fehlt bei ihm a. — Vergl.
Oben S. 142 Anm.

     Carm. XXIIII. Das Gedicht ist abgedruckt bei *Hamelmann* p. 301.
— Im V. 8. findet sich bei *Hamelmann* durch Druckfehler m a n e n t
für m a d e n t. — Vielleicht schwebte auch *Horlenius* der Inhalt dieses
Gedichtes vor. Denn auf einem Blatt der Ausgabe des Baptista Mantuanus durch Murmellius, Deventer 1513 (Exemplar auf der Paulinischen
Biblioth. in Münster) findet sich von der Hand eines Tilmannus Aquensis
mit der Jahreszahl 1514 folgendes Epigramm:

       Distichon Josephi Horlenii Segirensis ad Christum
            in cruce pendentem.

     „In cruce, qui ostendis laceros crudeliter artus,
       Delictis veniam da pie Christe meis."

     Carm. XXVI. Vergl. Oben S. 59. Anm. 3.

     Carm. XXXII. Vergl. Oben S. 54.

     Carm. XXXIII. Vergl. Oben S. 54.

     Carm. XXXVI. Vergl. Oben S. 60.

     Carm. XXXVII. Vergl. Oben S. 60.

     Carm. XXXXVI. Vergl. Oben S. 61.

     Carm. L. Vergl. *Krabbe*. Gesch. Nachr. über d. höh. Lehranst. in
Münster. S. 52; 91.

     Carm. LI. LII. Vergl. Excurs II. S. 166 und S. 63.

     Carm. LIII. Die kleine Verwandte Nesa (Agnes) Nagel und ihren
frühen Tod besingt auch *Buschius*. Vergl. Epigr. I. (fol. b, I; 2.)

Nesellae Nagelae consanguineae Epi.

„Quae scelus admisi nondum, nec fallere noram
    Hic iacio exiguo clausa Nesella loco.
Vix bene ter refugum Phoebus lustraverat annum
    Ruperunt tetricae cum sua fila deae.
Ludens obtuso fregi praecordia cultro,
    Heu lateri nostro qui male vinctus erat.
Aemula venturo mors insurgebat honori
    Iussit ob id fatum trux properare meum."

Carm. LIIII. Es goss zu jener Zeit in Münster ein Glockengiesser Volker, von dem die kleine Glocke in St. Ludgeri mit dem Namen des Meisters die Jahreszahl 1464 trägt. „Seine Arbeiten scheinen sich keines besondern Kunstwerthes erfreut zu haben, denn ihrer erübrigen nur sehr leichte und sehr wenige·Exemplare, die überdies an Ton und formeller Schönheit es andern Arbeiten jener Zeit nicht gleichthuen können." Vergl. *Nordhoff* Organ f. christl.·Kunst XVIII (1868) Ńro. 4 S. 39.

Carm. LVII. Vergl. Oben S. 61.

Carm. LVIII. ·Vergl. Oben S. 75.

Carm. LVIIII. ist abgedruckt in Flora Hermanni Buschii Pasiphili in Ampliss. Clarissimamque urbis Agrippinae Coloniae laudem olim ab eodem authore recognita ac ornatiss. eruditiss'imoque viro artium et utriusque iuris Doctori et Professori Ordinario Adolpho Roborio Agrippinensi nuncupatim dedicata, (Auf der letzten Seite findet sich die Subscription Coloniae Henr. Mameranus excudebat in platea Judaica Anno 1550) fol. 10 ff. (Ein Exemplar befindet sich auf der Bibl. des Vereins f. vaterl. Gesch. u. Alterth.) — Varianten des Kölner Drucks: V. 23: Maxima. V. 30: Immensi. V. 100: servans.

Das Epigramm am Schlusse der Sammlung: Tinxerat haec cet. (vergl. Oben S. 213) findet sich auch abgedruckt auf dem letzten Blatt der Statuta synodalia vom Jahre 1496. Vergl. *Niesert* Beitr. z. Gesch. d. Buchdr. S. 5.

II. Rosarium.

Die Gedichte des Rosarium's sind abgedruckt nach einem Exemplar s. l. e. a der Bibl. des Bisch. Priester-Seminars in Münster. — Vergl. über dieselben Oben S. 119 f. — In dem zweiten Gedicht Rosae virginis V. 32 liest das Original frendent für frendunt.

III. Horae de·sancta cruce.

Vergl. über diese Gedichte Oben S. 120 f.

IIII. Carmina varia.

Carm. I. II. Vergl. Oben S. 109.

Carm. III. Vergl. Oben S. 115 ff.

Carm. IIII. Vergl. Oben S. 114 f. Für die Chronologie des Gedichtes vergl. Vv 5—8.

Carm. V. Vergl. Oben S. 92; 122 ff.

Carm. VI. Vergl. Oben S. 93.

Carm. VII. Vergl. Oben S. 70 Anm. 3. Ueber die Variante Aurea
statt Aenea vergl. Geschichtsqu. d. Bisth. Münst. I, 243 a.

Carm. VIII Vergl Oben S. 70 Anm. 3.

Carm. VIIII. Vergl. Oben S. 92 f.

Carm. X. Vergl. Oben S. 121.

Carm. XI. Vergl. Oben S. 94 Anm. 1.

Carm. XII. Vergl. Oben S. 93 Anm. 3.

Carm. XIII. Vergl. Oben S. 94 Anm. 1. und Geschichtsq. des
Bisth. Münst III, 323: „Im selbigen iahr *(1516)* hat Ericus das portal
der hohen thumkirchen mid die 10 iunfern bauen lassen, wie die in-
scription ausweiset unter das muttergottesbild."

REGISTER.

DRUCKFEHLER.

Seite 33 Zeile 1 von Oben lies g l e i c h e r
— 52 — 11 — Unten — w a h r s c h e i n l i c h
— 79 — 2 — Oben — e i n e n
— 92 — 17 — Oben — n a c h
— 92 — 9 — Unten — D e c h a n t
— 97 — 9 — Unten — 1 4 8 4
— 162 — 10 — Unten — m a i o r i s

Kleinere Fehler in Interpunction und Versetzung der Buchstaben wolle der geneigte Leser corrigiren.